JN105138

実践例から学ぶ 教職の基礎

平井 広・森山賢一 監修
玉川大学教師教育リサーチセンター 編

大学教育出版

は じ め に

　教員の資質能力やその向上を問題とするとき、教育界では実践的指導力という語を使用することが多々あります。今や、大学での教員養成においても、現職研修においても、重要な語として位置付けられ、近年は教員育成指標でもキーワードとなっています。

　この「実践的」という語について的確な意味付けを示すものの一つとして、カントによる「実践的（praktisch）」の使い方があげられます。

　カントは著書『判断力批判』の中で、実践的の意味を2つに分けています。その1つは technisch-praktisch（技術的―実践的）で、もう1つは moralisch-praktisch（道徳的―実践的）です。前者は、自然や物を扱うのにふさわしい「実践的」なもので、後者は、自由や自律が眼目となる人間に対するのにふさわしい「実践的」なものと理解することができます。

　本書では、実践的指導力を、広く主体的、自主的な判断に基づいた実践から生まれる指導力と考えます。そして、実践を支え、方向付けるのに役に立つ実践理論を提示することに力点をおいて、現代の教育課題について解説しています。

　本書が、教師を志す大学生・大学院生の方々に、さらには、学校教育に携わっている教職員の方々に一読されることを願っております。

2021年4月

森山　賢一

実践例から学ぶ教職の基礎

目　次

実践例から学ぶ教職の基礎

第1章
教員の仕事とは

　本章では、教員の仕事の基本的な内容や実際の勤務状況などについて学びます。また、学校現場の実態を知った上で、教職に就くことや学び続けることへの覚悟を強くもつ機会にします。

1　これが教員の勤務実態

（1）勤務時間

> 教頭：先生、昨夜はずいぶん遅かったようだね。
> 教諭：そうですね。研究授業の指導案を考えていて、ふと時計を見たら、
> 　　　22時を回っていました。あわてて、明日の授業のプリントを印刷して
> 　　　22時半に学校を出ました。
> 教頭：昨日の朝は、私が出勤した7時30分には、校庭でライン引きをしてい
> 　　　たよね。体は大丈夫かな。
> 教諭：はい、毎日5時間は寝ていますから大丈夫です。

　教職員の勤務時間や休暇等については、労働基準法や条例によって定められています。

　1年間のそれぞれの日は、「週休日」と、「勤務を要する日」のいずれかに振り分けられます。「週休日」は勤務時間が割り振られていない日であり、教職員の場合には日曜日及び土曜日が休日とされています。また「勤務を要する日」とは、週休日以外の日、すなわち勤務時間が割り振られている日のことをいいます。また、「週休日」とは別に、勤務を要する日の中に、年末年始や祝日法

による休日があります。

　教職員がいつ、どのような時間帯で勤務するのかを定めることを「勤務時間の割振り」といい、これによって割り振られた勤務時間が「正規の勤務時間」となります。

　神奈川県を例にすると、教職員の1週間の勤務時間は4週を超えない期間につき1週間当たり38時間45分となっています。また、1日の勤務時間は8時30分から17時までというのが一般的で、この時間の中で45分間の休憩時間をとっています。つまり7時間45分が正規の勤務時間となっています。

　正規の勤務時間を超えて勤務を命ぜられることを時間外勤務といいます。しかし、教員に時間外勤務手当（いわゆる残業手当）はありません。教職調整額という形で支払われます。

　また、週休日や休日の正規勤務時間に勤務を命ぜられることを休日勤務といいます。休日勤務を命ずる場合には、あらかじめ「勤務時間の割振り」によって勤務時間を割り振っておく方法と、週休日や休日（以下、週休日等という）を規則に定められた期間内において他の勤務日に振り替え、当該勤務日を週休日等に変更する「振替」という方法があります。

　さて、学校現場の実態はどうでしょうか。事例の教頭と教諭の会話からもわかるように、教諭はこの日、朝7時30分から夜22時30分まで学校にいたわけですから、15時間も勤務していたわけです。休憩時間を除いたとしても正規の勤務時間の倍近く勤務をしていたことになります。中学校の教員であれば、朝と放課後に部活動指導がありますので、ほとんど毎日が長時間の勤務となっているのが実態です。

　勤務時間が長時間に及ぶということは、教員の心身にも悪い影響を与えています。教育委員会では、健康診断で身体の健康とメンタルヘルスのチェックを行うことを推奨し、教員の病気休職者を減らす取り組みをしています。

（2）教員の仕事

> **教頭**：先生、先週、教育委員会から依頼のあった調査、明日が締め切りだけど、もう調査の回答はできているかな。
>
> **教諭**：明日が締め切りでしたっけ。今日の放課後急いで仕上げます。明日中には教育委員会に提出しておきます。
>
> **教頭**：提出前に校長先生に目を通していただかないといけないよ。明日の午後は、校長先生は出張だから、朝のうちに渡しておくように。提出物はもう少しゆとりをもって仕上げるようにしなさい。
>
> **教諭**：すみません。学年の仕事と、体育部の仕事があって調査を忘れていました。これからは仕事に優先順位をつけて取り組むようにします。それにしても、教員は思っていたより事務仕事が多いですね。

　教員の仕事というと、どんなことを思い浮かべますか。授業をすることやテストの採点、宿題やノートの点検、学年や学級のたよりの作成、中学校での部活動の指導などは、自分が子どもの頃の担任の先生を思い出せばわかるでしょう。しかし、子どもたちには見えない仕事もたくさんあります。2週間から4週間の教育実習を経験して教員になった新採用の先生でさえ、「先生ってこんなに事務仕事が多いとは思ってもみませんでした」と感想を述べることからもわかると思います。教育実習では、児童生徒に関わる部分を中心に実習することから、授業の大変さや教材研究の大変さはわかると思いますが、そのほかの仕事についてはわからなくて当然のことなのです。

　さて、ここでは、児童生徒や教育実習生には見えてこない教員の仕事について説明します。学校には学校運営上必要なさまざまな仕事があり、これを分担して行う必要があります。この分担のことを校務分掌といいます。これは年度当初に割り当てられ、分掌に応じて、校内での行事等の企画や運営を行ったり、教育委員会をはじめとする外部団体との調整を行ったり、外部での会議などに参加したりします。校務分掌の中で、教育委員会への月ごとの報告をしたり、依頼のあった調査に回答したりもします。校務分掌は、教員の仕事の中では、学校全体に関わるとても大きなものです。

　次に、学級事務といわれる事務仕事があります。学級担任をする教員にとっ

ては重要な仕事です。月ごとの出席簿の整理、健康診断結果の整理、指導要録の記入、教材等の集金などさまざまなものがあります。

また、職員会議をはじめ、校内研究、児童・生徒指導会議、グループ会議、状況に応じてはケース会議など、校内全体での会議が月に数回あり、それに参加する必要があります。このほかに、学年会議が毎週行われ、授業の進み具合や行事への取り組みの調整、児童・生徒指導の情報交換などを行っています。

校内での仕事のほかに、教員としての力量を磨くための研修や講習会に参加することも大切な仕事です。法令で定められた研修や都道府県教育委員会や市町村教育委員会が行う研修会に参加します。

法令に定められた研修には、どのようなものがあるのでしょうか。

教員採用試験に合格し、正規教員として採用された日から1年間をかけて行われる「初任者研修」があります。これは、教育公務員特例法第23条に定められており、初任者は、任命権者等が行う研修会に参加したり、校内において、指導教員から職務の遂行に必要な事項について指導や助言を受けたりします。

初任者研修のほかに、「10年経験者研修」が実施されていましたが、2016（平成28）年11月28日に公布された「教育公務員特例法等の一部を改正する法律」第24条により、「10年経験者研修」が「中堅教諭等資質向上研修」と改められ、2017（平成29）年4月1日から施行されています。これは、個々の能力、適性等に応じて、教育活動、学校運営において中核的な役割を果たすことが期待される中堅教諭等としての職務を遂行する上で必要とされる資質の向上を図るために研修を受けるものです。

これらの法令で定められた研修のほかに、任命権者である都道府県や服務監督権者である市町村が実施する経験年数に応じた研修もあります。ある県では、「1年経験者研修」「3年経験者研修」「5年経験者研修」「25年経験者研修」などが行われています。

さらにここ数年、教員の仕事の中で、大きな時間と労力を費やすようになってきたのが、保護者との対応です。

このように、児童生徒への直接的な指導に関わる以外の仕事もたくさんあり、それを調整しながら仕事を進めていくことが大切になります。事例のように、

提出物の締め切りに遅れてしまうようなことがあると、他の人にも迷惑をかけてしまうことになります。

（3）部活動や勤務日（時間）以外の仕事

> **Ａ教諭**：土曜日は午前も午後も部活の練習試合があるんだ。
> **Ｂ教諭**：えっ、Ａ先生、日曜日は地域のお祭りのパトロールがあるじゃないですか。
> **Ａ教諭**：そうだね。まあ、パトロールは夕方からだから、午前中は家族サービスをしようかな。
> **Ｂ教諭**：Ａ先生のお子さんは小学生でしたよね。お父さんと一緒に遊びたいんじゃないですか。

　中学校の教員は、部活動の指導があり、練習や試合、大会等で土曜日や日曜日に指導を行ったり、引率をしたりすることがあります。土曜日や日曜日は週休日となっているため、勤務は割り振られていません。本来、週休日に勤務をする場合には、勤務の割振り変更や、振替を行う命令を受けて勤務することになります。また、週休日や休日に部活動の指導を行った場合には「特殊勤務手当」（教員の場合には「教員特殊業務手当」）が支払われることになっています。

　「教員特殊業務手当」は、教員が行うあらかじめ指定された業務に対して、その業務の心身に与える負担の度合いに応じて支給されるものです。指定された業務には、「非常災害時の児童生徒の保護等」「児童生徒の負傷等に伴う救急」「児童生徒に対する緊急の補導」「修学旅行や遠足などの引率指導」「部活動指導」「入学者選抜」などがあります。

　また、このように「教員特殊業務手当」が支給される勤務とは別に、PTAの活動などで地域のパトロールをしたり、除草作業などを行ったりする場合があります。これについては、この活動に参加している保護者と同様ボランティアという扱いになります。

　さて、教員の休日出勤の実態はどうでしょうか。中学校の部活動を例にあげてみます。運動部に関しては「中学校体育連盟」という全国組織があり、都道府県、市町村等で構成される下部団体があります。それぞれの競技で、大会等

の年間スケジュールが決まっています。また、文化部に関しても「中学校文化連盟」という全国組織があり、運動部同様、年間スケジュールが決まっています。また、そのスケジュールの合間に、市町村や競技団体等が主催するような大会やコンクール等もあるため、土、日にも部活動の練習を行わなければならない状況になっています。事例のA教諭のように、中学校の教員の中には、土、日の週休日でもほとんど家庭で過ごす時間がないという教員もいます。小学校においても、児童の下校後に、いろいろな会議や保護者対応をするため、土、日に出勤して授業準備をしている教員が少なくありません。

　このような状況が決してよいとはいえませんが、長時間勤務に加え、休日出勤と、教員の勤務実態はこのような状況です。文部科学省や各都道府県・市町村の教育委員会は教員の多忙化解消のために調査を行ったり、それに対応するための取り組みを行ったりしていますが、なかなか改善されないのが現状です。

2　教員に求められるモラル

（1）常に見られている

> 児童：先生、日曜日に○○デパートで買い物していましたか。
> 教諭：うん。行っていたよ。あなたも○○デパートに行ったの？　先生はあなたを見かけなかったけど。
> 児童：私は行っていないけど、私のお母さんとお父さんが先生のことを見かけたって言っていました。
> 教諭：そうなの。先生はお母さんとお父さんに直接お会いしたことがなかったので、わからなかったよ。

　このような会話は、教員なら誰でも数回は経験することです。児童生徒の顔や名前はわかっても、保護者の顔まで覚えられないこともあります。しかし、保護者は先生の顔を知っているのです。児童生徒数が500人の学校であれば、その倍ほどの人が、教員を知っているのです。常に人に見られていると言っても過言ではありません。

　デパートで買い物をしているところを見られるくらいなら何の問題もありま

せんが、教員としての信用を失うような場所にいるところを見られたり、信用を失うような行動を見られたりすると大変なことになります。児童生徒だけでなく、保護者や地域の方々にもうわさは広がります。そうなると、その教員の信頼が失われるだけでなく、学校に対する信頼も失いかねません。教員は、児童生徒を指導する立場であるため、公務員の中でもいちだんと高い倫理観を要求されます。たとえば、同じことをしても、一般の人であればあまり問題にならないのに、教員は、新聞記事になってしまうというようなことはよくある話です。教員としての自覚をもって行動するように心がけることが必要です。

　そうはいっても、教員も一人の人間であり、常に模範となるような生活をするのは大変なことです。一人の人間として、社会人としての常識とモラルをもって行動することが第一です。

（2）不祥事が起こると

> 教諭：校長先生、報告をしなければいけないことがあります。
> 校長：先生、元気がないね。何かあったのですか。
> 教諭：はい。じつは、今朝、酒気帯び運転で捕まってしまいました。
> 　　　昨夜、宴会があって12時過ぎまで飲んでいました。家に帰って朝まで熟睡したので、もう大丈夫だと思い車で出勤したのですが、いつもの通勤経路の途中で飲酒運転の取り締まりをしていたのです。酒気帯び運転で、反則切符を切られました。
> 校長：えっ、酒気帯び運転で捕まった。いつも、飲酒運転は絶対にしないように言っていましたね。これは、教育委員会に報告をしないといけないですね。これから詳しく話を聞くことになるので、教頭先生には私が伝えます。先生は学年リーダーに状況を伝えて、子どもたちへの対応をお願いするように。

　教員の不祥事といって、どんなものを思い浮かべますか。交通違反、体罰、わいせつ行為、情報の漏洩、公金横領などさまざまな不祥事を思い浮かべると思います。最近では、教職員が禁止薬物の所持や使用で逮捕されるという不祥事も起こっています。

　教員がこのような不祥事を起こすと、それまで、学校が児童生徒や保護者、地域と積み上げてきた信頼関係が大きく崩れてしまい、その信頼を立て直すためには、大変な労力と時間が必要となります。また、教員の不祥事についてはマスメディアも注目し、新聞やテレビのニュースで大きく取り上げられることも少なくありません。

　なぜ、このようなことが起こるのでしょうか。もちろん、その教員の資質によるものもありますが、教育公務員としての自覚が欠如しているということもあるのではないでしょうか。また、職場の人間関係や、ストレスなどによることが考えられます。

　事例のように、交通違反でも、飲酒運転や酒気帯び運転については当然ながら、非常に重い処分が下されることがあります。交通違反の場合、警察から職場に報告されることはありません。ですから、大きな事故を起こして新聞報道でもされない限り、職場に知られることはありません。それではなぜ、交通違反等で処分を受けることになるのでしょうか。事例の教諭のように交通違反で捕まった場合には、自分で報告しなければいけないのです。報告しないで、後でそれがわかってしまったときには、報告をしていなかったことも併せて処分を受けることになります。

　それでは処分には、どのようなものがあるのでしょうか。公務員の場合、地方公務員法の第27条（分限及び懲戒の基準）、第28条（降任、免職、休職等）及び第29条（懲戒）により、「分限処分」や「懲戒処分」について規定されています。「分限処分」は身分を失うことや身分が変化することです。一定の事由によって職責を果たせなくなった場合に「降任」「免職」「休職」「降給」の処分が行われます。懲罰的な意味合いはありません。「あなたは公務員やこの職種に向いていないのではないか、あなたは別の職業に変わったほうがよいのではないか」という意味を持った処分です。ですから、免職になった場合でも退職手当が出ます。

　また、「懲戒処分」は一定の義務違反に対して科する制裁のことで、職務上の義務違反や公務員としてふさわしくない非行がある場合にその道義的責任を確認し、公務遂行の秩序を維持することを目的として「免職」「停職」「減給」

「戒告」の処分が行われます。「懲戒免職」は一番重い処分で、職を解かれた上に、退職手当も支給されません。「停職」は、一定期間において職務に従事させないという処分です。「減給」は、一定の期間、一定の割合で賃金・俸給等を減額する処分です。「戒告」は、職員の非違行為の責任を確認し、その将来を戒める処分です。「懲戒処分」を受けると、人事の記録に記載され、不利益をこうむることもあります。

　「懲戒処分」にならないような軽微な違反等については、市町村教育委員会が「文書訓告」や「口頭訓告」及び「厳重注意」という人事上の措置を行うことがあります。これらは、文書や口頭で将来を戒めるもので、人事の記録に記載されることはありません。

　酒気帯び運転の場合には、状況によって、免職や停職など、非常に重い処分となります。免職処分を受けた場合には、教員免許の失効や取り上げという措置があり、教員として勤務できなくなります。

3　教職の魅力

（1）教員の身分

　教員は公務員であることはご承知のとおりです。しかし、すでに学校に勤務している教員でも、自分が都道府県の職員なのか市町村の職員なのか理解していない人も見受けられます。それは、教員の給与を国が3分の1、都道府県が3分の2を負担していることや、任命をしているのは都道府県、勤務している学校は市町村が設置していることなどから、はっきりと自分の身分がわかっていない人も多いのです。この詳細は後ほど述べることにします。

　教員は、地方公務員法が適用される一般職となっています。そのため、公共の利益のために奉仕する「全体の奉仕者」であり、職務遂行に当たっては、その全力を尽くすことが要求されます。また、法令等の遵守及び上司の職務上の命令に従う義務、職務に専念する義務などの職務上の義務や、信用失墜行為の禁止や守秘義務、政治行為や争議行為の禁止、営利企業の従事制限などの身分上の義務があります。これらは、憲法や地方公務員法、教育公務員特例法など

の法令に規定されています。教員及び教員を目指す者は、このような法令についてもしっかり学習しておかなければなりません。

ところで、教員は都道府県の職員か、市町村の職員かという問題についてみておきます。教員のことを都道府県費負担教職員という言い方をすることがあります。また、任命権者は都道府県教育委員会であることから、県の職員だと思っている人が多いのですが、市町村の設置している学校に勤務し、その学校の事務を執っていることから、教員は市町村の職員ということができるのです。ちなみに、服務監督権は市町村教育委員会にあります。これについても第2章で詳しく扱います。

教員は公務員であることから安定した職業であるということができるかもしれません。しかし、ここまで述べたように、長時間勤務、時間外勤務の実態や、それに伴う病気・精神疾患による休職者の増加、求められる高い倫理観、保護者からの理不尽な要求など、身体的にも精神的にも厳しい勤務状況があります。

これから教職についてさまざまなことを学習する中で、教員として必要な資質を磨くとともに、さまざまな経験をすることで、教員としてだけではなく、一人の人間として、子どもたちや保護者、社会から信頼されるように努力し続ける必要があります。

（2）子どもの成長に関わる喜び、やりがい

教員は、子ども一人ひとりの能力を把握するとともに、適性を見いだし、伸ばすことを主たる仕事としています。また、子どもに対し、一人ひとりを大切にする優しさ、温かい心をもって接することも大切なことです。さらには、子どもたちが意欲を持って楽しく学習に取り組めるよう、授業における指導力を身に付けなければなりません。

教員のふとした一言が児童生徒に与える影響も非常に大きく、責任の重い仕事でもあります。しかし、教員の仕事は、子どもの成長に関わるやりがいのある仕事であることは間違いありません。

【参考文献】
神奈川県人事委員会「職員の勤務時間　休暇等」

第2章
知っておきたい法律等

　本章では、教員として職務を遂行する上で知っておいた方がよいと考えられる法的知識の必要最低限のものについて学びます。また、これらの学びを通して日々の教育活動に適切な対応ができる教員になることを目指します。

1　義務教育について

　ある中学校の学級担任Ａ先生が、日頃から学校での言動が気になっている生徒の家を家庭訪問したときのことです。父親に子どもの学校の様子を伝え始めたとき、父親はＡ先生に教育論議を仕掛けてきました。「小中学校は義務教育だろ。義務教育でありながら教材費や給食費をとるのは、憲法違反だ。憲法には義務教育はこれを無償とすると書いてある」と持論を展開しながら、次のような発言もしました。「今の学校教育はおかしい。昔は、子どもが悪いことをすれば当然のように先生に殴られたものだ。家に帰って先生に殴られたと親に訴えようものなら、おまえが悪いとまた殴られたものだ。昔の先生は怖かった。今の先生は甘い。だから子どもになめられるのだ。学校の先生は、もっと厳しくすべきだ。うちの子どもが悪いことをしたら、かまわないから殴ってくれ」。
　まくしたてる父親に家庭訪問の目的を果たせないまま、Ａ先生は学校に戻りました。学年主任に父親の話を伝えると、そういう保護者が多くなったなと嘆くだけです。2人のやり取りを聞いていた教頭先生が、「父親の主張していることに、ご無理ごもっともで引き返すだけでは、教員として、まだまだ勉強不足だね」と2人に言いました。

この父親のように、間違った解釈や自分の経験を通しての教育論を展開する

保護者は少なくありません。どのような場面でも対応できるよう、教員は日々の教育実践を通して指導力を高めるとともに、必要最低限の法的知識を備えておきたいものです。

　それでは、この父親が主張する論点を整理しておきましょう。

　1つ目は、義務教育は無償とすると憲法にあるのだから、給食費や教材費を徴収するのは憲法違反であるというもの、2つ目は、悪いことをした子どもは殴ってよいというものです。

　まず、父親の主張する「義務教育は無償とすると憲法にある」について、憲法の内容を確かめながら順次、学校教育に関わる主な法律をみていくことにします。

（1）義務教育の意味

　義務教育の無償については、日本国憲法第26条第2項で、「すべて国民は、法律の定めるところにより、その保護する子女に普通教育を受けさせる義務を負ふ。義務教育は、これを無償とする」と規定されています。父親は、これを言っていたのでしょう。

　まず、義務教育の「義務」は誰に対して向けられているのかについて注目してみます。第26条第2項から明らかなように、「その保護する子女に普通教育を受けさせる義務を負ふ」とあることから、義務を負っているのは保護者、つまり多くの場合は親です。保護者に対して子どもの教育を受けさせなければならない義務を負わせているもので、この意味で「義務教育」なのです。

　憲法第26条の第1項で、国民はその能力に応じて、ひとしく教育を受ける権利を有すると述べています。すべての国民に対して述べているものですが、義務教育段階においては、その権利をもっているのは子どもです。小中学校の学齢のすべての子どもは、誰もが教育を受ける権利をもっています。義務教育段階で、教育を受ける権利をもっているのは子どもで、教育を受けさせる義務を負っているのは保護者なのです。高校教育は、義務教育でないことはご承知のとおりです。

　この日本国憲法第26条と子どもの学習する権利について、1976（昭和51）年

最高裁大法廷の判例は、「この規定の背後には、国民各自が一個の人間として、また一市民として、成長、発達し、自己の人格を完成するために必要な学習をする固有の権利を有するとの観念が存するが、子どもの教育は、教育を施す者の支配的機能ではなく、何よりも子どもの学習する権利に対応し、その充足をはかりうる立場にある者の責務である」と示しています。

ちなみに、日本国憲法で規定されている国民の三大義務を確認しておきましょう。

1つ目は、第26条第2項「すべて国民は、法律の定めるところにより、その保護する子女に普通教育を受けさせる義務を負ふ。(教育の義務)」です。2つ目に、第27条「すべて国民は、勤労の権利を有し、義務を負う。(勤労の権利・義務)」で、3つ目が、第30条「国民は、法律の定めるところにより、納税の義務を負う(納税の義務)」です。

(2) 義務教育の年限

学校教育法第16条で、「保護者(子に対して親権を行う者(親権を行う者のないときは、未成年後見人)をいう。以下同じ)は、次条に定めるところにより、子に9年の普通教育を受けさせる義務を負う」と保護者の子どもに対する義務教育年限を規定しています。また、同法第17条で就学させる義務について、「保護者は、子の満6歳に達した日の翌日以後における最初の学年の初めから、満12歳に達した日の属する学年の終わりまで、これを小学校、義務教育学校の前期課程又は特別支援学校の小学部に就学させる義務を負う」と規定しています。

また同法17条第2項で、「保護者は、子が小学校の課程、義務教育学校の前期課程又は特別支援学校の小学部の課程を修了した日の翌日以後における最初の学年の初めから、満15歳に達した日の属する学年の終わりまで、これを中学校、義務教育学校の後期課程、中等教育学校の前期課程又は特別支援学校の中学部に就学させる義務を負う」と規定しています。

保護者は、その年度内に満6歳になる子を小学校等に入学させる義務を負っており、さらに、小学校等の課程を修了した子を、切れ目なく中学校等に就学

させ、小学校6年間と中学校3年間の計9年間の教育を受けさせる義務を負っています。

（3）就学義務

それでは、もしこの法律に反し、就学すべき子を就学させなかった場合にはどうなるのでしょうか。学校教育法第144条で、就学させる「義務の履行の督促を受け、なお履行しない者は、十万円以下の罰金に処する」と、就学させるべき子への義務違反として処罰が規定されています。

ところで、保護者の独善的な主義主張に基づき自分の子どもを学校に行かせない等の場合なら明らかな就学義務違反といえるでしょうが、いじめ等が原因で学校に行きたくても行けない状況にある子どもの保護者に対して、この就学義務違反が適応できるのでしょうか。

ある市で、不登校の子どもの保護者に対し就学義務違反として、登校させるよう促す通知を送付したことから、係争に至った例があります。学校に行きたくても行けない子どもの不安や悩みを抱えている保護者に対して、その心情を理解せず単に事務的に行ったものでした。法律で規定されていることだけを根拠に事務的に対応することの怖さを知っておくことも教員として大切な心構えです。軽々に判断できないさまざまなケースもあることに思いを馳せ、個別のケースに丁寧に対応する必要があります。

（4）義務教育の無償とは

憲法第26条第2項の後段に、「義務教育はこれを無償とする」とありますが、この意味について考えてみます。

最高裁大法廷で、「国が義務教育を提供するさい有償としないこと、つまり保護者に対し子女の普通教育の対価を徴収しないことを定めたものであり、教育提供に対する対価とは授業料を意味するものと認められるから、同条文の無償とは授業料不徴収の意味と解すべきである」との判例（1964（昭和39）年）があります。義務教育の無償とは「授業料」を無償とするとするもので、教科書その他学用品等を無償にするということではありません。当然、給食費や教

材費まで無償とする意味でもありません。

　また、学校教育法第6条で、「学校においては、授業料を徴収することができる。ただし、国立又は公立の小学校及び中学校、義務教育学校、中等教育学校の前期課程又は特別支援学校の小学部及び中学部における義務教育については、これを徴収することができない」と規定しています。義務教育段階の国公立の学校では授業料の徴収はできませんが、私立小中学校では授業料を徴収することができます。

（5）学校給食費の徴収

　それでは、給食費について法律でどのように規定されているのでしょうか。学校給食法第11条第2項で、「学校給食に要する経費（以下「学校給食費」という）は、学校給食を受ける児童又は生徒の学校教育法第16条に規定する保護者の負担とする」と規定されています。ただし、学校給食の実施に必要な施設及び設備に要する経費並びに学校給食の運営に要する経費等は、義務教育諸学校の設置者の負担とすることが第1項で規定されています。

　学校給食費を払うべき義務を負っているのは保護者で、このことを知っていれば、父親とのやりとりでA先生は「お父さん、学校給食費を負担するのは、保護者であるお父さんであると法律で規定されていますが」と、やんわり応じることができたかもしれません。

（6）保護者とは

　通常、保護者といえば両親または父親や母親ですが、さまざまな家庭環境があることから、保護者と親が一致していない場合もあります。ここで、保護者とはどういう者を指すのか、確認しておきましょう。

　学校教育法第16条で、保護者とは子に対して親権を行う者であり、親権を行う者のないときは、未成年後見人をいうとあります。親権については、民法第818条で、成年に達しない子は父母の親権に服することや、父母の婚姻中は、父母が共同して親権を行うこと、父母の一方が親権を行うことができないときは、他の一方が行うこと等と規定されています。また、民法第820条では、

「親権を行う者は、子の利益のために子の監護及び教育をする権利を有し、義務を負う」とあります。

　それでは、親権を行う者のないときの未成年後見人についてどう規定されているのでしょうか。

　民法の第838条、第839条等で、未成年後見人の指定や選任などについて規定しています。学校として知っておいた方がよいのは、むしろ児童福祉法の第47条でしょう。

　ここには、「児童福祉施設の長は、入所中の児童等で親権を行う者又は未成年後見人のないものに対し、親権を行う者又は未成年後見人があるに至るまでの間、親権を行う」とあります。また、同条第2項に規定されているように、未成年後見人がないときは、たとえば児童相談所長がなる場合もあるということも知っておいたほうがよいでしょう。

2　体罰について

　父親が、悪いことをした子どもは殴ってもよいと主張する件について、考えていきましょう。当然、教育公務員たる教員は体罰が禁止されていることはご存知のとおりです。では、どういう法律の下で体罰が禁止されているのか、何より体罰の行使そのものが、どのような影響を子どもに与えるのかを深く理解しておく必要があります。

　学校教育法第11条で「校長及び教員は、教育上必要があると認めるときは、文部科学大臣の定めるところにより、児童、生徒及び学生に懲戒を加えることができる。ただし、体罰を加えることはできない」と規定しています。

　この「文部科学大臣の定めるところ」とは、学校教育法施行規則第26条の「校長及び教員が児童等に懲戒を加えるに当たっては、児童等の心身の発達に応じる等教育上必要な配慮をしなければならない」を指します。

　懲戒を加えることはできても体罰は禁止されているというものです。さて、この条文を理解するための視点が2つあります。1つ目は懲戒とはどういうものか、2つ目はどのような行為が体罰に該当するのかです。

（1）学校における懲戒

　学校における懲戒は、当該児童生徒への教育上必要な配慮の下に、学校の教育目的を達成するために行われます。学校の秩序維持のために行われる懲戒もありますが、要は、当該児童生徒のために行われる教育的な指導です。

　たとえば、いたずらをして物を壊したり他人に迷惑を掛けたりした児童生徒に対し、教室の掃除をさせる、宿題を課す、校長室に呼び厳重に注意するなどです。なお、上記のような懲戒は、児童生徒の教育を受ける地位や権利に変動を起こすものでないことから、これらを「事実行為としての懲戒」と呼ぶことがあります。

　これに対して、児童生徒の教育を受ける地位や権利に変動を起こすもの、たとえば、退学や停学の場合は、児童生徒の教育を受ける権利を奪うものですから「法的効果を伴う懲戒」と呼びます。

　学校教育法施行規則第26条第2項で、懲戒のうち、退学、停学及び訓告の処分は、校長が行うことになっています。また、同法第26条第3項で、退学は、公立の小学校、中学校、義務教育学校または特別支援学校に在学する学齢児童生徒を除くことになっています。つまり、性行不良で改善の見込みがないと認められる者であっても、学齢期の子どもを退学させることはできません。また、停学についても同様に、学齢児童または学齢生徒に対して行うことはできません。考えてみればこれは当然のことで、義務教育段階における子どもは、憲法で保障されているように学ぶ権利があるからです。このことから、生徒指導上の課題を抱える児童生徒に対して、小中学校の教員はその子どもを見捨てずに対応する姿勢が求められ続けるのです。

（2）体罰禁止の通知

　前述のように児童生徒への体罰については、学校教育法第11条のただし書きで禁止されています。教員等は、児童生徒の指導に当たり、いかなる場合も体罰を行ってはならないというものです。体罰は違法行為であるだけでなく、児童生徒の心身に深刻な悪影響を与え、教員等及び学校への信頼を著しく失墜させる行為であることを認識する必要があります。

　懲戒とは認められない体罰については、2013（平成25）年３月に文部科学省初等中等教育局長から、「体罰の禁止及び児童生徒理解に基づく指導の徹底について」通知が出されています。通知は、「１　体罰の禁止及び懲戒について」「２　懲戒と体罰の区別について」「３　正当防衛及び正当行為について」「４　体罰の防止と組織的な指導体制について」「５　部活動指導について」から構成されています。これに学校教育法第11条に規定する児童生徒の懲戒・体罰等に関する参考事例が別紙として付けられています。

　なぜ、2013年に文部科学省から、体罰の禁止及び児童生徒理解に基づく指導の徹底について通知が出されたのか、その背景を知っておく必要があります。

　国や教育委員会等は過去さまざまな機会に体罰根絶に向けて周知徹底を図ってきましたが、体罰根絶に至っていない残念な状況があります。そうした中、2012（平成24）年末、部活動中の体罰を起因とした高校生の自殺事案が発生するなど、教職員による児童生徒への体罰の状況を国が大変深刻に受け止めた経緯があります。そこで、改めて児童生徒理解に基づく指導が行われるよう、徹底を図る意図から通知したものです。

　本通知で、なぜ体罰がだめなのかを教育的観点から明確に示しています。

　体罰により正常な倫理観を養うことはできず、むしろ児童生徒に力による解決への志向を助長させ、いじめや暴力行為などの連鎖を生む恐れがあるからです。教員等は、児童生徒一人ひとりをよく理解し、適切な信頼関係を築くことが重要であるとも指摘しています。

　懲戒が必要であると認められる状況であっても、決して体罰によることなく、児童生徒の規範意識や社会性の育成を図るよう、適切に懲戒を行い、粘り強く指導することが教員等に求められているのです。自らの指導の在り方を見直し、指導力の向上に努めることこそが児童生徒指導の根幹といえます。

　また、部活動中における体罰が多いことを踏まえ、本通知で、部活動は学校教育の一環として行われるものであり、生徒をスポーツや文化等に親しませ、責任感、連帯感の涵養（かんよう）等に資するものであるという、部活動の意義をもう一度確認することを求めています。勝利至上主義に陥りがちな部活動顧問に対する警鐘です。

　さらに通知は、体罰を厳しい指導として正当化することは誤りであると指摘し、生徒の健康状態等の十分な把握や、望ましい人間関係の構築に留意するよう求めています。

　エピソードの父親のように、殴ることも指導の一環とする考え方の保護者はまだ多く存在すると思われます。このような保護者の発言を真に受けて、法律で禁止されているだけでなく、教育的にも何の効果をもたらすことのない体罰を指導の一環と勘違いすることのないように注意する必要があります。

　体罰禁止を徹底しようとすると、「児童生徒が悪いことをしていても、法律で手も足も出せない状況でどうやって指導するのか」「注意するために腕をつかんだだけで体罰と騒ぐ子どもや親がいる」等と悩む教員がいるかもしれません。教育委員会等が体罰根絶に力を入れるほど、「学校現場の状況がわかっていない」と不満に思うかもしれません。しかし、それだからこそ、教職員には懲戒と体罰の区別や教育の意味について真剣にそして深刻に受け止め、勉強する必要があります。

（3）懲戒と体罰の区別

　教員等が児童生徒に対して行った懲戒行為が体罰に当たるかどうかは、当該児童生徒の年齢、健康、心身の発達状況、当該行為が行われた場所的及び時間的環境、懲戒の態様等の諸条件を総合的に考え、個々の事案ごとに判断する必要があります。留意すべき事項として、懲戒行為をした教員等や、懲戒行為を受けた児童生徒・保護者の主観のみにより判断するのではなく、諸条件を客観的に考慮して判断すべきとしている点があります。

　これは、体罰に当たるかどうかを判断するときには、教員等や児童生徒・保護者の当事者の言い分だけでなく、その行為が行われた場所等に他の児童生徒や他の人間等がいれば、その者からも事情を聴いて客観的に判断することが重要だというものです。

（4）正当防衛及び正当行為

　前に触れた文部科学省通知（2013（平成25）年3月）に添付の参考事例から、児童生徒から教員等に対する暴力行為に対して、教員等が防衛のためにやむを得ずした「有形力の行使」を取り上げます。

　ここでは、児童が教員の指導に反抗して教員の足を蹴ったため、児童の背後に回り、体をきつく押さえることは、正当な行為であるとしています。

　本通知で、正当防衛及び正当行為については、児童生徒の暴力行為等に対しては、毅然とした姿勢で教職員一体となって対応し、児童生徒が安心して学べる環境を確保することが必要であるとしています。教職員が、チームとして乱れることなく毅然として事にあたることが重要で、この際、当該の児童生徒に対してはもちろんですが、他の児童生徒が安心して登校でき学習できる環境をつくることの大切さを述べています。

　また、児童生徒から教員等に対する暴力行為に対して、教員等が防衛のためにやむを得ずした有形力の行使は、これにより身体への侵害または肉体的苦痛を与えた場合でも体罰に該当しないとあります。

　さらに、他の児童生徒に被害を及ぼすような暴力行為に対して、これを制止したり、目前の危険を回避したりするためにやむを得ずした有形力の行使についても、同様に体罰に当たらないとあります。

　暴れる児童生徒をそのままにしておくことは、当事者のみならず他の児童生徒の安全確保のためにも、教員等として許されないことです。教員には、子どもの安全を確保する義務があることを知っておく必要があります。

　このことに関連して、1994（平成6）年5月東京高等裁判所から次のような判例が出ています。

　　公立学校の教員には、学校における教育活動及びこれに密接に関連する生活関係における生徒の安全の確保に配慮すべき義務があり、とくに他の生徒の行為により生徒の生命、身体、財産などに大きな悪影響ないし危害が及ぶおそれが現にあるようなときには、そのような悪影響ないし危害の発生を未然に防止するため、その事態に応じた適切な措置を講じる義務があるといわなければならない。

このことを踏まえながら、教員は、どのような行為が体罰に当たるのかを日々の教育活動を通して正しく認識するとともに、体罰を厳に戒め、かつ「ならぬものはならぬ」という毅然たる姿勢で指導に当たる必要があります。

本通知の別紙の参考事例を掲載しておきます。本通知で、「懲戒、体罰に関する解釈・運用については、今後、本通知による」とあります。これからの懲戒や体罰を考える上で一番の拠り所となるものです。機会あるごとに読み返し、教員自身の体罰に関する認識を深め、児童生徒への指導の在り方を見直すようにしたいものです。

（1）体罰（通常、体罰と判断されると考えられる行為）
○身体に対する侵害を内容とするもの
　・体育の授業中、危険な行為をした児童の背中を足で踏みつける。
　・帰りの会で足をぶらぶらさせて座り、前の席の児童に足を当てた児童を、突き飛ばして転倒させる。
　・授業態度について指導したが反抗的な言動をした複数の生徒らの頬を平手打ちする。
　・立ち歩きの多い生徒を叱ったが聞かず、席につかないため、頬をつねって席につかせる。
　・生徒指導に応じず、下校しようとしている生徒の腕を引いたところ、生徒が腕を振り払ったため、当該生徒の頭を平手でたたく。
　・給食の時間、ふざけていた生徒に対し、口頭で注意したが聞かなかったため、持っていたボールペンを投げつけ、生徒に当てる。
　・部活動顧問の指示に従わず、ユニフォームの片づけが不十分であったため、当該生徒の頬を殴打する。
○被罰者に肉体的苦痛を与えるようなもの
　・放課後に児童を教室に残留させ、児童がトイレに行きたいと訴えたが、一切、室外に出ることを許さない。
　・別室指導のため、給食の時間を含めて生徒を長く別室に留め置き、一切室外に出ることを許さない。
　・宿題を忘れた児童に対して、教室の後方で正座で授業を受けるように言い、児童が苦痛を訴えたが、そのままの姿勢を保持させた。

(2) 認められる懲戒 (通常、懲戒権の範囲内と判断されると考えられる行為)
　(ただし肉体的苦痛を伴わないものに限る)
　※学校教育法施行規則に定める退学・停学・訓告以外で認められるもの
　の例
　・放課後に教室に残留させる。
　・授業中、教室内に起立させる。
　・学習課題や清掃活動を課す。
　・学校当番を多く割り当てる。
　・立ち歩きの多い児童生徒を叱って席につかせる。
　・練習に遅刻した生徒を試合に出さずに見学させる。
(3) 正当な行為 (通常、正当防衛、正当行為と判断されると考えられる行為)
○児童生徒から教員等に対する暴力行為に対して、教員等が防衛のために
　やむを得ずした有形力の行使
　・児童が教員の指導に反抗して教員の足を蹴ったため、児童の背後に回
　　り、体をきつく押さえる。
○他の児童生徒に被害を及ぼすような暴力行為に対して、これを制止した
　り、目前の危険を回避するためにやむを得ずした有形力の行使
　・休み時間に廊下で、他の児童を押さえつけて殴るという行為に及んだ
　　児童がいたため、児童の両肩をつかんで引き離す。
　・全校集会中に、大声を出して集会を妨げる行為があった生徒を冷静に
　　させ、別の場所で指導するため、別の場所に移るよう指導したが、な
　　おも大声を出し続けて抵抗したため、生徒の腕を手で引っ張って移動
　　させる。
　・他の生徒をからかっていた生徒を指導しようとしたところ、当該生徒
　　が教員に暴言を吐きつばを吐いてにげだそうとしたため、生徒が落ち
　　着くまでの数分間、肩を両手でつかんで壁へ押し付け、制止させる。
　・試合中に相手チームの選手とトラブルになり、殴りかかろうとする生
　　徒を、押さえつけて制止させる。

3　教職員の服務等について

　ここでは、教員の年間の仕事や一日の業務の代表的なものを法律上の観点から整理していくことにします。教員の行う仕事は、法律の裏付けをもっているのがほとんどです。このことを正しく理解していないと、授業以外は教師のやる仕事ではなく、雑務であるというような誤解を生じる場合があります。

　子どもの教育に係る仕事内容であれば、それは雑務ではありません。ただ、教員の仕事は多種多様で、子どもの教育に熱心であればあるほど際限がなくなる傾向があることは確かです。だからこそ、日々の業務を裏付ける法的な知識を知り、効率的に業務を推進することが望まれます。

　年度始めは、子どもにとっては休みでも、学校は繁忙期を迎えます。入学する児童生徒のための学級編成、教室の配置や机・いすのチェック、仮の座席表の作成、出席簿の作成等、このほかにも子どもを迎える前に行う業務は山ほどあり、息つく暇もないほどです。

　年度末は、成績の処理や指導要録への記入をはじめ、進学先への調査書等の書類の作成、卒業式や入学式の諸準備があります。

　一日単位で教員の仕事をみても、朝の健康観察から始まり、授業、昼食指導、下校時の安全指導等、学級担任としてやらなければならない業務が目白押しです。これらに加え、さまざまな研修会や会議があります。しかし、いくら多忙でも子どもの学校教育に責任をもっている立場の教員は、その一つひとつの仕事を間違いのないように確実に遂行しなければなりません。教員一人ひとりの熱意と責任感に支えられ、学校教育は成り立っているといっても過言ではありません。

（1）教職員の配置

　各学校に配置される教員数は、「公立義務教育諸学校の学級編成及び教職員定数の標準に関する法律（標準法）」で規定されています。

　この法律の目的は、公立の小学校や中学校等に関して、学級編成と教職員定数の標準について必要な事項を定めて（表2-1）、義務教育の水準の維持、

表2-1　学級編成の標準

学校の種類	学級編成の区分	1学級の児童生徒数
小学校（義務教育諸学校の前期課程を含む）	同学年の児童で編成する学級	40人（第1学年の児童で編成する学級にあっては、35人）
	二の学年の児童で編成する学級（＝複式学級）	16人（第1学年の児童を含む学年にあっては、8人）
	特別支援学級	8人
中学校（義務教育諸学校の後期課程及び中等教育学校の前期課程を含む）	同学年の生徒で編成する学級　二の学年の生徒で編成する学級（＝複式学級）	40人　　8人
	特別支援学級	8人

出典：公立義務教育諸学校の学級編成及び教職員定数の標準に関する法律第3条

向上に資することとされています。簡単に言えば、児童生徒40人の集団に対し、1人の教員が配置されるものです。当然、児童生徒数の多い学校には、それに見合う数の校長や教職員が配置されることになります。

　この法律の第2条で、「義務教育諸学校とは、学校教育法に規定する小学校、中学校、義務教育学校、中等教育学校の前期課程又は特別支援学校の小学部若しくは中学部をいう」と定義しています。

　こうして、小学校や中学校等の種類ごとに、学級数に乗じる数が決まっており、それと学級数を掛け算された数だけの教職員が配置されることになるのです。詳細は、同法第7条で示されています。なお、高等学校については、「公立高等学校の適正配置及び教職員定数の標準等に関する法律」第6条で、「公立の高等学校（中等教育学校の後期課程を含む）の全日制の課程又は定時制の課程における一学級の生徒の数は、40人を標準とする」と規定しています。

（2）校務

　学校教育法施行規則の第24条で、「校長は、その学校に在学する児童等の指導要録（学校教育法施行令第31条に規定する児童等の学習及び健康の状況を記録した書類の原本をいう。以下同じ）を作成しなければならない」と規定し

ています。校長は、指導要録を作成すると規定されていますが、校長一人が指導要録を作成するのではないことは言うまでもありません。

学校は、校長をトップとした組織体です。校長の職務として学校教育法第37条第4項で「校長は、校務をつかさどり、所属職員を監督する」と規定されています。この校務については、「校長の職務権限を定めたものであり、校長はすべての公務について決定権があるというべきである」と1993（平成5）年福岡高裁の判例にあります。この校務として、物的教育条件に関する事務のほか、教育内容的事項があり、さらに教育活動そのものがあると同判例で述べられています。

（3）上司の命令に従う義務

教職員の上司の命令に従う義務について、地方公務員法第32条で、職員はその職務を遂行するに当たって、法令等の規則や規定に従い、かつ、上司の職務上の命令に忠実に従わなければならないと規定しています。さらに、地方教育行政の組織及び運営に関する法律（地教行法）第43条第2項で、職務上の上司の職務上の命令に忠実に従わなければならないと規定しています。中学校や高等学校等にも準用規定があり、校長は公務をつかさどり、所属職員を監督することが述べられています。学校教育法第37条第5項、第6項、第7項で副校長、教頭の職務内容が、第9項、第10項で主幹教諭と指導教諭の職務内容が規定されています。そして、第11項で、教諭は児童の教育をつかさどると規定されています。この「つかさどる」はどういう意味なのか、確認しておきます。

> つかさどる……公の機関やその職員が、職務として一定の事務を担当するという意味合いと管理するという意味合いが込められており、たとえば、学校教育法37条では、「教諭は児童の教育をつかさどる」という場合は担当するとの意味で用いられ、「校長は、校務をつかさどり」という場合は管理するとの意味で用いられている。
> （平成28年度版 教育法規便覧）

また、教員の仕事を教科指導等の授業に係るものだけをやればよいと狭義に解釈するのではなく、授業を中心に児童の教育活動に係るものすべてを含むと

広義に解釈すべきでしょう。

　たとえば、児童生徒に豊かな体験活動をさせようとする場合、地域の方々の協力を必要とする場合が少なくありません。そのようなとき、担当等が中心となりながら、連絡調整する作業が必要になるでしょう。体験活動の授業の実施を中心に据えながらも、その周辺の事務作業も教員の仕事に含まれてくると考えることが必要になります。

　しかし、一方で、広義に解釈しすぎると子どもに関わるものは、すべて教員の仕事と誤解されるおそれもあります。事業ごとに内容を整理し、家庭やＰＴＡ、地域の方々等にお願いすることも考えながら進めることが大切です。

　学校教育の充実を図るためには、校務分掌の分担を面倒に思ったり、教員本来の仕事ではないと理屈をこねたりして逃げようとせず、与えられた校務分掌は大切な児童生徒の教育活動に関わるものであると認識して、ていねいな仕事をすることが大切なのです。

（４）校務分掌

> 　Ａ先生には、初任者研修会に積極的に参加することで、学級担任として必要とされる資質能力の向上に努めてきた自負があります。
> 　職員室で、Ａ先生の先輩であるＢ先生に弾む声で「いよいよ、あと少しで初任者としての研修が終了します。学級担任は、苦労も多いけれど、それにもまして喜びがあると思います。私は来年、学級担任として、こんなことをしてみたいと思います」と自分のやりたい学級経営について話し始めました。それをそばで聞いていた教頭先生が「Ａ先生、あなたが学級担任になるかどうかは、自分で決められるものではないですよ」と口をはさみました。Ａ先生は「えっ、私が希望すれば担任になれると思っていました」と驚き、「では、どうすれば担任になれるのでしょうか」と教頭先生に尋ねました。

　最近は、保護者対応が大変だから学級担任になりたくないという教員も見受けられます。そのような中、学級担任になりたいというＡ先生の意気込みは、大変素晴らしいものです。しかし、教頭先生の言うとおり、Ａ先生が学級担任を希望したからといって必ずしも学級担任になれるとは限らないのです。教員

として採用され、初任者研修等数々の研修を経てきたA先生ですが、学級担任にするかどうかは、学校の長たる校長先生が決定することです。

　誰が学級担任を務めるかということも含めて、学校の教育目標を達成するために、教職員全員により、組織的で計画的に、そして継続的な営みをする場が学校です。学校教育法施行規則第43条で、「小学校においては、調和のとれた学校運営が行われるためにふさわしい校務分掌の仕組みを整えるものとする」と規定しています。そのために校長は教諭に校務を分掌させ、包括的にかつ個々に職務命令を発することができるのです（1988（昭和63）年 宮崎地裁）。

　校務分掌の仕組みを整えるとは、学校において全教職員の校務を分担する組織を有機的に編成し、その組織が有効に作用するよう整備することであると文部省（当時）から事務次官通達（1976（昭和51）年）が出ています。校務分掌については、これを根拠として現在に至ります。

　このように、校務分掌の組織をつくり、教職員に校務の役割を分担させることは校長先生の権限ですし、学級担任としてのポジションは、校務分掌上のものです。学級担任になれるかどうかは、その学校の規模や教職員の構成、児童生徒の実態等を総合的に勘案して校長先生が決めることになります。

（5）職員会議

　職員会議の法的な位置付けは、学校教育法施行規則第48条で、「小学校には、設置者の定めるところにより、校長の職務の円滑な執行に資するため、職員会議を置くことができる」と規定され、また、同条第2項で、「職員会議は校長が主宰」すると規定されています。中学校や高等学校等にも準用規定されています。ここでの設置者とは市町村等の地方公共団体のことです。

　このように法律で規定されていますが、過去には、議決機関説、補助機関説、諮問機関説等の見解がさまざまな立場から主張されてきました。これらの見解の相違により、学校に混乱が生じたことがあります。

　そうした中、学校運営が適正に進められ、地域の実情等に応じた教育活動がいっそう活発になるよう、2000（平成12）年、学校教育法施行規則等の一部を改正する省令の施行について、事務次官通知が出されました。この中で、職員

会議が明確に位置付けられています。

　この改正の趣旨は、中央教育審議会（以下、中教審という）答申（1998（平成10）年）に基づき、「これからの学校が、より自主性・自律性を持って、校長のリーダーシップの下、組織的・機動的に運営され、幼児児童生徒の実態や地域の実情に応じた特色ある学校づくりを展開することができるよう、校長及び教頭の資格要件を緩和するとともに、職員会議及び学校評議員に関する規定を設けるものである」としています。

　この通知は、教員として経験を積み重ねていく中で、職員会議の在り方について疑問や迷う場面が生じたとき、読み直すことで理解を深めることができるよい資料となります。次にその一部を抜粋します。

　　職員会議は、校長を中心に職員が一致協力して学校の教育活動を展開するため、学校運営に関する校長の方針やさまざまな教育課題への対応方策についての共通理解を深めるとともに、幼児児童生徒の状況等について担当する学年・学級・教科を超えて情報交換を行うなど、職員間の意思疎通を図る上で、重要な意義を有するものである。しかしながら、職員会議についての法令上の根拠が明確でないことなどから、一部の地域において、校長と職員の意見や考え方の相違により、職員会議の本来の機能が発揮されない場合や、職員会議があたかも意思決定権を有するような運営がなされ、校長がその職責を果たせない場合などの問題点が指摘されていることにかんがみ、職員会議の運営の適正化を図る観点から、省令に職員会議に関する規定を新たに設け、その意義・役割を明確にするものであること。

（１）小学校、中学校、高等学校、中等教育学校、盲学校、聾学校、養護学校及び幼稚園に、設置者の定めるところにより、校長の職務の円滑な執行に資するため、職員会議を置くことができることとしたこと。また、職員会議は校長が主宰するものであることとしたこと。

（２）今回省令において規定した職員会議は、学校教育法第37条第4項等において「校長は、校務をつかさどり、所属職員を監督する」と規定されている学校の管理運営に関する校長の権限と責任を前提として、校長の職務の円滑な執行を補助するものとして位置付けられるものであることに十分留意すること。

（３）職員会議においては、設置者の定めるところにより、校長の職務の

円滑な執行に資するため、学校の教育方針、教育目標、教育計画、教育課題への対応方策等に関する職員間の意思疎通、共通理解の促進、職員の意見交換などを行うことが考えられること。

（４）職員会議を構成する職員の範囲については、設置者の定めるところによることとなるが、教員以外の職員も含め、学校の実情に応じて学校の全ての職員が参加できるようその運営の在り方を見直すこと。

（５）職員会議は校長が主宰するものであり、これは、校長には、職員会議について必要な一切の処置をとる権限があり、校長自らが職員会議を管理し運営するという意味であること。

（６）学校の実態に応じて企画委員会や運営委員会等を積極的に活用するなど、組織的、機動的な学校運営に努めること。

　学校には、職員会議をはじめ、職員会議に提案するための会議や職員会議で決まった内容を実施するための会議など、いろいろな会議が設置されています。名称は学校により異なりますが、おおかた次のようなものです。企画会、学年会、教科会、校内研修会、主任会等です。

　これらの会議のうち、いくつかに出席することになりますが、心掛けてほしいことを３点述べます。１つ目は、会議の開始時刻を守り、遅刻しないということです。自分の事務を優先して、開始時刻を軽んじる傾向がみられることがあります。校長先生や他の教職員が席についているにもかかわらず、悪びれもせず入室するような態度では、子どもからも信頼を得る教員にはなれません。２つ目に、会議の議題に集中するということです。職員会議を職員室でなく別室で行う学校が多いようです。これは、職員会議を職員室で行うと、議題とは関係ない資料に目を通す職員がどうしても出てしまうというのも理由の一つにあるようです。学校全体の方針や行事関係、生徒指導上の課題等、重要な案件が出される場が職員会議です。上の空で時間を過ごすことなどないようにする必要があります。３つ目に、会議の目的は、すべて子どもの教育のためのものであるはずです。このことを忘れると会議のための会議になりかねません。

　そうはいっても、例外のこともあります。たとえば、帰りの会が終わり、これから定刻どおりに会議が始まろうとしているとき、子どもから相談があると

言われた場面を想起してみましょう。会議資料を小脇に抱え急いで会議室に向かうそのときです。相談内容がどのようなものかわかりません。あなたは、どう対応しますか。「ごめん、先生、これから会議があるので、またにしてね」と言えるでしょうか。子どもの相談内容が急を要するものであるのかを適切に判断する必要があります。子どもがけがをした場合であれば、会議には遅れてもそちらを優先するはずです。子どもから相談事があると言ってきたのなら、まずは話を聞く姿勢をとるべきです。特に、悩み事のように、表面上からはわかりにくいものであれば丁寧に対応する必要があります。そのために会議に遅れたとしても、きちんと理由を説明できます。学校で行われる会議は、最終的には子どものためのものであるはずです。自分のだらしなさを露呈するような遅刻はいけませんが、上記のような場合では、会議に出席するより子どもを優先すべきです。

（6）服務等に関する法律

　市町村立小中学校の教員の中には、自分の身分を都道府県の教員と勘違いしている人がいるかもしれません。この勘違いは、やがて自分たちは都道府県職員の身分だから市町村教育委員会からの指示や束縛は受けないという主張にもつながってしまいます。

　ここでは、このような勘違いや間違いをしないよう、市町村立学校の教員の身分について確認していきます。

1）県費負担教職員の身分と任命権者

　地方教育行政の組織及び運営に関する法律（地方教育行政法または地教行法という）第35条で、校長や教員等の身分の取扱いについて、「職員の任免、人事評価、給与、懲戒、服務、退職管理その他の身分取扱いに関する事項は、この法律及び他の法律に特別の定めがある場合を除き、地方公務員法の定めるところによる」と規定されています。

　次に、同法第37条で「市町村立学校職員給与負担法（給与負担法）第1条及び第2条に規定する職員（以下、県費負担教職員という）の任命権は、都道府県委員会に属する」と規定されています。

　また、市町村立学校に勤務する教職員で、その給与が都道府県によって負担され、その任命権が都道府県の教育委員会に属する都道府県費負担教職員も、その処理し、執行する事務は市町村の事務であり、その身分は、その者の勤務する学校を設置している市町村の職員であると文部次官通達（1956（昭和31）年）で示されています。

　さらに、1998（平成10）年の閣議決定で、県費負担教職員の身分は市町村職員であり、任免その他の進退人事は都道府県の自治事務を成すと、その趣旨を説明しています。

　まとめれば、公立学校の教職員は、当該学校を設置する地方公共団体の教育活動に従事する地方公務員です。したがって、都道府県立学校の教職員は都道府県に身分の所属する地方公務員であり、市町村立学校の教職員は市町村に身分の所属する地方公務員です。

　市町村立学校職員給与負担法（負担法）によって、市町村立学校の教職員の給与が都道府県によって負担され、その任命権が都道府県教育委員会にあっても、その身分は、勤務する学校を設置している市町村の地方公務員であるのです。

　　2）日々の勉強

　教育基本法第9条で、教員は、自己の崇高な使命を深く自覚し、絶えず研究と修養に励み、その職責の遂行に努めなければならないと規定されているところです。教員の仕事は、日本の未来を担う子どもを教えはぐくむ重要な仕事です。不易と流行ということばに代表されるように、教員の仕事には、どんなに時代が流れ変化しても決して変えてはならない教育の根幹をなす部分と、時代の変化に合わせて臨機応変に対応し指導する部分とがあります。嘘をつき人を傷つけ、物を盗んだら褒められるなどということは、世界中どこの国でもないでしょう。人間としての善悪の判断ができることの大切さはこれからも変わらないはずです。これが不易の部分です。同時に、教員は時代の変化にも敏感に対応することが求められています。十年一日のごとく同じ教材を使い、チョーク1本で授業を進められることなどありえません。「主体的・対話的で深い学び」やICT教育の推進など、新しい考えや指導方法を学び、子どもの理解を深めるために日々勉強し続ける教員であることが求められています。これが流行の部分です。

　教員の仕事には限りがありません。やればやるほど次にしなければならない
ものが見えてきます。子どもを指導するということは、教員自らが勉強し続け
ることを意味しています。教科指導だけにとどまらず、人間として児童生徒に
魅力ある存在になるために、教師自らの日々の努力が必要です。こうした努力
を通して少しずつ児童生徒や保護者から信頼を得られる教員になれるのです。

　学校の先生は、「先生」と呼ばれないと腹を立てると聞いたことがあります。
児童生徒から先生と呼ばれ続け、いつしか誰からも先生と呼ばれることに慣れ
てしまい、不遜な態度が身に付いてしまうのです。子どもにはあいさつをする
よう指導している教員が、業者等外部の人にはあいさつをせず横柄な態度でい
ることがあります。学校を訪ねてきた人が校内で迷っているにもかかわらず声
を掛けないこともあります。これは学校の安全管理上の点からも問題です。見
知らぬ人を校内で見かけた場合には、笑顔で声を掛けることを心掛けるように
すべきです。

　よい教師になるためには学び続ける姿勢と偉ぶらない謙遜な心が必要です。
あなたのために教員という職業が用意されているわけではありません。子ども
の教育のために教員という職業があるのです。謙虚さを失わず、子どもや保護
者からも学ぶ姿勢を持ち続けた教員が、子どもや保護者から信頼される教員に
なれるのです。

4　教職員免許法について

　新採用の理科教員としてある中学校に赴任したA先生は、2年目を迎えよう
としていたある日、校長先生から次年度は理科と数学を受け持って欲しいと言
われました。A先生は、理科の免許しかもっていません。数学を教える自信も
ないことから、断れるものなら断りたいと浮かぬ顔をしながら教頭先生に相談
しました。

　中学校教員や高等学校の教員の人事配置は、小学校の教員の配置と比べて簡
単なことではありません。中高では、単に人数の出入りを考えるだけでなく、

そこに教科の要素が入ってくるからです。教育委員会で教職員の人事を担当する職員は、配置を考える時期になると頭の痛い時期を過ごすことになります。

　A先生は校長先生からの依頼を断ることができるのかを考えるために、教員の資格や教育職員免許法について調べていくことにします。

　教育職員免許法（以下、免許法という）は、教育職員の免許に関する基準を定め、教育職員の資質の保持と向上を図ることを目的としています。免許法第2条で教育職員とは、学校教育法にいう「学校の主幹教諭、指導教諭、教諭、助教諭、養護教諭、養護助教諭、栄養教諭、主幹保育教諭、指導保育教諭、保育教諭、助保育教諭及び講師（以下「教員」という）をいう」と定義されています。

　免許法の第3条で、「教育職員は、この法律により授与する各相当の免許状を有するものでなければならない」と規定されており、この規定に反し免許がない者を雇用または任命した場合、罰則規定が適用されます。

（1）免許状の種類
　免許状の種類は、免許法第4条で次のように規定されています。

　免許状は、普通免許状、特別免許状及び臨時免許状とする。
2　普通免許状は、学校（義務教育学校、中等教育学校及び幼保連携型認定子ども園を除く）の種類ごとの教諭の免許状、養護教諭の免許状及び栄養教諭の免許状とし、それぞれ専修免許状、一種免許状及び二種免許状（高等学校教諭の免許状にあっては、専修免許状及び一種免許状）に区分する。
3　特別免許状は、学校（幼稚園、義務教育学校、中等教育学校及び幼保連携型認定子ども園を除く）の種類ごとの教諭の免許状とする。
4　臨時免許状は、学校（義務教育学校、中等教育学校及び幼保連携型認定子ども園を除く）の種類ごとの助教諭の免許状及び養護助教諭の免許状とする。
5　中学校及び高等学校の教員の普通免許状及び臨時免許状は、次に掲げる各教科について授与する。（以下略）

　普通免許状は、教諭、養護教諭及び栄養教諭の免許状で、特別免許状は、教

論の免許状、そして臨時免許状は、助教諭及び養護助教諭の免許状です。中学校と高等学校の教員の普通免許状及び臨時免許状は、国語等教科別に授与されます。

　免許法第3条で、義務教育学校の教員は、小学校の免許状及び中学校の教員の免許状を有する者でなければならないと規定されています。また、中等教育学校の教員は、中学校の教員の免許状及び高等学校の教員の免許状を有する者でなければならないと規定されています。ちなみに、これら教員の免許状は、免許法に定める教員としての資格を備えているかどうかを判定した上で、都道府県の教育委員会（授与権者）が授与することになっています（免許法第5条第7項）。

　その校種に該当する免許を有している者が学校での授業を行うことができるのであって、免許を有しない者が一人で授業を行うことは違法になります。学校に外部の方を講師に招いて授業を実施する場合、免許状を有している教員が授業を進める中で、外部の方の話を聞く方法がとられるのはこのためです。外部の者が一人で授業を行うことはできません。

（2）免許外教科の担任
　免許法の附則第2項で次のような規定があります。

　　授与権者は、当分の間、中学校、義務教育学校の後期課程、高等学校、中等教育学校の前期課程若しくは後期課程又は特別支援学校の中学部又は高等部において、ある特定の教授を担任すべき教員を採用することができないと認めるときは、当該学校の校長及び主幹教諭、指導教諭又は教諭（以下この項において「主幹教諭等」という）の申請により、1年以内の期間を限り、当該教科についての免許状を有しない主幹教諭等が当該教科の教授を担任することを許可することができる。この場合においては、許可を得た主幹教諭等は、第3条第1項及び第2項の規定にかかわらず、当該学校、当該前期課程若しくは後期課程又は当該中学部若しくは高等部において、その許可に係る教科の教授を担任することができる。

　このように、校長は、学校運営上必要があると認められる場合においては、

当該学校の教員に対し、免許法附則第2項による許可を条件として、免許教科外の教授担任を命ずることができるのです。また、当該教員は、特別の事情のない限り、この免許教科外の教授担任の許可申請を拒否することができません。

　A先生の件は、校長先生の学校運営上の必要による総合的な判断です。A先生が数学を教える自信がないということが特別の事情に当たるとは考えにくく、これを断るわけにはいきません。A先生にとっても理科とともに数学を教える1年間は、教材研究等でも大変なことかもしれませんが、必ず後になってよい経験をさせてもらえたと思えるときがくるはずです。

（3）免許状の更新

　教員免許状には有効期限があります。免許状の更新をしないと効力を失うことになり注意が必要です。

　免許法第9条で、「普通免許状は、その授与の日の翌日から起算して10年を経過する日の属する年度の末日まで、すべての都道府県において効力を有する」と規定されています。また、「特別免許状は、その授与の日の翌日から起算して10年を経過する日の属する年度の末日まで、その免許状を授与した授与権者の置かれる都道府県においてのみ効力を有する」と規定されています。

　「免許管理者は、普通免許状又は特別免許状の有効期間を、その満了の際、その免許状を有する者の申請により更新することができる」（免許法第9条の2）と規定があり、免許状の効力を失う前に、免許状の更新をする必要があります。

　なお、免許状の更新をするためには、大学等で免許状更新講習を受ける必要があります。

（4）教科書の定義

　教科書については、教科書の発行に関する臨時措置法（教科書発行法）第2条で「教科書とは、小学校、中学校、義務教育学校、高等学校、中等教育学校及びこれらに準ずる学校において、教育課程の構成に応じて組織排列された教科の主たる教材として、教授の用に供せられる児童又は生徒用図書であって、

文部科学大臣の検定を経たもの又は文部科学省が著作の名義を有するものをいう」と定義されています。

　教科用図書その他の教材の使用について、「小学校においては、文部科学大臣の検定を経た教科用図書又は文部科学省が著作の名義を有する教科用図書を使用しなければならない」と規定されています（学校教育法第34条）。

　また、同法第34条第2項で「前項の教科用図書以外の図書その他の教材で、有効適切なものは、これを使用できる」と規定され、中・高等学校等にも準用規定されています。

　教科書について整理すると次のようになります。

①　文部科学大臣の検定を経た、いわゆる検定教科書

②　文部科学省が著作の名義を有する、いわゆる文部科学省著作教科書

③　上記、①と②以外の設置者が指定している教科用図書

（5）教科書の使用義務

　学校教育法第34条に教科用図書を使用しなければならないと規定されており、この規定には2つの内容が含まれています。1つ目は、必ず教科書を使用しなければならないことであり、2つ目は、使用する教科書は検定教科書または文部科学省著作教科書でなければならないことです。

　教科書の使用に係る次のような判例があります。

　　教科書は、学習指導要領の目標及び内容によって編成されており、これを使用することは、教育の機会均等の確保と一定水準の維持という普通教育の目的に対して有効なものであり、さらに教授技術も教科書を使用して授業をすることは、教師及び生徒の双方にとってきわめて有利である。

　　　　　　　　　　　　　　　　　　　　　　　（1983（昭和58）年 福岡高判）

　この教科書使用義務の規定については、特例があります。学校教育法附則第9条で、「高等学校、中等教育学校の後期課程及び特別支援学校並びに特別支援学級においては、当分の間、第34条第1項の規定にかかわらず、文部科学大臣の定めるところにより、第34条第1項に規定する教科用図書以外の教科

用図書を使用することができる」というものです。

　これを受け、学校教育法施行規則第89条で、「高等学校においては、文部科学大臣の検定を経た教科用図書又は文部科学省が著作の名義を有する教科用図書のない場合には、当該高等学校の設置者の定めるところにより、他の適切な教科用図書を使用することができる」としています。また、学校教育法施行規則第139条で、特別支援学級の使用する教科書の特例を同様に規定しています。

（6）主たる教材としての教科書

　教科書の定義やその使用義務について語るとき、よく「教科書を教える」のか、「教科書で教える」のかが、話題になることがあります。

　教科書は、各教科の指導を行う際の主たる教材（教科書発行法第2条）ですが、学校教育法第34条第4項で、「教科用図書及び第2項に規定する教材以外の教材で、有効適切なものは、これを使用することができる」とあることから、教科書を唯一絶対のものとして使用するものではないと解するのが妥当です。ただし、検定教科書等以外の有効適切なものであるかどうかを判断するのは、教科書の採択権限のある教育委員会です。教科担任が勝手に使用する教科書を変更することは許されません。

　「教科書を教える」という表現には、教科書だけを最初から最後まで一字一句漏らさず教えるというニュアンスが感じられます。教科書は主たる教材ですから、教科書を核にして児童生徒の実態を把握するとともに教材研究をし、教科書の内容をよりわかりやすいように工夫して指導するなど、教員の創意と工夫が求められているのです。このような意味から「教科書で教える」心構えが大切になります。

5　出席簿と健康観察について

　中学校教諭のＡ先生は、朝の会を生徒の自主性を育てるよい機会として、朝の会の司会進行を日直の生徒に任せ、出欠席の確認もさせています。「おはようございます」と元気な声で教頭先生にあいさつをした日直の生徒が、職員室

前の廊下の棚から出席簿を取り出し、教室に向かっていきます。教頭先生が職員室に入ると、先ほどあいさつした生徒の学級担任であるＡ先生がまだ机上の書類に目を通しています。「Ａ先生、日直の生徒が出席簿を持っていきましたよ。先生、出席確認はいつしているのですか」と教頭先生が尋ねました。Ａ先生は「朝の会は、日直が呼名して出席確認をしています」と教頭先生に応じました。「健康観察は毎日していますか」と心配になった教頭先生がＡ先生に尋ねると、「保健委員がチェックしています。後で報告を受けることになっています」とのことでした。教頭先生は、放課後、Ａ先生に出席簿の管理と健康観察の意義について話を始めました。

　このような例が見られる学校があるかもしれません。ここでは、出席簿の作成義務と健康観察の意義やその方法等について述べていきます。

（1）出席簿の作成義務

　出席簿の作成に係る法律は、学校教育法施行令第19条と学校教育法施行規則第25条にあります。まず、学校教育法施行令第19条で、「小学校、中学校、義務教育学校、中等教育学校及び特別支援学校の校長は、常に、その学校に在学する学齢児童又は学齢生徒の出席状況を明らかにしておかなければならない」と規定しています。これを受け、学校教育法施行規則第25条で、「校長は、当該学校に在学する児童等について出席簿を作成しなければならない」と規定しています。また、同法第28条で、日課表や職員名簿、出席簿等を学校において備えなければならない表簿であると規定し、保存期間についても規定しています。これらの表簿は、5年間保存することになっています。ただし、指導要録及びその写しのうち入学、卒業等の学籍に関する記録については、その保存期間は、20年間と規定されていることに注意が必要です。

　Ａ先生のように、生徒を使って出席簿に記入させている方法には疑問が生じます。学級担任として生徒の毎日の出席状況を出席簿に記入し、把握する必要があるからです。学級担任として一人ひとりの生徒を呼名し出欠の確認をすることで、出席簿への記入と同時に、健康観察もできます。また、火災や地震等での緊急避難時には、避難し終わった生徒の安全を、出席簿を使って確認する

ため、あらかじめ決められた場所で管理されている出席簿を、教職員が持って
避難するようになっています。

　生徒の自主性をはぐくむ一環として出欠席の確認をさせるのであれば、担任
は毎回必ず自らの目で出席簿の記入状況を確かめる必要があります。

　家庭から学校に向かったものの、登校していないなどのケースもあります。
担任自らが出席確認すれば、近隣の子どもに尋ねたり、家庭と連絡を取ったり
適切な行動がとれます。出欠席や遅刻・早退の確認をすることは、生徒指導上
の観点からも大切なことだと認識する必要があります。

（2）健康観察の意義

　学級担任や養護教諭をはじめ、教職員により行われる日常的な健康観察は、
子どもの異変に早く気付き、適切な対応を図る上でとても大切な活動です。特
に、学級担任により行われる朝の健康観察は、子どもがその日一日を元気に過
ごすことができるかを探る上でも重要な観察であるといえます。

　中教審答申（2008（平成20）年）は、「子どもの心身の健康を守り、安全・安
心を確保するために学校全体の取組を進めるための方策について」で、健康観
察の重要性について次のように述べています。

> 　健康観察は、学級担任、養護教諭などが子どもの体調不良や欠席・遅刻
> などの日常的な心身の健康状態を把握することにより、感染症や心の健康
> 問題などの心身の変化について早期発見・早期対応を図るために行われる
> ものである。また、子どもに自他の健康に興味・関心を持たせ、自己管理
> 能力の育成を図ることなどを目的として行われるものである。

　これを受け、学校における児童生徒等及び職員の健康の保持増進を図るため、
学校における保健管理に関し必要な事項等を定めた学校保健安全法では、健康
観察をあらたに位置付けました（2009（平成21）年）。

　健康観察は、同法第9条で次のように規定されています。

> 　第9条　養護教諭その他の職員は、相互に連携して、健康相談又は児童生徒等の健康状態の日常的な観察により、児童生徒等の心身の状況を把握し、健康上の問題があると認めるときは、遅滞なく、当該児童生徒等に対して必要な指導を行うとともに、必要に応じ、その保護者（学校教育法第16条に規定する保護者を言う。第24条及び第30条において同じ）に対して必要な助言を行うものとする。（下線は筆者）

　学級担任による日常的な健康観察の中でも朝の健康観察は、子どもの体調を把握する目的をもっているだけでなく、心理的なストレスや悩みに気付いたり、いじめを発見したりすることにつながる場合も考えられます。不登校になりかけている子どもがいるかもしれません。呼名しながら子どもの表情を窺うとともに身体的な異変の有無にも注意を払う必要があります。腕にできたあざを隠すようにしている子どもの異変に気付いた担任の適切な判断によって、最悪な状態を未然に防いだ事例もあります。虐待や精神的な疾患などに気付く場合もあり、特に朝の健康観察は重要です。

　文部科学省は、「教職員のための子どもの健康観察の方法と問題への対応」で、健康観察の重要性、健康観察の目的、健康観察の法的根拠、健康観察の機会、健康観察の評価等を詳しく解説し、健康観察の視点やその方法等についても記載しています。

6　子どもの貧困対策について

　教員の教育扶助に関する知識が浅かったため早期に適切な対応は取れなかったものの、周囲の協力を得ながら改善を図れた次のような事例があります。

> 　ある小学校で4年生を担任する教員が、いつものとおり朝の会で子どもの出欠席の確認をしていたところ、暗い表情をしている一人の子どもに気付きました。担任は、この子どもと話しましたが、子どもは何もないと答えるばかりです。この子は、母子2人の家庭です。担任はこの子がいじめにあっているのではないかと心配し、その思い込みだけで対応していたのです。周辺の子どもに

も聞きましたが、いじめの兆候はありません。この子は体調不良を頻繁に訴えていたことから、養護教諭に相談していましたが、具体的な手立てには至りませんでした。

　数か月が経ち、この子の遅刻や欠席が目立ち始め、遠足の時期がやってきました。遠足の費用の徴収日に、この子は欠席したのです。気になった担任は家庭訪問をしました。母親から、勤めていた会社が倒産し、パートをしながらの職探しに時間をとられ、子どものことをかまっていられなかったと話を聞き、初めて子どもが暗くなった原因がわかりました。

　学校に戻り教頭先生に相談すると、生活保護を受給する方法や、保護対象にならない場合でも一定以下の収入ならば、準要保護家庭の対象になるとアドバイスを受けました。社会福祉の担当者と調整する中で、母親は民生委員と面談し、生活保護の申請をすることができました。やがて生活保護を受けられることになり、学校での子どもの表情は少しずつ明るくなってきました。

　40人の子どもには40とおりの家庭環境があります。裕福な家庭の子どももいれば、経済的に恵まれない中で頑張っている子どももいます。子どもの貧困はなかなか表面からはわからないと言われます。子どもを一生懸命育てようとする保護者であればあるほど、子どもに惨めな思いをさせたくないとするからです。虐待をはじめ、さまざまな子どもの問題にいち早く気付き対応することを求められているのが学校の教職員、特に学級担任であるといえるでしょう。

（1）学用品等に係る就学援助（生活保護、準要保護世帯）の申請

　ここでは、子どもの貧困に関係する法律と就学援助の手続き等を知ることにします。子どもを取り巻く状況から、就学援助制度について必要最低限の知識をもっていることが教員に求められています。教員は給料日を気にしなくても自動的に自分の口座に振り込まれることから、生活困難者の心情を理解することに疎いという指摘もあります。

　休業中の海外旅行の思い出を学級通信に記載し、保護者から批判された学級担任の事例があります。また、給食費未払いの子どもの名前を黒板に列記し、明日までに持ってくるよう指導した担任が、保護者から泣きながらの苦情を受

けた事例もあります。このような事例の根本には、教職員の子どもの貧困に対する認識の薄さとともに、就学援助についての知識不足が考えられます。就学援助に関する法律や就学援助費の手続きを知ることで、教員として子どもの心情に寄り添った言動や行動がとれるようになることを目指します。

　日本国憲法の第26条第１項で、「すべて国民は、法律の定めるところにより、その能力に応じて、ひとしく教育を受ける権利を有する」と規定されているのはご存知のとおりです。これを受け、教育基本法第４条第３項で、「国及び地方公共団体は、能力があるにもかかわらず、経済的理由によって修学が困難な者に対して、奨学の措置を講じなければならない」と規定しています。また、経済的な理由で就学困難な者への援助義務として、学校教育法第19条で、「経済的理由によって、就学困難と認められる学齢児童又は学齢生徒の保護者に対しては、市町村は、必要な援助を与えなければならない」と規定しています。ほかに、特別支援学校への就学援助、生活保護法による教育扶助等があります。

　生活保護法は、日本国憲法第25条に規定する理念に基づき、国が生活に困窮するすべての国民に対し、その困窮の程度に応じ、必要な保護を行い、その最低限度の生活を保障するとともに、その自立を助長することを目的としています。生活保護法第11条には、保護の種類とその範囲が規定されています。生活保護の種類は、衣食その他日常生活の需要を満たすために必要な生活扶助や教育扶助、住宅扶助等８種類があります。子どもの学校生活に関するものは、教育扶助です。教育扶助は、同法第13条で、困窮のために必要最低限の生活を維持できない者に対して行われると規定しています。その内容は、次のとおりです。

1　義務教育に伴って必要な教科書その他の学用品
2　義務教育に伴って必要な通学用品
3　学校給食その他義務教育に伴って必要なもの

　同法第32条により、教育扶助は、金銭給付により行うものとされていますが、これによることができないとき、またはこれによることが適当でないとき、その他保護の目的を達するために必要があるときは、現物給付によって行うこ

とができるとされています。この教育扶助は、被保護者、その親権者もしくは未成年後見人または被保護者の通学する学校の長に対して交付されるものです。教育扶助は子どもにではなく、子どもの保護者に交付され、保護者の了解があれば校長が受け取ることができる仕組みになっています。

（2）要保護児童生徒の認定

　要保護児童生徒の認定は、学校が行うものではありません。それぞれの地方自治体の福祉部門等が、民生委員等と協力しながら認定業務や事務作業を行います。要保護児童生徒ではないかと思う子どもがいる場合には、校長等に相談する必要があります。生活保護の申請が家庭からない場合であっても、真に就学援助を必要とするものについては援助する必要が市町村にはあるからです。家庭からの保護に係る申請の有無のみによって認定を行うのは就学奨励法の趣旨に反すると、初等中等教育局長の通知（1966（昭和41）年）にあります。校務分掌上、就学奨励に係る業務は、多くの学校で事務職員が担っています。

　学校で入学式後や新学期を迎える際、各家庭の経済状況に応じて就学奨励費を受け取れるよう、事務担当者から学級担任を通して各家庭に就学奨励の案内が配布されています。

　就学奨励に係る書類は、きわめて密度の高い個人情報が記載されていることから、その扱いは慎重にしなければなりません。自分の机上に置いていた書類を紛失したとか、他人の目に触れるような場所に置いてあった等の事例をよく耳にします。学校は、子どもの家庭のプライバシーにいっそうの配慮が必要です。

（3）準要保護児童生徒の認定

　学校として留意しなければならないのは、生活保護を受けるほどの生活困窮者ではないものの、経済的に困っているのではないかと推定される子どもへの配慮です。経済的に恵まれない家庭の児童生徒を「準要保護児童生徒」といいます。

　準要保護児童生徒の認定は、市町村教育委員会の事務です。生活保護基準の

1.5倍の年間収入しかない家庭を準要保護家庭と認定する例などがありますが、各教育委員会で基準が異なりますので注意が必要です。準要保護者の生活状態の調査にあたっては、機械的、画一的に流されず、できるだけ校長等の意見を聴取する等の方法を講じるよう、教育委員会に求められているところでもあります。

　援助の項目について、次のようなものがあります。詳細については、その必要が発生したとき、担当事務職員等から話を聞くなど、就学奨励に関する知識を深めるようにすることが大切です。

・学用品費（ノート、鉛筆、クレヨン、副読本、上履き、体育用靴等）

・通学費

・修学旅行費（交通費、宿泊費、見学料等）

・通学用品費（通学用靴、雨靴、雨傘、帽子等）

・新入学児童生徒学用品費（ランドセル、カバン、通学用服、雨靴、雨傘、上履き、帽子等）

・校外活動費

・体育実技用具費（柔道着、防具一式等）

・学校給食費

・保健医療費

　親の経済力が子どもの学力に影響しているとされる、いわゆる「教育格差」が問題になっている今日、子どもの貧困対策の推進に関する法律の第2条の基本理念は、私たち教職員が共有すべき理念でもあります。

　第2条　子どもの貧困対策は、子ども等に対する教育の支援、生活の支援、就労の支援、経済的支援等の施策を、子どもの将来がその生まれ育った環境によって左右されることのない社会を実現することを旨として講ずることにより、推進されなければならない。（下線は筆者）

7 学校事故の未然防止について

2016（平成28）年3月、文部科学省初等中等局長から「学校事故対応に関する指針」が各教育委員会等あてに通知されています。これは、全国の学校で重大事件・事故災害が依然として発生している現状を踏まえ、学校事故の発生を未然に防ぐとともに、学校の管理下で発生した事故に対し、学校等が適切な対応を図れるよう、学校事故対応に関する調査研究有識者会議が取りまとめた「学校事故対応に関する指針」を送付したものです。本指針は、文部科学省のホームページに掲載されています。

本通知に、「学校においては、児童生徒等の安全の確保が保障されることが最優先されるべき不可欠の前提」とあります。学校には、環境教育等さまざまな教育活動があり日々研究や実践がなされていますが、そのすべての基盤になっているのは、児童生徒の安全・安心な教育環境であることを肝に銘じておく必要があります。学校事故が原因で、朝、「行ってきます」と元気よく家を出た子どもが、夕方には遺体となって無言の帰宅をするようなことがあってはならないのです。

学校の教育活動は、そのすべてに安全・安心が担保されている必要があります。ここでは、教科指導や学校行事等における事故防止のためにどうすればよいのか等を重点的に述べていくことにします。

（1）安全点検

学校保健安全法第27条で、学校においては、児童生徒等の安全の確保を図るため、当該学校の施設及び設備の安全点検、児童生徒等に対する通学を含めた学校生活その他の日常生活における安全に関する指導、職員の研修その他学校における安全に関する事項について計画を策定し、これを実施しなければならないと規定しています。

また、学校保健安全法施行規則第28条で、「安全点検は、他の法令に基づくもののほか、毎学期一回以上、児童生徒等が通常使用する施設及び設備の異常の有無について系統的に行わなければならない」と規定しています。また、第

2項で、「学校においては、必要があるときは、臨時に、安全点検を行うものとする」と規定し、さらに、同法第29条で、「学校においては、前条の安全点検のほか、設備等について日常的な点検を行い、環境の安全の確保を図らなければならない」としています。

　学校での安全点検は、月に1回、点検個所を教職員が分担して、あらかじめ決められたチェック項目について点検しています。2階など高いところの窓枠等は特に念入りに点検する必要があります。老朽化によるゴムの劣化で窓枠が緩み、ガラスが2階から落下したケースがあります。下に子どもがいなかったことが幸いしましたが、学校事故はいつどのように発生するかわかりません。月に1回の安全点検をいい加減にせず、安全・安心な環境整備の一環であることを肝に銘じ実施する必要があります。

（2）学校の管理下

　学校の管理下とは次のように規定されています（独立行政法人日本スポーツ振興センター法施行令第5条第2項）。

---

① 　児童生徒等が、法令の規定により学校が編成した教育課程に基づく授業を受けている場合

② 　児童生徒等が、学校の教育計画に基づいて行われる課外指導を受けている場合

③ 　前2号に掲げる場合のほか、児童生徒等が休憩時間中に学校にある場合その他校長の指示又は承認に基づいて学校にある場合

④ 　児童生徒等が通常の経路及び方法により通学する場合

⑤ 　前各号に掲げる場合のほか、これらの場合に準ずる場合として文部科学省令で定める場合

　ここを読めば「今日は天気がよいから、予定を変更して校外で勉強しよう」と思っても、だめなことがわかります。このような思いつきで学習場所を変更したり学習内容を変えたりして、万が一子どもが移動中または学習中にけがをした場合、本来なら出るはずの災害共済給付金が出なくなる可能性があるのです。

　学校が編成した教育課程に基づく学習活動であったか、学校の教育計画に基づいて行われる課外指導であったかが問題になります。少なくとも、校長等の許可を受けての授業であったのかを当然問われることになるのです。教科ごとに作成した年間の指導計画の下、授業は行われるはずです。天候等の変動により、急きょ予定を変更せざるを得ない場合もありますが、そのようなときは、必ず校長等管理職の許可を得て、安全面での最大限の配慮の下、実行する必要があります。

　課外活動中の事故について、東京高等裁判所で確定した判例（1993（平成5）年）が参考になります。

　　課外活動が「学校の教育計画に基づいて行われ」たといえるためには、すくなくとも、学校において、当該活動を学校の教育活動の一環として位置付けており、かつ、学校の責任において実施したといえることが必要である。そして、とくに学校が休暇中に行われるクラブの練習がこれに当たるか否かについては、具体的には、①当該練習が学校における部活動の計画表に記載されているか、②顧問教諭が右（計画表の：筆者注）練習に立ち合い、指導・監督を行っていたか、③この練習が正規のものでない場合は、学校において、このような練習が行われていることを認識しつつ、かつ、それを前提とした上で正規の練習計画の内容が決められているような事情があるか、等が重要な判断要素になろう。

（3）通学路の事故防止

　児童生徒等が通常の経路及び方法により通学する場合は、学校の管理下に含まれます。学校の管理下ですから、万が一、登下校途中に交通事故などに遭ってしまった場合は、災害給付金の支給対象になります。このとき、事故等の対象の児童生徒が通常の経路を、通常の方法で通っていたかが注意すべき事柄になります。たとえば、学校に登校するとき、たまたま親戚の家に泊まりそこから学校に来るなどは、通常の経路ではありません。また、通常は徒歩で登下校している児童生徒が、ある日だけ、自転車で登下校したなども、通常の方法ではありません。

　4月当初、学校は教育委員会へ通学路を届け出ることになっています。通学路を決めるには、PTAの意見や自治会の意見、その他児童生徒の安全確保の

ために必要な情報を収集するとともに、学校の教職員が実際に歩き、その時点で最も安全なルートと校長が判断したものを通学路とします。交通ルールを守る指導とあわせ通学路の意味について知らせることが、事故防止につながるという認識をもつことが大切です。特に、小学校低学年が通学路を集団登下校途中、友だちとふざけながら歩き、突然車道に飛び出して事故に遭うことは、めずらしいことではありません。自分の体や命は自分で守るという意識を、発達段階を踏まえて指導し、身に付けさせることが大切になります。

　命を直接守ることにつながる交通事故防止の指導は、学校だけで済むものではありません。登下校が学校の管理下とはいえ、教員が四六時中子どもを見守ることはできません。だからこそ、周囲の大人の目や協力が重要になります。家庭や地域の住民に学校の方針を理解してもらい、協力を得ることが必要です。教職員の一人として積極的に地域住民と関わり、最終的には信頼関係を築くことができるようにしたいものです。

（4）授業中の事故防止

　生活科で飼育動物にかまれけがをした事例、理科の化学実験や家庭科の調理実習中のけがの事例、体育で柔道の練習中投げられけがを負った事例等、重大事故に結びつきかねない事故は、注意していても多く発生しているのが現実です。

　事故防止のため、指導計画作成時から事故防止の観点が必要になります。校外学習の場合、事前の実地踏査が必要になることもあります。安全対策を万全にしていても起きるのが事故です。万が一、事故が起きたときの対応も考えておくようにします。けがをした子どもへの処理、養護教諭への連絡、校長等管理職への報告、保護者への連絡等やるべきことは多くあります。子どもがけがをしたとき、教員が「たいしたことはないと思いますが、心配でしたら病院で診てもらってください」と保護者に連絡したことで大きなトラブルになることがよくあります。保護者が子どもを病院で診察してもらったところ骨折していた場合など、学校に対する保護者の不信感はいっきに増大します。けがの個所にもよりますが、頭部のけがの場合は特に慎重な判断が必要になります。病院

に連れていくことや救急車を呼ぶことをためらう必要はありません。また、校長が判断を誤ることのないように、養護教諭とともに情報をきちんと伝えるように心がけます。子どもを病院に搬送する場合は、教師が必ず一緒に行くようにすることも必要です。授業があるとか人手が足りないなどは言い訳にもなりません。ややもすると子どものけがを軽く見てしまう傾向がありますが、大げさに見るぐらいでちょうどよいのです。医師から「たいしたことはありません」と診断され、そこで初めて安心すればよいのです。

8　連続して欠席し、連絡が取れない児童生徒への対応

　ここでは、不登校の問題も含め、さらに広範囲の視点から学校に関わりが少なくなっている子どもの対応について述べていきます。

　2015（平成27）年３月、「連続して欠席し連絡が取れない児童生徒や学校外の集団との関わりの中で被害に遭うおそれがある児童生徒の安全の確保に向けた取組について」が文部科学省初等中等教育局長から教育委員会等に通知されています。

　これは、2015年２月、当時中学１年生が殺害されるという痛ましい事件に端を発しています。同様な危険にさらされている児童生徒が身近にもいるのではないかとの危機感から、緊急の対応を求めるとともに、各教育委員会や学校が、日常から密な情報交換・連携を図り、生徒指導を推進するよう求めています。また、本通知では、事件の検証の中間まとめについて、次のような課題を指摘しています。

○学校の組織としての対応が情報共有にとどまり、教育委員会も含めた組織的な早期対応に結びつかなかったこと。
○課題を抱える家庭に対する、教育と福祉が連携した支援に結び付いていなかったこと。教育の面から見れば、スクールソーシャルワーカーの活用がされていなかったこと。
○学校と警察の間で、非行少年等に係る個人情報の円滑なやり取りがなされる仕組みが整えられていないこと。

　上記のような指摘された点について、日ごろから取り組むことが学校側に求められているのです。

　本通知が教育委員会や学校等に求めている内容から、日頃特に教職員が留意すべき点について主に述べることにします。

　被害のおそれがある児童生徒に対する早期対応について、通知では、次の点をあげています。

---

①　児童生徒に対しては、日ごろから培う教職員との信頼関係を基礎に、自身や友人について「被害のおそれ」があるとき等は、教職員をはじめとする身近な大人によく相談するよう指導しておくことが必要である。

②　病気やけがなどの正当な事由がなく児童生徒が連続して欠席している場合、担任教諭・養護教諭等がチェックをした上で、３日を目安に校長等へ報告を行うこととする。

③　正当な事由がなく７日以上連続して欠席し、児童生徒本人の状況の確認ができていない場合は、学校は設置者へ報告することとする。

④　いずれの段階であっても、担任や養護教諭は、原則として対面で児童生徒本人と会い、状況を確認する必要がある。

　上記の①について、生徒指導の基盤は、児童生徒と教員との信頼関係を築くことにあります。信頼関係は一朝一夕にできるものではなく、日々の積み重ねの上に徐々にできていくもので、教員の人間性そのものが問われるのです。何気なく発した教員のことばが信頼関係を築く場合もあれば、その逆もあります。嘘をつかないこと、ごまかさないことだけを貫き、信頼関係を築いた教員もいます。同僚の中には、児童生徒から絶大な信頼を得ている教員がいるはずです。そのような先生の言動を観察しながら自分の行動の指針にするなど、信頼される教師を目指す努力が必要です。教員と児童生徒個々の間に築くべきは、信頼関係であって、信用関係ではありません。信頼と信用は違うことに留意して、日々の精進を期待するところです。

　上記の②及び③について、本通知で示されている３日や７日は、あくまで目安であることに留意する必要があります。学級担任としての心配の度合いや内容によっては、この日数を待つことなく、速やかに校長等に報告する必要があ

ります。経験の浅いうちは、いきなり校長等管理職に話すことをためらうこともありますが、事が大きくなってから報告するようでは、校長といえども的確な判断が難しい場面もあります。事由によっては、警察等外部の機関との連携が必要な場合もあります。要は、課題を抱える児童生徒を救うためには、教員が自分一人で抱え込まない、悩まないことです。学年主任等に報告・相談することを心掛けることが大切です。学級内の出来事を相談することで、自分の評価が下がるのではないかと心配することはありません。相談もせずに事態を悪化させることの方を心配すべきです。教員の仕事は、児童生徒のためにあることを片時も忘れずに仕事をする姿勢を忘れないようにしたいものです。

　上記④について、不登校の状態が続いている児童生徒の家庭を訪問した際、保護者等には会えたが本人には会うことができなかったという例が多くあります。母親が「学校の先生には会いたくないと言っています」と本人との面会を断るケースもあります。本人と会えないということは、生死の確認もできないということを意味しています。このような事由の場合、自分一人で事に当たることはできません。学年主任等に相談しながら、学校としての対応を考えることが必要です。一人ひとりの児童生徒の家庭環境は異なることから、個々のケースごとに解決する道筋を考えることになります。１年以上、外部との接触を拒否し子どもを学校に登校させなかった保護者に対して、地域の協力や警察や福祉関係機関等と連携して対応した事例もあります。

　本通知は、さまざまな面からみて困難な状況にある家庭では、子育てに当たり課題を抱えていることが多く、学校の立場から働き掛けていくことが重要と指摘し、課題を抱える家庭に対して教育と福祉が連携して支援することを求めています。

第3章
学習指導要領とは

　本章では、学習指導要領とは何か、その役割や構成について学びます。また、新学習指導要領の理念と基本的な考え方等について学び、主体的・対話的で深い学びの推進やカリキュラム・マネジメントの確立等について考えます。

1　学習指導要領（course of study）の役割と構成

（1）学習指導要領と教育課程

　学習指導要領とは、各学校が教育課程を編成し、実施する際の拠り所となるもので、文部科学省が示す教育課程に関する国家基準（national standard）のことです。したがって、全国的に一定の教育内容、水準を維持する重要な役割を持つものです。

　各学校においては、学校教育の目的や目標を達成するために、教育の内容を児童生徒の心身の発達に応じ、授業時数との関連において総合的に組織した学校の教育計画である教育課程を編成しなければなりません。一方において、日本国憲法第26条1では「すべて国民は、法律の定めるところにより、その能力に応じて、ひとしく教育を受ける権利を有する」とされ、さらに、教育基本法第4条では、次のように教育の機会はすべての国民に均等に保障されています。

> 　すべて国民は、ひとしく、その能力に応じた教育を受ける機会を与えられなければならず、人種、信条、性別、社会的身分、総合的地位又は門地によって、教育上差別されない。

> 2　国及び地方公共団体は、障害のある者が、その障害の状態に応じ、十
> 分な教育を受けられるよう、教育上必要な支援を講じなければならない。
> 3　国及び地方公共団体は、能力があるにもかかわらず、経済的理由に
> よって修学が困難な者に対して、奨学の措置を講じなければならない。

　学習指導要領は原則として、国公私立のすべての学校にとって教育課程編成
の基準であり、学校教育法施行規則に示されています。

（2）学習指導要領の構成

　学習指導要領では小学校、中学校、高等学校、特別支援学校ごとにそれぞれ
の教科等の目標や教育内容が定められています。また幼稚園においては幼稚園
教育要領が定められています。これは、各学校種の教育課程での学びの内容、
範囲であるスコープ（scope）と指導の順序性、体系性であるシークエンス
（sequence）が示されていることになります。

　各学校においては、この学習指導要領をはじめ、学校教育法施行規則に定め
られている教科等の年間標準授業時数などを踏まえて、地域や学校の実態に応
じた教育課程が編成されています。

　幼稚園における教育要領の構成をみると、前文、第1章 総則、第2章 ねら
い及び内容（健康、人間関係、環境、言葉、表現の各領域）、第3章 教育課程
に係る教育時間の終了後等に行う教育活動などの留意事項が示されています。

　校種別にみると、小学校学習指導要領は、前文、第1章 総則、第2章 各教
科（国語、社会、算数、理科、生活、音楽、図画工作、家庭、体育、外国語の
各教科）、第3章 特別の教科道徳、第4章 外国語活動、第5章 総合的な学習
の時間、第6章 特別活動（学級活動、児童会活動、クラブ活動、学校行事）
から構成されています。

　中学校学習指導要領は、前文に続き、第1章 総則、第2章 各教科（国語、
社会、数学、理科、音楽、美術、保健体育、技術・家庭、外国語）、第3章 特
別の教科道徳、第4章 総合的な学習の時間、第5章 特別活動（学級活動、生
徒会活動、学校行事）から構成されています。

　高等学校学習指導要領は、前文に続き、第1章 総則、第2章 各学科に共通

する各教科（国語、地理、歴史、公民、数学、理科、保健体育、芸術、外国語、家庭、情報、理数）、第3章　主として専門学科において開設される各教科（農業、工業、商業、水産、家庭、看護、情報、福祉、理数、体育、音楽、美術、英語）、第4章　総合的な学習の時間、第5章　特別活動から構成されています。

　我が国においては学習指導要領は1947（昭和22）年に試案として公表され、1958（昭和33）年から今回の改定にいたるまでほぼ10年に1度改訂され、告示の形式によって公示されています。

2　新学習指導要領の理念と基本的な考え方

（1）新学習指導要領の理念

　今回の学習指導要領改訂は2016（平成28）年12月21日の「幼稚園、小学校、中学校、高等学校及び特別支援学校の学習指導要領等の改善及び必要な方策について（答申）」をもとに作成され、2017（平成29）年3月31日に告示されたのが新学習指導要領です。

　新学習指導要領は、教育基準法、学校教育法等を踏まえ、これまでの我が国の学校教育の実践や蓄積を活かし、子どもたちが未来社会を切り拓くための資質・能力をいっそう確実に育成することを基本的な方向として示しています。ここでは、子どもたちにこれから求められる資質・能力は何であるのかを社会と共有し連携する「社会に開かれた教育課程」が重視されています。

　新学習指導要領には今回からあらたに「前文」が設けられています。この前文は、新学習指導要領を定めるにあたり、その基本的な考え方を述べたものです。まさに新学習指導要領の目指す方向性が明確に示されています。以下に示した部分は、特に新学習指導要領の目標と内容が端的に述べられています。

　教育課程を通して、これからの時代に求められる教育を実現していくためには、よりよい学校教育を通してよりよい社会を創るという理念を学校と社会とが共有し、それぞれの学校において、必要な学習内容をどのように学び、どのような資質・能力を身に付けられるようにするのかを教育課

> 程において明確にしながら、社会との連携及び協働によりその実現を図っ
> ていくという、社会に開かれた教育課程の実現が重要となる。

学習指導要領とは、こうした理念の実現に向けて必要となる教育課程の基準を
大綱的に定めるものです。

　社会に開かれた教育課程の理念により掲げられている「よりよい学校教育が
よりよい社会を創る」という目標に対して、学校そのものが主体となってこの
社会をどう創っていくのかというパラダイムの転換が明確に示されています。
各学校においては、児童生徒の現状・実態や地域の実情をしっかりと踏まえて、
多様で創意工夫のある教育課程の編成や授業改善によって充実した学校教育を
展開することが必要なのです。

　また、知識及び技術の習得と、思考力・判断力・表現力等の育成のバランス
を重視しているこれまでの学習指導要領の枠組みや教育内容を維持した上で、
知識の理解の質をさらに高め、確かな学力を育成することが目指されています。
さらに、道徳教育の充実をはじめとして、体験活動の重視、体育・健康に関す
る指導の充実により、豊かな心や健やかな体を育成することが求められていま
す。

（2）新学習指導要領の基本的な考え方

　今回の学習指導要領の特徴として、「学びの地図」としての枠組みづくりに
も注目しなければなりません。ここでは、「何ができるようになるか」「何を学
ぶか」「どのように学ぶか」「子ども一人ひとりの発達をどのように支援するか」
「何が身に付いたか」「実施するために何が必要か」という枠組みが明確化され
ました。

　「何ができるようになるか」については、育成を目指す資質・能力の「３つ
の柱」すなわち「知識及び技能」「思考力、判断力、表現力等」「学びに向かう
力、人間性等」として掲げ、学習する子どもの視点に立って、育成を目指す資
質・能力の要素としてこれらを位置付けました。

　「何を学ぶか」については、各教科等で育む資質・能力を明確化し、目標や

内容を構造的に示すこととし、学習内容の削除は行わない上で、教科・科目の見直しが行われました。

「どのように学ぶか」については、「主体的・対話的で深い学び」に向けた授業改善を行うことで、学校教育における質の高い学びを実現し、子どもたちが学習内容を深く理解し、資質・能力を身に付け、生涯にわたって能動的（アクティブ）に学び続けるようにすること、「主体的、対話的で深い学び」を実現することが重要であるとされました。

「子ども一人ひとりの発達をどのように支援するか」については、子どもの発達を踏まえた指導に言及し、具体的には学習活動や学校生活の基盤となる学級経営の充実や学習指導と関連付けた生徒指導の充実、特別活動を要として各教科等の特質に応じたキャリア教育の充実、個々に応じた指導やインクルーシブ教育システムの構築を目指す特別支援教育の充実などが示されました。

「何が身に付いたか」については、目の前の子どもたちの現状を踏まえた具体的な目標の設定が眼目とされ、そこでは学習指導要領を手がかりに教員が評価基準を作成して、子どもたちにどういった力が身に付いたかといった学習の成果を見取ることによる目標・指導・評価の一体化が図られるように整理されました。

「実施するために何が必要か」については、学習活動のいっそうの充実のための学校運営として、教育課程の改善と学校評価及び家庭や地域社会との連携、協働と学校間の連携に焦点化し、全教職員の適切な役割分担に基づくカリキュラム・マネジメントの重要性が示されました。

3　知識・理解の質を高め、資質・能力を育む
「主体的・対話的で深い学び」の推進

（1）「主体的・対話的で深い学び」の意味

今回の学習指導要領の改訂においては、子どもたちが新しい時代を切り拓いていくために必要な資質・能力を育んでいく観点に立って、「主体的・対話的で深い学び」という視点から我が国におけるこれまでの教育実践の蓄積を踏ま

えながら、授業の見直しを行い改善することが重要であるとしています。

　ここでは、「どのように学ぶか」に大きく関わってくる「主体的・対話的で深い学び」について中教審答申「幼稚園、小学校、中学校、高等学校及び特別支援学校の学習指導要領等の改善及び必要な対策等について」（2016（平成28）年12月21日）を中心にして、説明します。

　中教審答申においては、アクティブ・ラーニングの新しい定義である「主体的・対話的で深い学び」について以下のように述べています。

> 　「主体的・対話的で深い学び」の実現とは、特定の指導方法のことでも、学校教育における教員の意図性を否定することでもない。人間の生涯にわたって続く「学び」という営みの本質を捉えながら、教員が教えることにしっかりと関わり、子供たちに求められる資質・能力を育むために必要な学びの在り方を絶え間なく考え、授業の工夫・改善を重ねていくことである。

（2）「主体的・対話的で深い学び」の実現

　さらに、「主体的・対話的で深い学び」の視点からの授業改善の具体的な内容については、以下にあげる3つの視点に立った授業改善を行うことが明確に示されています。そして、これらにより学校教育において質の高い学びが実現し、学習内容を深く理解することができ、資質・能力を身に付け、生涯にわたって能動的に学び続けるようにすることが求められています。

> ①　学ぶことに興味や関心を持ち、自己のキャリア形成の方向性と関連付けながら、見通しを持って粘り強く取り組み、自己の学習活動を振り返って次につなげる「主体的な学び」が実現できているか。
> 　　子供自身が興味を持って積極的に取り組むとともに、学習活動を自ら振り返り意味付けたり、身に付いた資質・能力を自覚したり、共有したりすることが重要である。
> ②　子供同士の協働、教職員や地域の人との対話、先哲の考え方を手掛かりに考えること等を通じ、自己の考えを広げ深める「対話的な学び」が実現できているか。

　　　身に付けた知識や技能を定着させるとともに、物事の多面的で深い理
　　　解に至るためには、多様な実現を通じて、教職員と子供や、子供同士が
　　　対話し、それによって思考を広げ深めていくことが求められる。
③　習得・活用・探究という学びの過程の中で、各教科等の特質に応じた
　　　「見方・考え方」を働かせながら、知識を相互に関連付けてより深く理
　　　解したり、情報を精査して考えを形成したり、問題を見いだして解決策
　　　を考えたり、思いや考えを基に創造したりすることに向かう「深い学び」
　　　が実現できているか。

　これらの「主体的な学び」「対話的な学び」「深い学び」の3つの視点はそれ
ぞれ分けて考えるのではなく、一連のまとまりのある学習活動としてとらえる
ことが重要です。

　つまり、この3つの視点はそれぞれが相互に影響し合うものであり、実際の
授業の展開においては、重なり合うことも考えられますが、授業改善の視点に
おいては、それぞれが固有のものであるといった視点に留意することも必要で
す。これらの「主体的・対話的で深い学び」は授業改善の方法ではなく、これ
からの時代に対応した資質・能力の育成に係る授業改善を固めるための重要な
考え方であり、視点なのです。

　中教審答申においては、「深い学び」を実現するため、以下のように重要な
指摘が示されています。

①　社会や世界の状況を幅広く視野に入れ、よりよい学校教育を通じてよ
　　　りよい社会を創るという目標を持ち、教育課程を介してその目標を社会
　　　と共有していくこと。
②　これからの社会を創り出していく子供たちが、社会や世界に向き合い
　　　関わり合い、自らの人生を切り拓いていくために求められる資質・能力
　　　とは何かを、教育課程において明確化し育んでいくこと。
③　教育課程の実施に当たって、地域の人的・物的資源を活用したり、放
　　　課後や土曜日等を活用した社会教育との連携を図ったりし、学校教育を
　　　学校内に閉じずに、その目指すところを社会と共有・連携しながら実現
　　　させること。

　実際の授業を行うに際して最も重要な視点の一つである「深い学び」の実現にあたっては、多様な資質・能力の育成をはじめ課題解決的な学びの中で、習得・活用・探究の学習過程を踏まえた学びの実現が目指されています。

　最後に、「主体的・対話的な深い学び」の視点に立った授業改善に関しての留意すべき点について述べます。

　まずは、各教科等の特質に応じた学習活動の改善が求められます。「主体的・対話的で深い学び」はすべての教科等における学習活動に関わるものであることをこれまで以上に十分に認識し、各教科等の授業を充実・発展させていくことが必要です。また、そのことにも関わって、単元等のまとまりを見通した学びの実現が求められます。当然のことですが、「主体的・対話的で深い学び」は１単位時間の授業ですべてが実現できるものではありません。したがって単元や題材のまとまりの中で、多様な場面をしっかりと設定し、構造的に学習過程を組み立てることが求められます。この学習過程においては、基礎的、基本的な知識・技術の確実な習得を図ることに留意しなければなりません。

4　教育課程のマネジメント

（1）カリキュラム・マネジメントの概念

　新学習指導要領には、子どもの未来を拓く資質・能力の３つの柱を確かに身に付けさせる教育課程の編成、さらにこれを実現できる主体的・対話的で深い学びを実現できる授業改善に不可欠であるカリキュラム・マネジメントの確立が重要と記されています。

　新学習指導要領においては、総則第１の４にカリキュラム・マネジメントに関する内容について以下のように示されています。

> 　児童生徒や学校、地域の実態を適切に把握し、教育の目的や目標の実現に必要な教育の内容等を教科等横断的な視点で組み立てていくこと、教育課程の実施状況を評価してその改善を図っていくこと、教育課程の実施に必要な人的又は物的な体制を確保するとともにその改善を図っていくことなどを通して、教育課程に基づき組織的かつ計画的に各学校の教育活動の

質の向上を図っていくこと（以下「カリキュラム・マネジメント」という）
に努めるものとする。

　このことを、中教審答申「幼稚園、小学校、中学校、高等学校及び特別支援
学校の学習指導要領等の改善及び必要な方策等について（答申）」は、カリ
キュラム・マネジメントの前提である教育課程の意味を踏まえつつカリキュラ
ム・マネジメントの概念を的確に述べています。

　　教育課程とは、学校教育の目的や目標を達成するために、教育の内容を
　子供の心身の発達に応じ、授業時数との関連において総合的に組織した学
　校の教育計画であり、その編成主体は各学校である。各学校には、学習指
　導要領等を受け止めつつ、子供たちの姿や地域の実情等を踏まえて、各学
　校が設定する学校教育目標を実現するために、学習指導要領等に基づき教
　育課程を編成し、それを実施・評価し改善していくことが求められる。こ
　れが、いわゆる「カリキュラム・マネジメント」である。

　つまり、「カリキュラム・マネジメント」では、各学校において編成された
教育課程が適切に実施され、それが評価され、必要に応じて随時改善がなされ
ることが求められています。この一連のサイクルをカリキュラム・マネジメン
トと言うことができます。

　さらに端的に示せば、「カリキュラム・マネジメント」とは、各学校の教育
課程の編成・実施・評価・改善に関わるところの総称としての意味をもつとい
えるでしょう。

（2）カリキュラム・マネジメントの確立

　各学校において、カリキュラム・マネジメントを確立するにあたって、留意
すべき点をあげることにします。

　第1点目は、新学習指導要領において明確化された資質・能力です。子ども
たちが身に付けるべき資質・能力を「何を理解しているのか、何ができるか」
（生きて働く「知識・技能」の習得）、「理解していること、できることをどう
使うか」（未知の状況にも対応できる「思考力・判断力・表現力等」の育成）、
どのように社会・世界と関わり、よりよい人生を送るか（学びを人生や社会に

生かそうとする「学びに向かう力、人間性等の涵養」）の３つの柱として示しています。

これらの３つの柱は、カリキュラム・マネジメントと深く結び付いています。資質・能力は各教科・科目にわたる学習を通じて子どもたちに育成されるものですが、必ずしも特定の教科や科目・単元だけで育まれるものではありません。したがって、各教科・科目を通じて育成しようとする資質・能力がどのようなものかを明らかにしたことで、教員一人ひとりがさまざまな場面でよりよい計画を立てて、実施していくことが期待されるのです。

第２点目は社会に開かれた教育課程という考え方がカリキュラム・マネジメントと密接に関係します。「幼稚園、小学校、中学校、高等学校及び特別支援学校の学習指導要領等の改善及び必要な方策等について（答申）」（2016（平成28）年12月）においては、これからの教育課程には社会の変化に目を向け、教育が普遍的に目指す根幹を堅持しつつも、社会の変化を柔軟に受け止めていく「社会に開かれた教育課程」としての役割が必要とされています。そこでは「社会に開かれた教育課程」として次の３点が重要であると示されています。

① 社会や世界の状況を幅広く視野に入れ、よりよい学校教育を通じてよりよい社会を創るという目標を持ち、教育課程を介してその目標を社会と共有していくこと。
② これからの社会を創り出していく子供たちが、社会や世界に向き合い関わり合い、自らの人生を切り拓いていくために求められる資質・能力とは何かを、教育課程において明確化し育んでいくこと。
③ 教育課程の実施に当たって、地域の人的・物的資源を活用したり、放課後や土曜日などを活用した社会教育との連携を図ったりし、学校教育を学校内に閉じずに、その目指すところを社会と共有・連携しながら実現させること。

さらに新学習指導要領においては、前文が設けられていますが、その文中に「社会に開かれた教育課程」の実施や学校の役割について中教審答申を踏まえて以下のように示されていることに注目する必要があります。

> 　教育課程を通して、これからの時代に求められる教育を実現していくためには、よりよい学校教育を通してよりよい社会を創るという理念を学校と社会とが共有し、それぞれの学校において、必要な学習内容をどのように学び、どのような資質・能力を身に付けられるようにするのかを教育課程において明確にしながら、社会との連携及び協働によりその実現を図っていくという、社会に開かれた教育課程の実現が重要となる。

　まさに子どもたちにとって日々充実した生活が実現できるようにするには、子どもたちが多様な環境の下で、多くの人々とつながり合って学ぶことが必要です。そのために、学校は開かれた環境にあることを前提とするのです。

　この「社会に開かれた教育課程」に留意しながら、カリキュラム・マネジメントを実現していくことが求められています。

【引用・参考文献】
中央教育審議会「幼稚園、小学校、中学校、高等学校及び特別支援学校の学習指導要領の改善及び必要な方策等について（答申）」2016年
森山賢一編著『教育課程編成論　改訂版』学文社　2021年

第4章
山積する教育課題

　本章では、多くの教育課題の中から、いじめや暴力、不登校の問題等について学びます。さらに、子どもの貧困についても学び、教員として留意しなければならないこと等について考えます。

1　いじめ問題

（1）いじめ問題を理解するにあたって

　2013（平成25）年6月、我が国で初めてのいじめに関する法律「いじめ防止対策推進法」が制定されました。この法律が成立するきっかけとなったのは、2011（平成23）年10月に滋賀県大津市で起きた中学生のいじめ自殺事件でした。

　当時の調査委員会の報告書やマスコミの取材などから、被害生徒は「手を縛られ、口にはガムテープを貼られ、顔や手足をぐるぐる巻きにされた」「紙を食べさせられた」「死んだ蜂の死骸を口に入れることを強要された」など、聞くに堪えない屈辱的な行為の数々や、多額の現金を要求され、貯金を引き出しては加害生徒に渡すなどの恐喝行為を受けていたことがわかりました。

　また、学校は、多くの加害行為を把握しながらも、情報の共有がされていなかったり、事の重大さに気付かずに見過ごしていたりなど、事件前後の学校と教育委員会の対応のまずさや隠蔽体質が痛烈な社会的批判を浴びました。

　これまでも、いじめによる自殺事件は繰り返され、そのたびに大きな社会問題となりました。

　文部科学省は『生徒指導提要』（2010）で、「教員は、いじめはどの子どもに

も、どの学校においても起こり得るものであること、また、だれもが被害者に
も加害者にもなり得るものであることを十分に認識しておく必要があります」
と記しています。つまり、いじめは起こることを前提として、根気強く取り組
んでいかなければならないものなのです。

（2）いじめの要因

いじめの発生要因はさまざまなことが影響していると考えられます。

ここで、人がいじめをしてしまう心理について、少しふれてみたいと思いま
す。心理的要因としては、次のようなものがあげられます。

---

① 　心理的ストレス（過度のストレスを集団内の弱い者への攻撃によって
　解消しようとする）
② 　集団内の異質な者への嫌悪感情（凝集性が過度に高まった学級集団な
　どにおいて、基準から外れた者に対して嫌悪感や排除意識が向けられる）
③ 　ねたみや嫉妬感情
④ 　遊び感覚やふざけ意識
⑤ 　いじめの被害者となることへの回避感情（自分がいじめる側にいるこ
　とで、自分は被害者にはならないという自己防衛の意識が働く）
（文部科学省「第6章 Ⅱ 第6節　1　いじめ問題の理解」『生徒指導提要』(2010年) p.173)

このほかにも、いじめを行うことで結束力を高め、より強い仲間意識を構築
しようとする心理も、いじめをする要因となっているようです。

（3）いじめの定義

それでは、「いじめ」とは何でしょうか。

集団で個人を攻撃すること、暴言、暴力、からかい、冷やかし、無視、いじ
わる、いやがらせ、仲間はずしなど、具体的な行為をあげれば切りがありませ
ん。

文部科学省は、前述の大津市の事件の起きた2011年には、児童生徒の問題
行動等生徒指導上の諸問題に関する調査（以下、問題行動等調査という）で、
いじめの定義を「当該児童生徒が一定の人間関係のある者から、心理的・物理

的な攻撃を受けたことにより、精神的な苦痛を感じているもの」とし、「起こった場所は学校の内外を問わない」「個々の行為がいじめにあたるか否かの判断は、表面的・形式的に行うことなく、いじめられた児童生徒の立場に立って行う」こととしています。

さらに、後に成立した「いじめ防止対策推進法」においては、次のように定義付けされました。

> この法律において「いじめ」とは、児童・生徒に対して、当該児童などが在籍する学校に在籍しているなど当該児童等と一定の人的関係にある他の児童等が行う心理的又は物理的な影響を与える行為（インターネットを通じて行われるものを含む。）であって、当該行為の対象となった児童等が心身の苦痛を感じているものをいう。
>
> （いじめ防止対策推進法（2013年）第1章　第2条）

つまり、学校の中でのことはもちろん、放課後の遊びであろうと、ＳＮＳ（ソーシャル・ネットワーク・サービス）であろうと、本人が苦痛と感じた行為が行われたら「いじめ」となります。言い換えれば、同じ行為が行われたとしても、本人が気にしない性格であったり、受け流したりできる場合は、「いじめ」とはならないケースもあります。この定義は、主観性の占める部分が多いことから、人によって認識にズレが生じやすいものとなっています。

しかし、法律制定以降も、子どもの自殺事案が発生するたびに、「学校ではいじめがあったと認識しているのか」「いじめの事実を把握していたのか」が問題にされます。また、学校現場の日常においても「『けんか』なのか『いじめ』なのか判断がつかない」「からかい、ふざけ合いの範ちゅうで、『いじめ』とまでは言えないのではないか」といったこともたびたび聞かれる言葉です。

いじめ問題が取り沙汰され、「子どもの自殺＝いじめ」のような風潮がある中で、発生した行為をすべて「いじめ」と位置付けることは確かに慎重を期さねばなりません。しかし、「いじめ」かどうかの判断に時間やエネルギーを費やすことによって、嫌な思いをしている子どもへの対応が遅れたり、早期発見が妨げられたりするようであってはならないのです。

（4）いじめと判断しづらいケース

　いじめと認識するか否かにあたって、その判断にズレが生じやすいケースを2つあげてみます。

　1）いじめと認識されにくいケース

　1つ目は、被害者が精神的なダメージを受けていながらも、加害者やその周囲がいじめと認識していないケースです。

　たとえば、加害側が「ちょっとしたからかい」「"イジリ"といわれる冷やかし」などのつもりでやっていた行為が、被害側にとってはとても苦痛だったとします。周囲も本人がそれほど嫌がっている様子を見ていなければ、加害側の悪ふざけ程度にとらえてしまうのは無理のないことかもしれません。また、本人の訴えや現場を直接目にした教師がいじめだと指摘しても、「この程度で『いじめ』って言われてしまうの？」と、納得のいかない反応をされてしまうこともあります。

　さらに、保護者と連携をして解決を図ろうとする際、加害側の保護者が、ときには子どもを自殺まで追い込んでしまういじめという言葉を使われることに抵抗を感じる場合も少なくはありません。「自分たちが子どものときにもそういうことはたくさんあった」「そういうことを乗り越えて、人間は成長していくもの」という考えをもつ保護者がまだたくさんいるからです。

　からかう側、からかわれる側に信頼関係や友だち関係があり、対等な関係が成立しているのであれば、からかい合い、ふざけ合いの範ちゅうで済むのかもしれません。しかし、一方が苦痛に感じているのであれば、それは定義からも「いじめ」と判断します。

　最初は小さなことから始まり、深刻ないじめへとエスカレートしていくケースがほとんどです。最初は、いじめかどうか判断がつきにくい事案かもしれません。しかし、いじめとはっきり判断できる頃には、被害者が深刻な状態に追い込まれていることがよくあります。被害を受けている児童生徒からの訴えやサインがあったら、また教師が気になる行為を見かけたら、判断に時間をかけず、躊躇せず指導に当たることが大切です。

　指導にあたる場合は、最初から「いじめ」という言葉を使わず、「からかい」

や「冷やかし」という行為自体の言葉を用いて、指導を進めていく配慮が必要です。

2）いじめられていることを認めないケース

2つ目は、被害側の児童生徒がいじめられていることを認めようとしないケースです。これまで社会問題化されてきた自殺事件のケースにも、これに該当するものが複数ありました。中高生年代で問題傾向を持つグループで発生しやすい事案です。

通称"パシリ"と呼ばれる「使い走り」をさせられる生徒などは、周囲に対して虚勢を張っていたいという願望が強いため、グループには所属しながらも、力関係の弱さから、常にその役割を押し付けられる傾向にあります。

そのような状況では、力の弱い者に対するいじめが発生しやすく、いじめ行為やその頻度が多くなることもめずらしいことではありません。やがて、無理難題を言いつけられるようになっても逆らうことができず、グループを抜けることもできなくなってしまいます。

教師が気付いて「いじめを受けているのではないか」と指摘をしても、プライドが邪魔して、あるいは仕返しが怖くて、本人が認めない、認められないという"がんじがらめ"の状態となってしまうのです。本人が認めないのですから、なかなか指導に入ってはいけません。この間に、いじめは激しくなり、精神的に追い詰められた被害者は、学校に来なくなるか、最悪は死を選ぶしかなくなってしまうことがあります。

このようなケースは、学校内での組織的な対応はもちろんのこと、保護者との連携、場合によっては警察やその他外部機関との連携も必要となってきます。解決に向けて、かなりの時間とエネルギーを費やすことになりますので、早期対応の重要性が改めて思い知らされるケースです。判断に時間がかかることで、対応の遅れが重大な事態となってしまうのです。

（5）いじめに対する指導

いじめにおける具体的な指導はどのようにすればよいのでしょう。

一つは、いじめを発生させない予防的な生徒指導です。言い換えれば、いじ

めを生まない環境づくりです。人がいじめをする心理的要因は先ほど述べました。極端に言えば、いじめたくなる心理状態にしないような教育環境を子どもたちとつくり上げるとともに、人権教育や道徳教育を積極的に推進し、人間尊重の精神を育むことが大切です。

　しかし、それでも発生してしまうことが考えられるのがいじめです。いじめが発生してしまった場合、また、いじめと判断し難いが気になる言動を見聞きしたときには、すぐに事実確認や指導をする必要があります。

　いじめ指導の鉄則は、早期発見、早期対応、組織的な対応です。原則ではなく、鉄則です。なぜなら、いじめは児童生徒の生命または身体に重大な危険を生じさせるおそれがあるものだからです。

1）早期発見

　早期発見は、定期的なアンケートや教育相談、個別面談等の実施、さまざまな情報が入りやすいよう子どもたちとの良好な人間関係づくり、子どもの人権感覚を磨く人権教育の充実、教職員間のスムーズな情報連携体制の確立などが必要かつ重要なポイントとなります。

2）早期対応

　早期対応とは、その時点で「いじめ」と判断ができない状況であったとしても、できるだけ早く対応することを含めた早期の対応です。もちろん、誰がどう見ても「いじめ」だと判断できれば、直ちに対応していくことは当然ですが、あいまいな状態を「いじめ」と判断されるまで待つ必要はありません。嫌な思いをしている子どもがいるというだけで、指導に入る理由は十分です。悪口、冷やかし、からかい、物隠しなど、どれも起きている事実に対して速やかに指導する必要があります。いじめは、軽微なことから始まることがほとんどです。いじめかどうかの判断をしてから指導をスタートしていては、対応が後手になってしまいます。

3）組織的対応

　前述したように、いじめはどの子にも、どの学校においても起こり得るもの、誰もが被害者にも加害者にもなり得るものです。クラスで「いじめ」が起きたからといって、自分の指導力の未熟さやその責任を問われることはありません

し、担任として恥ずかしいことでもありません。むしろ、隠そうという思いから、誰にも言わず一人で解決しようとして対応が遅れてしまったり、重大な事案に発展してしまったりする方が、責任を問われることになります。一人で対応できる軽微なものもあるかもしれませんが、必ず学年主任や児童・生徒指導主任等に報告、相談、連絡をして対応にあたる必要があります。複数の子どもたちが関わっていれば、事実確認をするだけでも複数の教師による組織的な対応が必要となります。

　4）事後対応

　指導を行いいじめが解決できたとしても、しばらくの間は被害者の様子をみながら、いじめが継続していないか等、事後の経過観察が必要です。当然のことながら、見守るときも組織的に複数の目で対応する方がはるかによいのです。そのためにも、組織的な対応は鉄則の一つとなります。

　いじめが解決したと判断できるのは、指導した後、いじめが継続されることなく、被害者が安心して安全に学校生活を送れていると判断できるときです。根気強い取り組みを続けることが大切です。

　2　児童虐待

いつもと様子が違う子どもたちをこのまま見過ごしてもよいのでしょうか。

> 帰りの会が終わってもなかなか帰ろうとしないA男
> 担任：もうみんな帰っちゃったよ。早く帰ろう！
> A男：うーん。
> 担任：どうしたの？　先生に何か話ある？
> A男：う、うーん。……なんでもない……。
> と、首を横に振るA男。みんなからかなり遅れてトボトボと帰って行った。

> 体育の前の休み時間、クラスの子どもが体操着に着替えている。
> 担任は、B子の左肩に青あざがあるのに気付いた。
> 「どうしたの？」とB子に聞くと、「転んだだけ」と答える。

担任：どこで？

B子：休み時間にクラスの子と遊んでて。

担任：保健の先生に診てもらおうよ。

B子：いい。

　学級担任として、子どもたちの普段の様子を観察して、「今日はなんだか様子が変だぞ。何かあったかな」と、ちょっとした変化も敏感に感じ取れなくてはいけません。忙しい日課であっても、休み時間や放課後など、少しの時間を使って静かな場所で、子どもから話を聞く必要があります。

　保護者や家族からの虐待が疑われる場合には、すぐに学年主任や管理職に相談し、学校としての対応を検討していかなければなりません。

　児童虐待は、命に関わる重大な問題であるとともに、子どもの心に深く傷を残し、その後の人生にも大きく影響を及ぼしてしまう問題です。したがって、虐待の定義を正しく理解することと、その後の適切な対応の仕方について把握しておくことが大切です。

（1）児童虐待の現状

　全国の児童相談所が2019（令和元）年度に対応した児童虐待相談件数は、1990（平成2）年度に調査を開始して以降、29年連続で増加し、19万3,780件（速報値）となりました（図4-1）。国は相談件数が増加した主な要因として、次の2点をあげています。

①　心理的虐待の増加：児童の目の前で親が配偶者や親族に暴力をふるう事案（面前DV）について、警察からの通告が増加しました。

　　・心理的虐待の件数

　　2018（平成30）年度：8万8,391件 ⇒ 2019年度：10万9,118件（＋2万727件）

　　・警察からの通告件数

　　2018年度：7万9,138件 ⇒ 2019年度：9万6,473件（＋1万7,335件）

②　2015（平成27）年7月から24時間受け付ける児童相談所全国共通ダイヤ

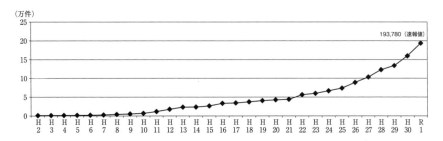

図4-1　全国の児童相談所で対応した児童虐待件数
※平成22年度は、東日本大震災の影響により、福島県を除いて集計した数値
出典：厚生労働省「令和元年度 児童相談所での児童虐待相談対応件数」（2020年）

ル「189（いちはやく）」の運用開始と、広報やマスコミによる児童虐待
の事件報道等により、国民や関係機関の児童虐待に対する意識が高まった
ことに伴う通告が増加しました。

（2）児童虐待の定義

「児童虐待」とは、保護者がその監護する児童（18歳に満たない者）につい
て行う次に掲げる行為で、4種類に分類されます（「児童虐待の防止等に関す
る法律」（「児童虐待防止法」）第2条）。

①　身体的虐待：児童の身体に外傷が生じ、または生じるおそれのある暴行
　　を加えること。

②　性的虐待：児童にわいせつな行為をすること、または児童にわいせつな
　　行為をさせること。

③　ネグレクト（育児放棄）：児童の心身の正常な発達を妨げるような著しい
　　減食、または長時間の放置、保護者以外の同居人による性的虐待または育
　　児放棄と、同様の行為の放置、その他の保護者としての監護を著しく怠る
　　こと。

④　心理的虐待：児童に対する著しい暴言または著しく拒絶的な対応、児童
　　が同居する家庭における配偶者に対する暴力、その他の児童に著しい心理
　　的外傷を与える言動を行うこと。

　　それぞれの具体的行為の例を表4-1に示します。

表4-1　児童虐待の具体的分類

① 身体的虐待	殴る、蹴る、叩く、投げ飛ばす、激しく揺さぶる、やけどを負わせる、溺れさせる、首を絞める、縄などにより一室に拘束する　など
② 性 的 虐 待	子どもへの性的行為、性的行為を見せる、性器を触るまたは触らせる、ポルノグラフィの被写体にする　など
③ ネグレクト	家に閉じ込める、食事を与えない、ひどく不潔にする、自動車の中に放置する、重い病気になっても病院に連れて行かない　など
④ 心理的虐待	言葉による脅し、無視、きょうだい間での差別的扱い、子どもの目の前で家族に対して暴力をふるう（ドメスティック・バイオレンス：DV）、きょうだいに虐待行為を行う　など

出典：厚生労働省「児童虐待の定義」（番号は筆者による）

（3）早期発見・通告の義務

　児童虐待の発見や通告については、「児童虐待防止法」第5条で「学校、児童福祉施設、病院その他児童の福祉に業務上関係のある団体及び学校の教職員、児童福祉施設の職員、医師、保健師、弁護士その他児童の福祉に職務上関係のある者は、児童虐待を発見しやすい立場にあることを自覚し、児童虐待の早期発見に努めなければならない」と規定しています。

　また、「児童虐待を受けたと思われる児童を発見した者は、速やかに、これを市町村、都道府県の設置する福祉事務所若しくは児童相談所又は児童委員を介して市町村、都道府県の設置する福祉事務所若しくは児童相談所に通告しなければならない」（「児童虐待防止法」第6条）と規定しています。

　そして、通告を受けた児童相談所や市町村は、速やかに児童の安全を確認し、児童やその家族の状況などについて調査し、必要に応じて、児童の一時保護等を行うことになっています。

（4）チームで支援

　虐待が生じる家族は、医療、教育、福祉など、多様な問題が複合していることが多いため、一機関だけの援助では改善が難しい場合が多いのが現状です。したがって、虐待を受けている子どもをはじめとする要保護児童（保護者のな

い児童または保護者に監護させることが不適当であると認められる児童 「児童福祉法」第6条の3）の早期発見や適切な保護を図るためには、関係機関がその児童等に関する情報や考え方を共有し、適切な連携の下で対応していくことが重要です。

　そして、多数の関係機関の円滑な連携・協力を確保するために、2004（平成16）年に児童福祉法が改正され、要保護児童の適切な保護を図るため、守秘義務の下、　要保護児童及びその保護者に関する情報交換や支援内容の協議を行う要保護児童対策地域協議会（要対協）が設置されました。学校をはじめとして、児童相談所や警察、病院、保健福祉事務所、民生委員・児童委員、市町村の関係課等関係機関が集まり、児童虐待だけでなく、非行や障がいなど、家庭も含めた児童を取り巻く課題解決のために、ケース会議等を開き、対応に当たっていくようになっています。

（5）子育てに困っている保護者

> **小3男子の保護者**
> 「3年生にもなって、なんで夜尿するのでしょうか？　布団はいつも匂っています。雨の日が続くと布団が干せなくて困るんです。どうしても子どもが許せなくて、手が出てしまいます。いけないことだとわかっているんですが……。」

> **中2女子の保護者**
> 「うちでは朝食前に、中学生のお姉ちゃんは玄関と玄関周りの掃除、上の妹は廊下と階段掃除、一番下の子は風呂掃除をすることになっているんです。やらないときは、朝食と夕食抜き。家族で決めたことなのに、どうしてそれがいけないんですか！」

　核家族化や地域との関係も薄れてきている現代において、親である保護者も悩みながら子育てをしています。中には、子育てについて、誰にも相談できない保護者もいます。

　保護者の中には、「しつけ」と「虐待」を混同し、親自身の感情のはけ口として、「しつけ」という名の下に、子どもに暴力をふるったり、食事を与えな

かったりするなど、子どもにとって理不尽な行為に走る親も見られます。

　若い教員にとっては、未知で苦手なところかもしれませんが、先輩の教員に相談して知識を得たり、地域の「子育てサロン」等を保護者に紹介したりするなど、保護者が子育てにおいて孤立しないように、「一緒に考えていきましょう」という姿勢で対応することが大切です。そして、ときには保護者に労いの言葉をかけ、悩みながらも保護者の良き伴走者であることが期待されています。

（6）子どもたちを虐待から守るために教師ができること

　児童虐待を家庭の外から発見することは、難しいことです。被害者である子ども自身が、親が暴力をふるったり罰を与えたりすることは、自分が悪いことをしたから仕方ないなど、親の非を認められない発達段階であったり、心理的に虐待を認めたくない気持ちが働いたりする場合があるからです。

　しかし、虐待が深刻化する前に、子どもの近くにいる大人として、また、子どもの安全を守らなければならない教師として、子どものサインに気付き、対応しなければなりません。

　そのためには、子どもの服装や身体・行動の様子の変化を敏感に察知することが大切です。日頃から子どもの様子を注意深く観察し、教育相談などで子どもの家庭状況を把握しておく必要があります。

　児童虐待は、児童の心身の成長や命に関わる重大な問題です。疑わしいときは一人で抱え込むことなく、すぐに管理職や養護教諭などと情報の共有化を図り、問題に対処していく必要があります。

　児童相談所全国共通ダイヤル　１８９（いち はやく）

　※地域の方からの匿名での通報も可能です。

3 暴力行為

(1) 暴力行為の定義

文部科学省の「児童生徒の問題行動等生徒指導上の諸問題に関する調査」では、暴力行為を「自校の児童生徒が故意に有形力（目に見える物理的な力）を加える行為」と定義しています。暴力行為は対象により「対教師暴力」（教師に限らず用務員等の学校職員も含む）、「生徒間暴力」（何らかの人間関係がある児童生徒同士に限る）、「対人暴力」（対教師暴力、生徒間暴力の対象者を除く）、学校の施設・設備等の「器物損壊」の４つの形態に分けられます。

具体的には、次の例のような行為と同等か、これらを上回るような行為がそれぞれの形態に該当します。

〈「対教師暴力」の例〉
・指導されたことに激高して教師の足を蹴った。
・教師の胸倉をつかんだ。
・教師の腕をカッターナイフで切りつけた。
・養護教諭目掛けて椅子を投げ付けた。

〈「生徒間暴力」の例〉
・同じ学校の生徒同士がけんかとなり、双方が相手を殴った。
・部活動中に、上級生が下級生に対し、指導と称して清掃用具でたたいた。
・遊びやふざけを装って、特定の生徒の首を絞めた。

〈「対人暴力」の例〉
・学校行事に来賓として招かれた地域住民に足蹴りをした。
・偶然通り掛かった他校の見知らぬ生徒と口論になり、殴ったり蹴ったりした。

〈「器物損壊」の例〉
・教室の窓ガラスを故意に割った。
・トイレのドアを故意に壊した。
・補修を要する落書きをした。

（文部科学省「『児童生徒の問題行動等生徒指導上の諸問題に関する調査』作成要領」（2016年）より抜粋）

（2）暴力行為はなぜ起こるのか

　学校で一番大切なことは、子どもと教師の間に信頼関係があり、子どもたちが安心して日々の学校生活を安全に送ることができることです。そのためには、暴力やいじめなどの人権侵害に当たる行為は「絶対に許されない」という姿勢で、教職員が一致協力して日常的な指導に当たることが重要です。

　もちろん、多くの学校で、暴力行為解消に向け日々取り組んでいるものの、学校における暴力行為の増加や低年齢化が深刻な問題となっています。特に近年、小学校での暴力行為や対教師暴力の増加が懸念されています。

　なぜ暴力行為が起きてしまうのでしょうか。

　暴力行為を行う子どもは、感情の変化が激しく、自分の行動をコントロールできない傾向が見られます。また、子どもの成長過程で、問題解決の手段に暴力が用いられてきた経験や家庭環境が大きく影響していると思われます。しつけと称し、暴力で育てられてきた子どもは、自分の問題解決を図るために、安易に暴力という手段を選択してしまう傾向が見られるといわれています。

　一方、教師の高圧的な指導が暴力行為を誘発したり、暴力行為に対する毅然とした対応がぶれることで、暴力行為をエスカレートさせたりしてしまうことがあります。これらの要因が重なることで、暴力行為が発生してしまう可能性が高まると考えられます。

（3）暴力行為に対する指導

　暴力行為に対して、どのような指導が効果的なのでしょうか。

　暴力行為に対する指導で大切なことの1つは、日々の取り組みによる予防的指導であり、もう1つは、間髪を容れぬ適切な現場対応です。

1）予防的指導

　日頃から、暴力行為は社会において許されない行為であり、学校においてもいかなる理由があっても認められない絶対に許されない行為であるという認識を全教職員が共有した上で、すべての教育活動にあたることが重要です。もちろん、教員による体罰などは、論外です。人権教育の充実を図り、教職員も含め、子どもたちの人権感覚に磨きをかける働きかけを意図的かつ積極的に行う

必要があります。

　子どもが暴力行為を行う背景には、子どもの特性や発達に係る課題とともに、家庭環境や社会環境など、さまざまな要因が影響していることが考えられます。大人不信や教師不信によって引き起こされるケースもめずらしくはありません。担任としては、普段から子どもとどう関わっているかがポイントとなります。保護者も含め、子どもが問題を起こしていないときにこそしっかりとつながり、人間関係を築いておくことが大切なのです。課題をもつ子どもへのきめ細かな支援を行っていくためには、個別面談の実施や保護者との連携を図るとともに、スクールカウンセラーやスクールソーシャルワーカー等の教員とは異なる視点を持つ職員も含めて情報共有を行い、生徒理解を深める取り組みの充実を図ることが大切です。

　未然防止にどんなに力を入れたとしても、暴力行為が発生してしまう場合があります。いろいろな子どもが一緒に生活する場が学校ですから、トラブルが発生してしまうのはむしろ当たり前です。そのため、学校が落ち着いているときこそ、暴力行為が発生したときのことを想定し、指導基準を明確にしておくことが必要です。学校全体としての暴力行為に対する指導方針を共有し、管理職のリーダーシップの下、教職員間の協力体制を整え、教職員が暴力行為に協働して対処していく指導体制を確立させる必要があります。

　2）現場対応

　実際に暴力事案が発生してしまった場合の対応について考えることにします。

　最初にやるべきことは、加害者と被害者を引き離し、それぞれの安全確保とけがの有無の確認やその対応が最優先となります。対教師暴力の場合などは、加害者が興奮している場合もあるので、間に入る教職員はけがを負わないよう注意するとともに、加害者本人にもけがをさせないようにすることが大切です。教師の行き過ぎた制圧行為が、後で問題にされることもあるからです。

　生徒間暴力の場合においても、関係の子どもたちを引き離すことができた後も加害者は興奮状態にあることが多く、周囲の目がさらに興奮状態を高める可能性や本人のプライドから虚勢を張らざるを得ない状況も考えられます。状況の悪化を回避するため、それぞれ別室に入れて対応にあたることが必要です。

このような場合、一人で対応を行うことは困難なため、近くの職員に応援を依頼し複数で対応を行います。近くに職員がいない場合は、子どもに職員室への伝令を指示します。緊急時には職員室へ先生を呼びにいくように日頃から子どもたちに指導しておく必要もあります。

3）加害者、被害者への具体的な指導

被害者のけがの程度により、医療機関への搬送が必要な場合があります。校内で手当てが可能な場合、まずは手当てを優先します。その後、落ち着いて話が聞けるようになってから事実確認をします。

加害者については、落ち着かせるような声かけをします。椅子などがあれば座らせて、落ち着くように働きかけます。言葉で「落ち着きなさい」と言っても、簡単に気持ちがコントロールできるわけではないので、「まずは座ろう」と行動を指示し、隣に一緒に座りながら、多少時間がかかっても、沈黙の間を大事にしながら、根気強く心を落ち着かせていきます。

話ができる状態にまで落ち着いたら、事情を聴きながら事実確認を行い、行為の意味をみつめさせ、反省と次への行動化につなぐなど、素直に謝罪できる気持ちになるまできめ細かな指導を行います。その際、被害者側の聞き取りや事実確認の内容とのつき合わせを行い、事実が確認できるまでは指導を継続させなくてはなりません。双方の言っていることが一致したら、お互いに謝罪すべき点について指導しつつ、できればその日のうちに謝罪の場が設けられるとよいでしょう。解決に至った場合でも、その日のうちに保護者に連絡を入れ来校を願い、状況の説明と指導の経過を伝え、難しい場合は家庭訪問をして、以後の見守りや指導について、理解や協力を願う等の連携は不可欠となります。

被害者が大きなけがをしているケースや謝罪まで至らないケースもあり、状況により子どもだけの謝罪でなく、保護者も含めて事実確認を行った上で、謝罪の場を設ける場合も出てきます。このようなときは、学年主任や生徒指導主任、管理職等も含めた上で検討し、双方にとって適切な場で解決に向けた根気強い取り組みが必要となります。

対教師暴力や悪質な暴力行為、同一の児童生徒によって繰り返される暴力行為等については、警察や児童相談所等の外部の関係機関と連携を取りながら対

応を進めることも必要です。また、深刻な暴力事案については、警察に被害届を出すケースもあります。いずれも、慎重に対応するケースではあります。再三の指導のかいなく、悪質な暴力行為が繰り返され、学校だけでは対応が困難な場合には、教育委員会に相談し、学校警察連携制度を活用した対応を進めていくことも方法の一つです。加害者の保護者から「学校は警察に子どもを売るのか」などと、非難をされることもあるかもしれませんが、保護者にも根気強く「社会でも暴力は認められない」「実社会では暴力は犯罪行為にあたる」ことなどを伝え、学校としての指導方針をはっきりと打ち出していくことが大切です。

「生徒指導はチームで組織的な対応が必要である」とよく言われるように、暴力行為に対しては特にそのとおりの対応が必要となります。一人で抱え込まず、緊急性や軽重などを判断した迅速な対応で、問題の早期解決を目指す必要があります。

4　不登校

（1）不登校の現状

　２学期の始業式の朝、登校するはずのＡ男がまだ登校していないので、担任がＡ男の自宅に電話をかけました。
担任：Ａ男さんが、まだ登校して来ないのですが、どうしましたか？
母親：起こしているけど、「起きられない」と言っているんです。
担任：電話口に出られませんか？
母親：「出られない」と言っています。

　小学校時代、友人とのトラブルが原因で不登校になってしまったＢ子。中学校入学に向けて、気持ちも新たに頑張ろうと思っていましたが、春休みに買ってもらったゲームを朝方までやり昼間寝るという、昼夜逆転の生活になってしまいました。
　中学校の担任は、何とかしてＢ子と接点を持ち、学校に登校させようと保護者と連携し、Ｂ子の興味があることを聞きだしました。家庭訪問で、Ｂ子と話すことができればと考えています。

　1つ目の事例は、なんとなく朝起きられない、はっきりした理由はないが学校には行きたくない、そのような登校渋りが見られる不登校初期のケースです。2つ目の事例は、ゲーム等に依存し、昼夜逆転で生活習慣が乱れ、不登校が長期化しているケースです。

　以前は、不登校の対応について、積極的に登校を促す指導はよくないというとらえ方もありましたが、現在は、本人と保護者と信頼関係を築きながら、本人の状況を見極め、適切に関わることが求められています。また、不登校になってから対応するだけでなく、不登校の未然防止に力を注ぐことが必要になっています。

　「令和元年度　児童生徒の問題行動・不登校等生徒指導上の諸問題に関する調査結果」によると、2019（令和元）年度中に、年間30日以上欠席した不登校の児童生徒は、小学生が5万3,350人（前年度比19.0％増）、中学生が12万7,922人（同6.9％増）で（表4-2）、小中学生ともに、7年連続で増加しました（図4-2）。

　また、年間授業日数の約半数にあたる90日以上欠席している児童生徒は、不登校全体の6割近くに当たり、そのうちの1割の児童生徒は、年間10日以下しか学校に通っていないことがわかりました。不登校が増えた理由としては、学校に行くことに対する家庭の意識の変化や無気力な子どもの増加などがあげられています。しかしながら、不登校の要因の主たるものは、「無気力・不安」（39.9％）、「いじめを除く友人関係をめぐる問題」（15.1％）、「親子の関わり方」（10.2％）の純に多く、学力の不振や生活習慣に係ることなど、多様化、複雑化しています。不登校児童生徒ごとに本人の状態や状況が異なるため、それぞれの学校が一人ひとりについてその要因やきっかけを分析し、対応することが必要です。

（2）不登校の定義

　国の調査において、「不登校」とは、連続または断続して年間30日以上欠席し、「何らかの心理的、情緒的、身体的、あるいは社会的要因・背景により、児童生徒が登校しないあるいはしたくともできない状況にあること（ただし、病気や経済的理由によるものを除く）」と、定義されています。

表4-2 全国の不登校の状況（不登校者数及び出現率の推移）

（単位：人）

平成19～令和元年度		19年度	20年度	21年度	22年度	23年度	24年度	25年度	26年度	27年度	28年度	29年度	30年度	1年度
小学校	児童総数	7,132,874	7,121,781	7,063,606	6,993,376	6,887,292	6,764,619	6,676,920	6,600,006	6,543,104	6,491,834	6,463,416	6,451,187	6,395,842
	不登校者数	23,927	22,652	22,327	22,463	22,622	21,243	24,175	25,864	27,583	30,448	35,032	44,841	53,350
	出現率（％）	0.34	0.32	0.32	0.32	0.33	0.31	0.36	0.39	0.42	0.47	0.54	0.70	0.83
中学校	生徒総数	3,624,113	3,603,220	3,612,747	3,572,652	3,589,774	3,569,010	3,552,455	3,520,730	3,481,839	3,426,962	3,357,435	3,279,186	3,248,093
	不登校者数	105,328	104,153	100,105	97,428	94,836	91,446	95,442	97,033	98,408	103,235	108,999	119,687	127,922
	出現率（％）	2.91	2.89	2.77	2.73	2.64	2.56	2.69	2.76	2.83	3.01	3.25	3.65	3.94
全国小中学校	児童生徒総数	10,756,987	10,725,001	10,676,353	10,566,028	10,477,066	10,333,629	10,229,375	10,120,736	10,024,943	9,918,796	9,820,851	9,730,373	9,643,935
	不登校者数	129,255	126,805	122,432	119,891	117,458	112,689	119,617	122,897	125,991	133,683	144,031	164,528	181,272
	出現率（％）	1.20	1.18	1.15	1.13	1.12	1.09	1.17	1.21	1.26	1.35	1.47	1.69	1.88

出典：文部科学省「児童生徒の問題行動・不登校等調査」（2020年）をもとに筆者作成

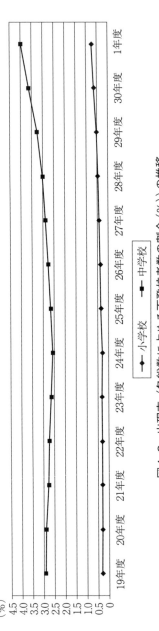

図4-2 出現率（各総数に占める不登校者数の割合（％））の推移

出典：文部科学省「児童生徒の問題行動・不登校等調査」（2020年）をもとに筆者作成

　不登校は、特定の子どもに起こることではなく、どの子どもにも起こりうることとしてとらえ、不登校児童生徒への理解を深めることが大切です。

不登校に対する基本的な考え方としては、次の5点があげられます。
① 不登校を「心の問題」としてのみとらえるのではなく、「進路の問題」としてとらえ、社会的自立に向けて、進路相談・指導や学習支援等を行う必要があること。
② 不登校児童生徒がどのような状態にあり、どのような支援を必要としているのか正しく見極め（アセスメント）を行い、公的機関のみならず、民間施設やNPO等ともつながりを持ち、学校と関係機関が相互に協力・補完し合い、対応すること。
③ 学校は、すべての児童生徒が安心して楽しく通うことができるよう、学校教育をよりいっそう充実させるための取り組みを展開していくこと。
④ 不登校状態の児童生徒に対して、ただ「待つ」だけでなく、児童生徒の状況を見極めた上で、適切に働きかけたり関わりをもったりすることが重要であること。
⑤ 不登校となった児童生徒だけでなく、保護者やその家庭に適切に働きかけ、支援することで、不登校の状態も改善することが期待できるため、学校と家庭、関係機関の連携を図ることが不可欠であること。

（3）不登校対策

　不登校対策としては、未然防止として学校全体で行う「一次的援助」、不登校の早期対応として行う「二次的援助」、不登校児童生徒に対する「三次的援助」があります（図4-3）。
　「一次的援助」としては、「魅力ある学校づくり」として、誰にとっても居心地の良い学級づくりやわかる

図4-3　学校心理学における心理教育的援助サービス
出典：石隈利紀・田村節子『石隈・田村式援助シートによるチーム援助入門―学校心理学・実践編―』（2003年）pp.85-86

喜びや成長が感じられる授業づくり、また、いつでも相談できる教育相談体制づくりなど、新たな不登校を生まないための取り組みが大切です。また、一人ひとりの児童生徒が学級の中でどのような人間関係を築いているか等を測る調査（Q-U：QUESTIONNAIRE-UTILITIES）や、各自治体等で作成している学級の様子がわかるチェック表等を実施し、分析した上で、学級活動の内容を決めて意図的に人間関係づくりを行っていくことも有効です。

「二次的援助」としては、「１日欠席したら電話連絡、２日欠席したら家庭訪問、３日欠席したら支援会議」等、学校としての不登校への早期対応の取り組みがあげられます。また、児童生徒が朝登校したら、担任が朝の学級活動をしている間に、担任以外の先生たちで下駄箱の靴をチェックし、連絡なく登校していない児童生徒宅へ電話連絡をするなど、児童生徒の出席状況に敏感に対応することなども大切です。

「三次的援助」としては、教育相談センターなどの専門機関と連携し、学校不適応のケースについて相談したり、不登校の児童生徒を教育支援センター（適応指導教室または教育支援教室）[1] につなげて学校復帰を目指したりすることなどがあげられます。関係機関との連携については、電話での連絡にとどまらず、顔と顔がわかる関係づくりをすることが、よりいっそうスムーズに連携を図ることにつながります。また、児童生徒を教育支援センター（適応指導教室または教育支援教室）等につなげた場合も、つなげて終わりではなく、本人の学校復帰や社会的自立に向けて、関係機関との連携を密にし、本人の状態を把握しつつ、放課後登校や別室登校、または、部活動のみの登校や行事の参加等、本人を学校で受け入れるための柔軟な対応をとることが必要となります。さらに、民間施設やNPO等のフリースクールとも連携を図り、不登校児童生徒やその保護者を支援していくことが求められています。

不登校の中学生の中には、小学生のときから不登校であったり、または、いわゆる「中１ギャップ」で小学生から中学生になったとたん、学習や生活の変化に馴染めずに不登校になったりする場合があります。上級学校へのスムーズな接続のために、幼保小、小中、中高におけるそれぞれの段階での連携を積極的に進めていくことが大切です。

（4）校内支援体制の整備

　不登校の要因や背景が多様化、複雑化している中で、不登校の課題に対応していくには、担任一人の対応では行き詰まることもあります。校長のリーダーシップの下、教育相談コーディネーターなどの学校または学年の支援担当教諭や学年主任等と相談の上、スクールカウンセラー（SC）によるアセスメント（見立て）などを行った上で、本人の状態を適切に把握し、支援計画を立て、適切な指導や必要な支援をしていくことが大切です。また、福祉的な支援が得られるスクールソーシャルワーカー（SSW）や医療・行政等とも連携を図りながら、子ども自身や子どもを取り巻く環境に働きかけることも必要となります。

　他機関と連携を図った上でも、子どもや保護者を支えるのは担任であり、学校です。「私は学校から見捨てられてしまった」と思われないよう、家庭との関係づくりを継続して、信頼関係を築いていく必要があります。

（5）居所不明対策

　2013（平成25）年4月に6歳女児が虐待によって死亡した事件、また、2014（平成26）年5月に白骨化遺体で発見された男児死亡事件等、たいへん痛ましい事件が続きました。国においては、住民登録をしながらも居住実態が把握できない居所不明の18歳未満の子どもについて調査するとともに、各自治体では、学校と教育委員会、市町村の関係各課等と連携を図りながら、子どもたちに関わる悲しい事件が起こらぬよう、対応を図っています。

　その結果、2014年10月時点では141人だった居所不明児童生徒が、2020（令和2）年8月18日時点では、16人となりました。このことは、市町村間の連携や警察、児童相談所による支援が進んだことが要因であるととらえられています。

　学校としても、1日も登校していない児童生徒で、さまざまな理由で本人と会えない状況にある場合は、教育委員会と連携を図りながら、工夫を凝らし、本人確認できる方法を見つけていく必要があります。

5　子どもの貧困

（1）子どもの貧困の現状

> **担任**：来週の月曜日は給食費の引き落とし日だから、おうちの人にお金がちゃんと振り込まれているか、確認するように伝えてください。
>
> 水曜日の朝の学活で
>
> **担任**：Aさん、Bさん、CさんとDさん！　あなたたちのおうちから給食費の引き落としができなかったから、今日必ず、3日後までにお金を入れておくように、おうちの人に伝えてください。

　担任になりたての頃は、学校での子どもの行動や様子を気にかけて観察し、指導・助言はするものの、その子どもの家庭環境や家庭の状況までを把握し、また、思いを巡らすことは難しいことかもしれません。しかし、学校で元気にふるまっている子どもの中には、教育の基盤である家庭にさまざまな課題を抱えている場合もあります。1クラス40人いれば、40とおりの家庭環境があります。ひとり親家庭であったり、両親はいても別居中であったり、または、母親が精神疾患を患っていたり、父親が失業中であったりするかもしれません。

　自分のクラスの中で、生活保護を受けている子どもは誰か、準要保護を受けている子どもは誰か等を注視する必要があります。集金日にお金を持って来ることができなかったり、預金通帳から引き落としができなかったりすることを、子どもに伝えるだけでは改善できない状況もあるということを知っておく必要があります。そして、人権の視点からも、教師として十分配慮すべきことであり、児童生徒に話すべき内容であるか判断が必要であり、また、児童生徒に話す場合でも伝える言葉を慎重に選ばなければなりません。

　今、日本では、7人に1人の子どもが貧困の下で暮らしていると言われています。また、ひとり親世帯の貧困率[2]は約50％となっています。

　厚生労働省「国民生活基礎調査」（OECD作成基準による）によると、2018（平成30）年度の貧困率の国際比較では、「子どもの貧困率」は36カ国中22位ですが、ひとり親世帯の貧困率は最も高くなっています。

　また、2013（平成25）年度の全国学力・学習状況調査から、収入が高い世帯

表4-3　社会経済的背景別、学習時間と国語A正答率の平均値（小6）

小6・国語A	Lowest SES	Lower middle SES	Upper middle SES	Highest SES
3時間以上	58.9	63.2	68.7	80.6
2時間以上、3時間より少ない	58.5	63.3	64.8	73.2
1時間以上、2時間より少ない	56.4	62.5	64.5	71.1
30分以上、1時間より少ない	52.8	58.0	63.3	68.9
30分より少ない	46.2	51.6	56.7	63.8
全くしない	43.7	51.2	56.7	60.5

出典：お茶の水女子大学「2013年度全国学力・学習状況調査（きめ細かい調査）の結果を活用した学力に影響を与える要因分析に関する調査研究」（2014年3月28日）

の子どもがまったく学習しなかった場合の正答率よりも、収入が低い世帯の子どもが3時間以上学習した場合の正答率の方が低いという結果が出ています（表4‐3参照）。世帯所得等の影響は、学習時間（努力）に匹敵し、貧困の連鎖は自己責任と言い切れないところがあります。

　そこで、国は、子どもの将来がその生まれ育った環境によって左右されることのないよう、貧困の状況にある子どもが健やかに育成される環境を整備するとともに、教育の機会均等を図るため、子どもの貧困対策を総合的に推進することになりました。

（2）子どもの貧困への対応

　子どもの貧困の状況が深刻化する現状を受け、「子どもの貧困対策の推進に関する法律」が2013年6月19日に成立し、2014（平成26）年1月17日に施行されました。そして、この法律を受けて、「子どもの貧困対策に関する大綱」が2014年8月29日に閣議決定され、基本的な方針等が定められ、さまざまな教育支援、生活支援、保護者への就労支援、経済的支援等が施策として実施される

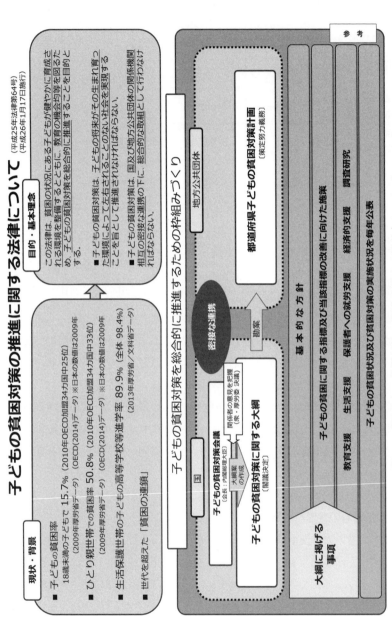

子どもの貧困対策の推進に関する法律について

（平成25年法律第64号）
（平成26年1月17日施行）

現状・背景

- 子どもの貧困率
  18歳未満の子どもで 15.7%（2010年OECD加盟34カ国中25位）
  （2009年厚労省データ）（OECD(2014)データ）※日本の数値は2009年

- ひとり親世帯での貧困率 50.8%（2010年OECD加盟34カ国中33位）
  （2009年厚労省データ）（OECD(2014)データ）※日本の数値は2009年

- 生活保護世帯の子どもの高等学校等進学率 89.9%（全体 98.4%）
  （2013年厚労省/文科省データ）

- 世代を超えた「貧困の連鎖」

目的・基本理念

この法律は、貧困の状況にある子どもが健やかに育成される環境を整備するとともに、教育の機会均等等を図るため、子どもの貧困対策を総合的に推進することを目的とする。

- 子どもの貧困対策は、子どもの将来がその生まれ育った環境によって左右されることのない社会を実現することを旨として推進されなければならない。
- 子どもの貧困対策は、国及び地方公共団体の関係機関相互の密接な連携の下に、総合的な取組として行われなければならない。

子どもの貧困対策を総合的に推進するための枠組みづくり

国

子どもの貧困対策会議
（会長：内閣総理大臣）
（委員：関係閣僚）

関係省庁の委員を把握
（委員・厚労委 決議）
大綱案の作成

子どもの貧困対策に関する大綱
（閣議決定）

大綱に掲げる事項

教育支援　生活支援　保護者への就労支援　経済的支援　調査研究

子どもの貧困状況及び貧困対策の実施状況を毎年公表

基本的な方針

勘案

密接な連携

地方公共団体

都道府県子どもの貧困対策計画
（策定努力義務）

参考

図4-4 「子どもの貧困対策の推進に関する法律」について

出典：子どもの貧困対策に対する検討会「青少年総合対策法（案）について」（2014年）

ことになりました。図4-4は、「子どもの貧困対策の推進に関する法律」の全体図です。以下に、子どもの貧困を改善するための重点施策をまとめます。

1）教育支援について

① 幼児教育の無償化の促進及び就学前教育・初等教育の充実や質の向上

> 国及び地方公共団体は、就学の援助、学資の援助、学習の支援その他の貧困の状況にある子どもの教育に関する支援のために必要な施策を講ずる。　　　　　　（「子どもの貧困対策の推進に関する法律」第10条）

② 就学援助制度の充実

　就学援助制度とは、学校教育法第19条において、「経済的理由によって，就学困難と認められる学齢児童生徒の保護者に対しては，市町村は，必要な援助を与えなければならない」と定められているのを受けて、教育の機会均等を図るため、保護者の収入等により、要保護者や準要保護者に対して、学用品や校外活動費等を援助する制度です。

　就学援助費の申請については、学校を通して行うことになっており、担任として、申請内容、申込期日等について把握し、伝達漏れ等がないようにしていく必要があります。

③ 高等教育の機会を保障するような奨学金制度等の拡充

④ 生活困窮世帯等への学習支援　等

> **A市の取り組み**
> 　生活保護受給世帯の中学生に対して、週1回18：00〜20：00に学習教室を開室している。一人ひとりが支援者と相談をしながら、進路も視野に入れ、学習目標を設定している。また、さまざまな体験を通して社会や自然、友人関係を学ぶために、課外活動として、キャンプやスポーツ大会、バーベキューなどを実施している。

2）生活支援について

> 国及び地方公共団体は、貧困の状況にある子ども及びその保護者に対する生活に関する相談、貧困の状況にある子どもに対する社会との交流の機会の提供その他の貧困の状況にある子どもの生活に関する支援のために必要な施策を講ずる。　　　　（「子どもの貧困対策の推進に関する法律」第11条）

① 保護者の自立支援

　　保育等の確保、保護者の健康確保、母子生活支援施設等の活用　等

② 子どもの生活支援

B市の取り組み

　ひとり親家庭や生活困窮者世帯の子どもの居場所づくりに関して、「食べる」ことを公的に確保することで、最低限の生活を確保し、それ以外の支援につなげていく機会とするため、「子ども食堂」を運営している。

　食材は寄付、調理はボランティア、一食の料金は、大人は300円、子どもは無料である。食後、ボランティアの大学生と宿題をしたり、遊んだりする。

　地域の人々のつながりを広げ、強めていく役割も担っている。

③ 子どもの就労支援　等

地域若者サポートステーション

　中学校卒業後、高等学校や大学等を中途退学するなどし、働きたいけれどもどのようにアプローチしてよいかわからない若者や家族に対して、無料で相談・サポートをするNPO法人や株式会社。

　「サポステ」と愛称で呼ばれることも多く、働くことに悩みを抱えている若者に対し、キャリアコンサルタントなどによる専門的な相談、コミュニケーション訓練や協力企業への就労体験などにより、就労に向けた支援を行っている。また、就労後の悩みや不安等についても継続的にサポートしている。

3）保護者に対する就労支援

国及び地方公共団体は、貧困の状況にある子どもの保護者に対する職業
訓練の実施及び就職のあっせんその他の貧困の状況にある子どもの保護
者の自立を図るための就労の支援に関し必要な施策を講ずる。

（「子どもの貧困対策の推進に関する法律」第12条）

・ひとり親家庭の親の就業、生活困窮者や生活保護受給者への就労支援　等

4）経済的支援

国及び地方公共団体は、各種の手当等の支給、貸付金の貸付けその他の
貧困の状況にある子どもに対する経済的支援のために必要な施策を講ず
る。　　　　　　　　　　　　　（「子どもの貧困対策の推進に関する法律」第13条）

・児童扶養手当と公的年金の供給調整や見直し、養育費の確保に関する支援
　等

5）子どもの貧困に関する調査研究等

国及び地方公共団体は、子どもの貧困対策を適正に策定し、及び実施す
るため、子どもの貧困に関する調査及び研究その他の必要な施策を講ず
る。　　　　　　　　　　　　　（「子どもの貧困対策の推進に関する法律」第14条）

・子どもの貧困の実態把握　等

（3）教師としてできること

　子どもの貧困対策については、自治体ごとに始まったばかりです。どのよう
な生まれや育ちであっても、一人ひとりの子どもたちが等しく教育を受け、社
会的に自立していけるよう、法律や制度などにも目を向け、関係機関とも連携
を図りながら、子どもたちが自分の将来を見据えて力を発揮できるよう、サ
ポートしていくことが大切です。

注
1）各自治体が設置している不登校児童生徒の集団生活への適応、情緒の安定、基礎学力の補充、基本的な生活習慣の改善等のための相談・適応指導を行うことにより学校復帰を支援し、社会的自立を目指す公的教育機関。
2）「（相対的）貧困率」とは、所得が国民所得の「中央値」の半分に満たない人の割合。

【引用・参考文献】
石隈利紀・田村節子『石隈・田村式援助シートによるチーム援助入門―学校心理学・実践編―』図書文化社　2003年
文部科学省「不登校への対応の在り方について（通知）」2003年5月16日
文部科学省『生徒指導提要』教育図書　2010年
坂田仰編『いじめ防止対策推進法　全条文と解説』学事出版　2013年
「子どもの貧困対策の推進に関する法律」2014年1月17日施行
お茶の水女子大学「2013年度全国学力・学習状況調査（きめ細かい調査）の結果を活用した学力に影響を与える要因分析に関する調査研究」2014年3月28日
子どもの貧困対策に対する検討会「子どもの貧困対策の推進に関する法律について」『青少年総合対策法（案）について』内閣府　2014年（https://www.mhlw.go.jp/file/06-Seisakujouhou-11900000-Koyoukintoujidoukateikyoku/0000054574.pdf）
文部科学省「『児童生徒の問題行動等生徒指導上の諸問題に関する調査』作成要領」2016年
不登校に関する調査研究協力者会議「不登校児童生徒への支援に関する最終報告― 一人一人の多様な課題に対応した切れ目のない組織的な支援の推進 ―」文部科学省　2016年7月
厚生労働省「令和元年度　児童相談所での児童虐待相談対応件数」2020年（https://www.mhlw.go.jp/content/000696156.pdf）
厚生労働省ホームページ（http://www.mhlw.go.jp/）
厚生労働省「児童虐待の定義」（https://www.mhlw.go.jp/stf/seisakunitsuite/bunya/kodomo/kodomo_kosodate/dv/about.html）

第5章
生徒指導とは何か

　本章では、生徒指導とは何か、その機能や学級経営等との関わりについて実践事例を通して学び、学級担任として日々の課題に適切に対応できるようになることを目指します。なお、小学校における生徒指導を児童指導という場合もありますが、ここでは「生徒指導」を用います。

　中学校でのできごとです。あるとき、職員室にいると採用3年目の若い女性教師が職員室に飛び込んで来ました。「先生、たいへんです。3年生がたばこを吸いながら登校してきました」。

　あまりにもすごい勢いだったので、私も少しあわてながら「その生徒、どこにいるの」と尋ねると、「見てください」と、2階にある職員室から昇降口の方を指さしました。

　「それで先生は、声をかけたの」と尋ねると、その女性教師は、「声はかけていません。先生、生徒指導の先生なのだから、注意をしてください」。

　ある小学校で、6年生数人による授業妨害や教師への反抗がひどく、正常な学級運営が行えない状態がありました。いわゆる「学級崩壊」と言われる状態です。

　教育委員会内には、小学校や中学校の生徒指導上の諸問題で、学校だけでは対処しきれない状況のとき、またはなりそうなときに、教育委員会及び警察や児童相談所などのさまざまな関係機関で組織される「生徒指導支援チーム」があります。

　学校からの要請で学校に出向き、児童の様子を観察し、校長先生や生徒指導担当、学級担任の先生から状況の説明を受けているときです。廊下をワイワイ騒ぎながら歩く児童が何人もいました。そこで、そばにいたベテランの先生に

「今は、休み時間ですか」と尋ねると、「いいえ、授業は始まっています」という答えが返ってきました。そこでもう一度「授業が始まっていながら、子どもたちが廊下で騒いでいる状況を見て、先生は注意をしないのですか」と聞き返しました。するとその先生はこう言いました。
　「教科指導はできるのですが、どうも生徒指導はわからなくて……。」

　生徒指導は、誰が行うものなのでしょうか。校務分掌（校内の役割分担）上で割り当てられている生徒指導担当の教員が行うものなのでしょうか。また、「教科指導はできるけれど、生徒指導はわからない」で済むものなのでしょうか。

1　生徒指導の機能

（1）「生徒指導」というイメージ
「生徒指導」というと、どのようなイメージをもつでしょうか。

　数十年前の「生徒指導」という言葉のイメージは、「取り締まる」「怒る・叱る」「大きな声」「怒鳴る」「厳しい」「怖い」などをイメージするものでした。このようなイメージは、ひょっとしたら当時の生徒たちも同じだったかもしれません。

　一方、最近の中学校現場にいる若い教師に尋ねると、「力量のある先生が中心になって行うもの」「問題を起こした生徒への指導」「非行生徒への対応」「生徒、保護者にうまく対応できる人が行うもの」などの答えが返ってきます。いずれにしても、「生徒指導」という言葉からは明るいイメージは伝わってきませんし、一部の教師の仕事のように受け取られているようです。

　間違ったイメージをもち続けることは、これからの教育活動に支障が出てくることから、「生徒指導とは何か」を考えていきたいと思います。

（2）生徒指導の意義
　私たちが、教育活動の意義や目的、配慮すべきことを学ぶ上で一番の根拠となるものは、文部科学省や同省に置かれている研究機関の国立教育政策研究所

（国研などとも言われます）などから出される通知や調査研究報告書、政府刊行物などです。これらは、文部科学省や国立教育政策研究所ホームページに掲載されており、必要に応じて参照できます。

　さて、文部科学省から2010（平成22）年3月に出された『生徒指導提要』「第1章 第1節 生徒指導の意義と課題　1 生徒指導の意義」には、生徒指導の意義について次のように書かれています。

> 　生徒指導は、すべての児童生徒のそれぞれの人格のよりよき発達を目指すとともに、学校生活がすべての児童生徒にとって有意義で興味深く、充実したものになることを目指しています。生徒指導は学校の教育目標を達成する上で重要な機能を果たすものであり、学習指導と並んで学校教育において重要な意義を持つものと言えます。　　　　　　　（『生徒指導提要』p.1）

　一方、国立教育政策研究所から出されている『生徒指導リーフ』「leaf 1　生徒指導って、何？」には、生徒指導について次のように書かれています。

> 　生徒指導とは、社会の中で自分らしく生きることができる大人へと児童生徒が育つように、その成長・発達を促したり支えたりする意図でなされる働きかけの総称のことです。すなわち、学校生活の中で児童生徒自らが、その社会的資質を伸ばすとともに、さらなる社会的能力を獲得していくこと（社会性の育成）そして、それらの資質・能力を適切に行使して自己実現を図りながら自己の幸福と社会の発展を追求していく大人になること（社会に受け入れられる自己実現）そうしたことを願って児童生徒の自発的かつ主体的な成長・発達の過程を支援していく働きかけのことを、生徒指導と呼んでいます。　　　　　　　　　（『生徒指導リーフ』p.2）

　要するに、生徒指導とは、エピソードに登場した先生が思っているようなものではありません。「校務分掌上の先生が行う」というものではなく、また「わからないからやらない」というものでも決してないのです。児童生徒一人ひとりが充実した学校生活を送れるように、また社会性をはぐくみ社会の中で自分自身の夢や希望・目標を実現させるための力を身に付けられるようにする教育活動が生徒指導なのであって、学習指導と同じように全教師が取り組んで

いかなければならないものです。

　そのためにも、すべての教師は、学習指導の力量アップを図ると同時に、生徒指導の力量アップを図っていくことが大切なのです。

（3）機能としての生徒指導

　もう一つ、重要なポイントがあります。それは、前述した『生徒指導提要』の中に書かれている「機能」という言葉です。

　よく生徒指導は「領域」ではなく、「機能」であると言われます。生徒指導そのものは、各教科、特別の教科 道徳（以下、「道徳科」という）、総合的な学習の時間、特別活動のように教育課程（学校の教育活動計画）の中には位置付けられてはいません。だからと言って、取り組まなくてもよいというものではありません。

　かつて生徒指導は、教科指導とともに学校教育が取り組むべき重要な領域であって、よく車の両輪にたとえられました。つまり、教科指導は生徒に学力を身に付けさせるための領域で、生徒指導は、児童生徒の非行や問題行動などに対応するための領域として位置付けられていました。

　しかし、さまざまな問題行動への対応だけでは、社会性をはぐくむことや自己実現を図るための力を身に付けさせることはできません。「重要な機能を果たすもの」と『生徒指導提要』にも書かれているように、生徒指導が各教科や道徳科、総合的な学習の時間、特別活動や部活動など、あらゆる教育活動の中で「機能」していく必要があるのです。簡単に言えば、生徒指導は、授業をはじめ学校生活で営まれるさまざまな教育活動を円滑に行うための潤滑油のようなものです。

（4）生徒指導は生徒理解から始まる

1）生徒理解の大切さ

　教育現場には、「生徒指導は生徒理解から」という言葉があります。つまり生徒指導は、児童生徒一人ひとりのことを十分に理解した上で進めていかなければ成立しないものなのです。

　人の心には、コップがあるそうです。心の中のコップが上を向いていると、厳しいアドバイスや苦言すらも受け入れることができます。しかし、コップの口が下を向いていると、どんなに丁寧な指導を行っても、受け手が最初からそれを拒否しているわけですから、指導は入っていきません。まして、行動変容に至ることなどあり得ません。このため、子どもの心のコップを上に向かせるのも教師の大事な仕事となります。

　さて、教室にいる児童生徒をよく観察してみましょう。さまざまな個性や特性をもっていることに気付きます。素直な子ども、ちょっと物事を斜に見る子ども、明るく快活な子どももいればおとなしく目立たない子どももいます。先生の言うことをよく聞く子どももいれば、何を言っても反抗してくる子どもや発達障害の子どももいます。さまざまな個性や特性をもった子どもたちが一つの空間の中でともに生活するのが学校という社会です。

　また、家庭や社会に目を向ければ、多様な価値観や考え方をもつ大人もおり、子どもを取り巻く生活環境は決して一律ではありません。

　2012（平成24）年12月に文部科学省から出された「通常の学級に在籍する発達障害の可能性のある特別な教育的支援を必要とする児童生徒に関する調査結果について」という報告を各新聞社が取り上げたことがあります。全国の公立小中学校の通常学級に在籍する児童生徒のうち、人とコミュニケーションがうまくとれないなどの発達障害の可能性のある児童生徒が6.5％に上り、40人学級で1学級につき2、3人の割合になることが報じられました。

　子どもたちを取り巻く社会の変容や教室の中にいる児童生徒の状況を考えた上で生徒指導を機能させようとするならば、十把一絡げの指導では済みません。当然、児童生徒一人ひとりは違った個性や特性をもっているわけですから、指導したとしても納得の度合いは、児童生徒によって異なります。

　このことから、生徒指導を行う上でまず大切なことは、生徒の理解なのです。「なぜ、何度言ってもわからないんだ」「何度同じ注意をすればわかるんだ」と嘆く前に、「心のコップは上向きになっているのか」「なぜ、心のコップが下に向いているのだろう」「どうすれば心のコップを上向きにすることができるのだろうか」という問いをもって、児童生徒をとらえることがとても大切なのです。

２）生徒理解の方法

> 生徒指導主任が中学校２年生の学級担任の先生に言いました。
> 「先生の学級のＡ君ですけど、彼、髪の毛を染めているよ」。
> すると、担任の先生は驚いてこう言いました。「えっ、朝の学活で出席確認をしたときには気付きませんでした」。
> この発言を聞いて、生徒指導主任がこう言いました。
> 「気付かなかったの。あの状態ならば、ふつう気付くよ」。

「あなたがいつも歩いている家から職場までの間に、いくつ信号機がありますか」――こう質問されると、答えに窮してしまうのではないでしょうか。

信号機は、普段よく目にします。注意を向ければ、結構見つかるものです。「どこにあるのかな」と興味をもって探せば、数えることもできます。ところが、いきなり「何カ所に信号機がありましたか」と問われると、「10カ所ありました」などと正確に答えることはできません。

カラーバス（Color Bath）効果というものがあります。自分が意識していることほど、それに関係する情報が自分のところに無意識に集まってくるような感覚のことです。人間は視界に入ったものを「目」で見ているように思っていますが、本当は「脳」で見ているため、意識をしないと視界に入っていても見えていないことになるのだそうです。

児童生徒を見ることもこのことと同じです。児童生徒に意識を向け、視点や観点をもって見ない限り、児童生徒の個性や特性、変化をつかむことはできません。日頃から児童生徒の容姿をしっかりと観察し、言動等にも興味・関心をもっていないと、黒髪が茶髪に変わっても気付かないものなのです。

児童生徒を理解する上で大切なことは、日頃から児童生徒に興味・関心をもつことです。問題が起きてから理解をしようとしても、対応や指導を止めるわけにはいきません。ですから、「見る」のではなく、視点をもって見るという意味で「視る」、興味・関心をもって観察するという意味で「観る」、さらには、医者が患者を診るように「診る」、看護師のように「看る」ことを日頃から心掛けておきましょう。

また、教師自らが児童生徒の言動等を観察して理解するだけでなく、生徒理

解の方法にはさまざまな方法があります。家庭訪問等を通して保護者から情報を得る方法、児童生徒が書（描）いた文章や絵、生徒同士の会話や他の先生からの情報など、児童生徒の理解を深める材料はあふれているはずです。

　さらには、最近では多くの学校にスクールカウンセラーやスクールソーシャルワーカーが配置されていますので、専門家からの情報も得ることができます。問題行動の背景に発達障害があったということもよく聞く話です。また、さまざまな生徒指導上の課題の背景には、経済的な困窮や両親の不仲など家庭環境の課題などが隠れていることもあります。心理学や社会福祉の専門家からの情報は、これからの時代、生徒指導を進めていく上で必須となります。

　　B先生が担任をする学級の生徒であるC君が、教室内でお菓子を食べていました。

　　その現場を目撃したB先生はC君を別の部屋に連れて行き、「お菓子の持ち込みは校則で禁止されている」ということを厳しく指導しました。

　　その後、職員室に戻って生徒指導主任に報告しました。

　　「C君が教室でお菓子を食べていましたので、別室で厳しく指導しました」

　　すると、生徒指導主任がこう言いました。

　　「学級全体への指導はしたのですか」。

　　すると、B先生が答えました。「食べていたのはC君一人だけですので、もう大丈夫です」。

（5）よい雰囲気の醸成

　あなたが学級担任ならば、どうしますか。

　「鹿を逐う者は山を見ず」という諺があります。鹿を捕えようとしている者は、獲物にばかり気を取られてしまって、山全体のことが目に入らなくなってしまうことから、一つのことにとらわれてしまい、全体のことを見失ってしまうという意味です。

　同じような意味で、「木を見て森を見ず」という諺もあります。一本一本の木に注意を奪われると、森全体が見えなくなってしまうという意味です。その逆が「森を見て木を見ず」というもので、森全体を見ることに意識が行き過ぎ

て一本一本の木に注意が払えなくなることです。

　生徒指導で言えば、「木を見て森を見ず」は、個の指導にばかり意識が行き過ぎて、学級全体の雰囲気や状況を見逃しまうことです。逆に、「森を見て木を見ず」は、全体にばかり目が行き過ぎてしまい、一人ひとりの児童生徒に指導が行き届かなくなることです。このように、どちらかに偏った生徒指導は効果的な生徒指導とはなりません。木を見て森も見るバランス感覚が大切です。

　先の例で言えば、C君への指導と同時に学級全体への指導をしなければなりません。もしかしたら、学級全体に「お菓子を持ち込んでも大丈夫」という雰囲気が蔓延しているかもしれません。蔓延していなくても、「規則破りは良くない」と堂々と言える雰囲気がなかったり、「見つからなければ平気」という雰囲気ができ上がってしまったりしている可能性があります。

　生徒指導では、一人ひとりの児童生徒への働きかけもさることながら、集団への指導も重要なこととなってきます。「問題を起こした児童生徒」を指導すればそれで終わりというわけではなく、学年や学級等の集団を指導すればそれで終わりというわけでもないのです。『生徒指導提要』にもあるように、学校生活がすべての児童生徒にとって有意義で興味深く、充実したものになることを目指して行われるものが生徒指導ですから、集団の「よい雰囲気」を醸成することがとても大切なこととなります。このようなことから、生徒指導は学級経営と密接な関わりをもっています。

（6）生徒指導の基本

　『生徒指導提要』は、学校・教員に向けた生徒指導の基本書として位置付けられています。本書をじっくりと読みこなしていくことが、生徒指導の基本を身に付ける良策となります。

　ここでは、学校で生徒指導主任から職員会議や職員打ち合わせで語られる生徒指導の基本の、さらに基本について述べていきます（図5-1）。

1）基本その1：予防

　基本その1は、「生徒指導は予防から」ということです。

　生徒指導のイメージでも述べましたが、「生徒指導」は、「問題行動への対応」

「問題を起こした児童生徒への指導」ととらえられがちです。「問題行動への対応」や「問題を起こした児童生徒への指導」を対処的な生徒指導と言うならば、問題が起きないようにさまざまな布石を打つ指導、規範意識の醸成に向けた指導、社会性を身に付けさせ

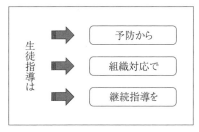

図5-1　生徒指導の基本

る指導などを「予防的な生徒指導」と言います。

　予防的な生徒指導で最も重要なことは、児童生徒の小さな変化を見逃さないことです。児童生徒の小さな変化とは、児童生徒そのものの変化だけでなく、児童生徒が学校生活の大半を過ごす教室環境や帰宅後の家庭生活なども含まれます。

　割れ窓理論（Broken Windows Theory）というものがあります。これは、軽微な犯罪も徹底的に取り締まることで、凶悪犯罪を含めた犯罪を抑止できるとする環境犯罪学上の理論のことです。「建物の窓が壊れているのを放置すると、誰も注意を払っていないととらえ、やがて他の窓もすべて壊される」という考え方からこの名が付きました。また、割れた窓を見た人が「この場所は防犯に配慮していない」と感じ、「犯罪を起こしても大丈夫」と考えることから、犯罪の発生件数が増えるというものです。

　この理論を利用して大きな成果を上げているのが、ニューヨークの地下鉄や夢の国として人気の高いディズニーランドです。ディズニーランドでは、パーク内に落ちているゴミやわずかな破損も見逃さず、すぐにゴミを片付け、破損箇所を発見次第、修繕するなどしています。このことで、従業員だけでなく、来場者のマナーも向上させることに成功したと言われています。

　この理論は学校でも応用できます。たとえば、教室の壁に小さな落書きがあったとします。気付かずに落書きをそのまま放置しておくと、落書きが落書きを呼び、いつの間にかあちらこちらで落書きが見られるようになります。廊下の掲示物がはがれていても気付かず、いつまでもそのままの状態で放置しておくと、ほかの掲示物が破られたりはがされたりするものです。

児童生徒の些細な負の変化を見過ごすと、いたるところで連鎖的に負の変化が生じるものです。日頃から児童生徒の小さな変化を見逃さない組織的な心構えが重要であるとしっかり認識しましょう。

２）基本その２：組織的対応

基本その２は、組織的対応です。

社会が著しく変化している時代、複雑化・多様化・広域化した生徒指導に対応するには、教員一人の力ではどうにもならなくなっています。

組織としての学校は、「校務分掌」として生徒指導主任（法的には生徒指導主事という）が置かれているわけですから、この主任を中心にした学校の指導体制を構築することが大切なこととなります。もちろん、生徒指導主任の上には教頭がいて、そして組織の最高責任者として校長がいます。校長のリーダーシップの下、生徒指導主任を中心とした教員が、専門性や得意な分野を生かしてそれぞれの能力を発揮し、「チーム学校」として生徒指導を展開していくことが、生徒指導の機能をよりいっそう高めることになります。

そのためには、教員自身が組織の一員であることを自覚し、進んで同僚と連携して対応することが必要です。

組織的な生徒指導を進めていく上で必要となるのは、共通理解の下での情報連携と行動連携です。さらに、情報連携と行動連携の基本となるのが「報告−連絡−相談」です。

①　共通理解

学校では、よく共通理解ということばが使われます。ここで言う共通理解とは、学校教育目標をはじめ、児童生徒指導目標や学校生活の中で児童生徒たちを指導していく事項の目的、根拠、配慮事項等を全教職員が理解しているということです。この理解がすべての生徒指導のベースとなります。

たとえば、授業開始のチャイムが鳴ったら自席に着くよう指導する教師がいても、他の学級ではチャイムが鳴っても廊下で遊んでいる状態があったり、茶色に染色した頭髪について「直しなさい」と指導する教師がいる一方、「個性だから」と見逃す教師がいたりするような状態では、学校としての一貫した指導は成立しません。児童生徒は、自分にとって都合のよいことを言ってくれる

先生の言うことに従う傾向がありますから、このような状態では、規律のない集団ができ上がってしまいます。そして、学年が変わると、すべての指導をゼロからやり直さなければならないことになってしまうのです。このようなことを3年も続ければ、学校は無秩序な場所に変わってしまい、荒れた学校となります。

　②　情報連携と行動連携

　教職員間での共通理解が得られたら、「報告（ほう）－連絡（れん）－相談（そう）」です。報告とは、自分自身がどのように行動したのか、行動した結果どのような状態となっているのかを同僚に知らせることです。連絡とは、得た情報を正確に伝えることです。そして、相談とは、「私はこう考えるが、あなたの考えを聞かせてください」と、一つの事象について相手の考えを聞き、自分の考えを伝えて話し合うことです。

　情報連携・行動連携を進めていく上でこの「報告－連絡－相談」が重要な理由ははっきりしています。誰にも相談せず自分勝手な判断で行動した結果、他教師との指導にズレが生じてしまったり、情報を伝えなかったことにより誤った判断をしてしまったりして、事後対応に膨大な時間と労力がかかってしまうようなことをなくすためです。

　また、適切な「報告－連絡－相談」は、組織的な対応の第一歩でもあり、生徒指導を円滑に進めるばかりでなく、問題の未然防止、早期発見、早期対応、一貫した指導にもつながります。さらには、教員がさまざまな悩みを一人で抱え込むことの防止にもつながっていくのです。

　3）基本その3：継続的な指導

　基本その3は、継続的な指導です。

　問題を起こした児童生徒の指導後、よく職員室などで聞かれる言葉があります。それは、「何度言ってもわからない」「3日ともたない」「同じことを何度も繰り返す」といった嘆きです。しかし、よく考えてみましょう。そんなに簡単に行動変容が図れるものなのでしょうか。

　ハインリッヒの法則というものがあります。この法則は、1つの重大事故の背景には、29の軽微な事故があり、その背景には300の異常が存在するという法則です。この法則を生徒指導にあてはめてみると、児童生徒が起こす大きな

問題行動の背後には軽微な違反行動などが繰り返されており、その背景には日頃の好ましくない生活態度や習慣があるものです。

このように考えると、1回指導した程度で、簡単に行動変容が見られることはありません。むしろ「何度言ってもわからなければ、何度でも言う」「3日ともたないのならば、2日目に追指導を入れる」くらいの粘りが必要です。

つまり、生徒指導は、問題行動への指導が終わったらそれで終了ではなく、継続した指導が大切です。指導の中で約束したことが継続されているか、翌日、3日後、1週間後、1カ月後に行動変容が見られているかを観察していかなければなりません。また、場面を変えたところで、指導が生かされているかを見ていく必要もあるのです。

(7) 問題が起きてしまったら

「生徒指導は予防から」ということを前述しましたが、それでも、問題行動やさまざまなトラブルは起きるものです。育った環境が違い、さまざまな個性や特性がある児童生徒が学級や学校という一つの枠の中で集団生活を行うわけですから、問題やトラブルがない方が不思議です。むしろ、児童生徒が集団の中で社会的なスキルや社会性を身に付けるためには、トラブルは大切な体験でもあるのです。問題が起きること自体を悪いこととととらえるよりも、適切な対応をとることで、児童生徒の今後の成長に役立てていくことが重要であるととらえるべきです。

しかし、命に関わるような、また将来に大きな心の傷を残すような状態にまでしてしまうのは、決して望ましいことではありません。事が大きくなる前に解決を図る必要があります。

そのためには、何といっても、初期対応が重要です。命に関わる重大事故に結び付くような、そこまではいかなくても解決に膨大な時間と労力がかかるような問題は、多くの場合、初期対応のまずさが原因になっていることが多々あるからです。

1）初期対応の重要性

　児童生徒の問題行動がエスカレートしていき、学年や学校全体が荒れた状態になる前には、必ずと言っていいほど児童生徒の様子や児童生徒を取り巻く教室環境や校内環境等が、少しずつ正常な状態から逸脱しているものです。

　たとえば、軽微なルールの無視、教師への暴言、不要物の持ち込み、掲示物へのいたずら、ごみの散乱などです。問題行動が軽微なうちに、その問題行動を見逃さず、全教職員共通理解の下で指導にあたることができる初期対応は、生徒指導においてたいへん重要なポイントとなります。初期対応のつまずきは、後々まで影響を与え、指導の難易度を高めることになります。「初めよければ終わりよし」というように、まずは素早い初期対応を心掛けることが大切です。

　また、「素早く対応してくれた」や「一生懸命にやってくれた」等の保護者からの評価は、その後の指導を進めやすくなることにもつながっていきます。特に、陰湿ないじめ、刃物を持ち出してのケンカなど、命に関わるような重大な問題行動が起きた場合には、関係機関との連携を視野に入れた組織的な対応をとることが大切です。

2）関係機関との連携

　何度も重なる教師への暴力、器物の破壊、他生徒への暴力を繰り返すD君。
　あるとき、異装で登校してきたことで注意されたことに腹を立てたD君は、1階にある男子トイレのドアを蹴り、破損させました。男性教員が何人かで暴れているD君を抑えて落ち着かせようとすると、止めに入った先生にも殴ったり蹴ったりするなどの暴力をふるいました。その状況から、警察への通報の必要性を感じた生徒指導主任が、校長先生に状況を説明し、校長先生は警察へ通報しました。
　その後、学校へ来た警察官が暴れるD君をそのまま警察へ連行していきました。
　学校は、事情を説明して協力を得ようと保護者への連絡をとったところ、電話に出た母親から「学校は子どもを警察に売るのか」と、強い口調で抗議を受けてしまいました。

2002（平成14）年５月に、文部科学省から「学校と警察との連携の強化による非行防止対策の推進について」という通知が出されています。

この通知によると、児童生徒の問題行動が深刻化・凶悪化・広域化する傾向が近年見られるため、状況に応じて学校は地域の関係機関と連携して取り組むことがいっそう重要であり、中でも、学校と警察との連携がきわめて重要であると書かれています。

事例のように、何度も指導を繰り返しても改善が見られないようなケースについては、警察との連携を視野に入れながら指導を進めていくことを早期の段階から保護者へ知らせ、理解を得ておくようにしておかなければなりません。

また、警察だけでなく、児童相談所や教育委員会、地域の青少年健全育成団体などへも指導の協力を依頼しておく必要があります。

あわせて教師は、人との関わり方などを身に付けるために経験しなければならない集団生活の中での一つの出来事なのか、それとも学校における指導の範疇を越え、一つの事件として対応すべき出来事なのかを明確に区別できるよう、事例検討会や児童生徒指導担当者会などで情報交換を行っておく必要があります。

この通知以降、児童生徒の健全育成、非行防止及び犯罪被害防止を図ることを目的とした学校警察連携制度を締結する都道府県や市町村が増えてきています。今日の生徒指導は、学校だけで抱え込む時代から、多くの人たちの協力によって対応していく時代へと変化しているのです。

（8）生徒指導と体罰

学校の教育活動で生徒指導を十分に「機能」させていくためには、児童生徒をはじめ保護者や地域、関係機関との信頼関係を築き、それを基盤として取り組んでいかなければなりません。「ローマは一日にして成らず」「雨垂れ石を穿つ」という諺があるように、生徒指導も同様です。

教師は日頃から教育活動の充実を図ることはもちろん、児童生徒との約束を守る、言動を一致させる、社会人としてのマナーを身に付けているなど、勤務

時間の内外を問わず、また、職務に直接は関係のないことであっても、より高い倫理感をもって行動する心構えが必要です。日々の小さな信頼を積み重ねることが、教師に対する大きな信頼へとつながっていくのです。この意味で教員は、信頼を失墜する行為を厳に慎まなければなりません。多くの教職員のさまざまな努力で築き上げてきた教職員の信用を、一瞬にして覆してしまうようなことがあってはならないのです。

　信用を失墜する行為は、犯罪行為だけではありません。モラルに関する個人的なスキャンダルや生徒・保護者・地域の方々への非常識な態度、わいせつ行為・セクシャルハラスメント・飲酒運転なども、信用失墜行為となることは当然です。

　特に、生徒指導上の信用失墜行為として起こしやすいのが、体罰です。学校教育法第11条に規定されているように、懲戒を加えることができても体罰を加えることはできません。体罰は違法行為です。また、それにとどまらず、児童生徒の心身に深刻な悪影響を与えたり、力による事の解決を助長したりすることにもつながり、いじめや暴力の連鎖を生むことにもつながります。生徒指導を進めていく上で力に頼ることなく、良識ある大人として、教育のプロとして、粘り強く指導していくことが必要です。

2　学級経営と生徒指導

　2月に入り、3年生の進路（進学先）が少しずつ見え始めてきたとき、A君が職員室に駆け込んで来て、学級担任の先生に私立高校合格の報告をしていました。A君はとてもうれしそうで、日頃、学級担任の先生に悪態をつき、反抗的な態度をとっている表情とはまったくの別人です。

　A君は、日頃から生徒指導上課題のある生徒で、学級担任だけではなかなかうまく指導が行き届かない生徒でした。そのため、学級担任以上に学年主任が優しく、厳しく、丁寧に指導・支援を行っていました。

　A君がひととおり学級担任の先生に合格の報告を終え、職員室から出て行った後、学年主任の先生がぼそっと学級担任につぶやきました。

　「あんなに面倒を見たのに、やっぱり最後は担任に行くんだよね」。

「業務が増え、部活動の指導に力を入れることができないから」「児童生徒だけでなく、保護者との人間関係をうまく築くことが苦手だから」等を理由にして、学級担任をもつことを希望しない若い先生が増えています。確かに、学級担任をもつと、学級担任をもっていない先生と比べて守備範囲は大きく広がります。当然、さまざまな困難にも向き合う機会が増えます。

しかし、教員になった以上、学級担任になることとセットでとらえていかなければなりません。もし、前述したような理由で学級担任をもつことを拒むのならば、あなたは教員には向いていません。あなたが学生ならば、進路を変更すべきでしょう。現職ならば、転職を考えるべきです。

管理職になった先生や教育現場から離れて教育行政で活躍している指導主事から、よくこのような言葉を聞きます。「担任をやっているうちが"華"ですね」。

（1）学級経営における生徒指導の重要性

アメリカの心理学者マズロー（Abraham Harold Maslow）によれば、人間の欲求は5段階に分かれています。それを図に表せば、図5-2のようなピラミッドになります。

欲求の第1段階は、生理的欲求です。おなかが空いたので食事をしたいとか、眠いので眠りたいなど、人間が生きていく上で、必要不可欠の欲求のことをいいます。本能的な欲求のことです。

欲求の第2段階は、安全の欲求です。生理的欲求が満たされたら、次に人間は自分の身を守ろうとします。これが安全欲求です。

欲求の第3段階は、所属・愛情の欲求です。生理的欲求、安全の欲求が満たされると、家族など自分を温かく迎えてくれる集団を求めるようになります。また、愛情を追求する

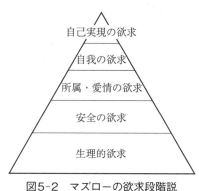

図5-2　マズローの欲求段階説

ことでもあるので、愛情の欲求とも言います。

　欲求の第4段階が、自我の欲求です。所属・愛情の欲求が叶うと、集団の中で仲間として認められたいという欲求が出てきます。これを自我の欲求といいます。良い評判とか自分の立ち位置とか、学級委員になって仲間から「すごいねと言われたい」などの欲求がここにあてはまります。

　そして、最後の欲求第5段階は、自己実現の欲求です。自分自身の理想を追求したいと思う欲求です。自分自身をより向上させようと思う欲求です。

　マズローが言うには、これらの欲求には優先順位があり、段階が低いほど優先順位は高くなります。要するに、生理的欲求が満たされなければ、人間は安全の欲求を求めませんし、仲間がいなくて所属の欲求が満たされなければ他人から認められたいとは思わないのです。

　マズローの説を基に言うのであれば、第1段階の欲求が満たされない児童生徒に、学校や学級へ所属意識をもって、みんなと仲良くしなさいと要求したり、周囲から尊敬される人間になれとか夢を実現できるようにがんばれと指導したりしても、なかなか思うように指導は浸透しません。

　また、自分の在籍する学級に対して危険や不安を感じている児童生徒は、上位の欲求をもつことができないことになります。ですから、第1段階や第2段階を置き去りにして「今の子どもは仲間意識が薄い」「自分というものがない」「夢がない」と嘆いても意味がないことなのです。

　他所でも述べられていますが、『生徒指導提要』「第1章 第1節 生徒指導の意義と課題　1 生徒指導の意義」には、次のように記されています。

> 　生徒指導は、すべての児童生徒のそれぞれの人格のよりよき発達を目指すとともに、学校生活がすべての児童生徒にとって有意義で興味深く、充実したものになることを目指しています。　　　　　（『生徒指導提要』p.1）

　この記述からもわかるように、生徒指導は、学級経営における重要な機能なのです。

（2）学級経営とは

それでは、学級経営とは何かということを考えてみましょう。

学級経営は、学校教育目標を達成するために学級を組織化し、さまざまな教育活動を継続的・計画的に学級担任が行う指導の総称と定義できます。

学級経営の「経営」という言葉を聞くと、経済に関わる意味を想像し、企業や会社のイメージをもちます。『もし高校野球の女子マネージャーがドラッカーの"マネジメント"を読んだら』という青春小説が話題になったことがあります。公立高校野球部のマネージャーが、ドラッカーの経営書『マネジメント』に出会い、野球部を強くするのにドラッカーの考えが役立つことに気付き、ドラッカーの教えをもとに部員が力を合わせて甲子園を目指す青春物語です。

この小説は、学校における「経営」と名が付くもの、たとえば学校経営、学年経営、学級経営などにも十分応用することができます。

（3）学級経営と生徒指導の関連性

学級は、児童生徒が学校生活を営む最も基本的な集団であり、学校生活の基盤となるものです。

前述したように、マズローの欲求段階説にあてはめて学級を考えてみると、学級は、児童生徒の安全が確保されている場でなければなりません。学級の基盤は、児童生徒が安心して学校生活を送れる場でなければならないということです。

学級の中にいじめや暴力が横行したり、失敗が許されない雰囲気があったり、教師や仲間のことばによって、また有形力で心や体が傷つけられるようなことがあってはならないのです。また、そのような兆候が見られれば、当然、早期に組織として対応していかなければなりません。学級での生活の基盤が安定してこそ、児童生徒の健全な発達や成長が促されるからです。学級経営の中にも生徒指導は十分機能していかなければならないのです。言い換えれば、生徒指導の根幹は学級経営です。

学級経営と生徒指導の関連性について、『生徒指導提要』「第6章 第4節 学級担任・ホームルーム担任の指導　2　生徒指導の基盤としての学級経営・

ホームルーム経営」では、次のように記されています。

> 　学級・ホームルームの場を中心として児童生徒の生活が営まれ、児童生徒の成長発達は進められていきます。ですから、学級・ホームルームという学校生活の場面は、生徒指導を進める上でも基本となる生活場面と言えます。この学級・ホームルームという場において、一人一人の児童生徒の成長発達が円滑にかつ確実に進むように、学校経営の基本方針の下に、学級・ホームルームを単位として展開される様々な教育活動の成果が上がるよう諸条件を整備し運営していくことが、学級経営・ホームルーム経営と言われるものです。　　　　　　　　　　　　　　（『生徒指導提要』pp.138-139）

　これからわかるように、校種を問わず、学級経営と生徒指導の結びつきは強く、学級担任が果たす役割はたいへん重要です。新規採用教員であろうと、教職経験3年目であろうと、学級担任であれば、学級組織のトップでありリーダーです。児童生徒の成長発達が円滑かつ確実に進むように経営感覚をもちながら、他の教師との連携も含めて、広い視野をもって学級経営を行うことが大切です。

（4）生徒指導の観点からみる学級経営の基礎

1）学級集団づくりから始まる

　児童生徒にとって、1年間をともに過ごす仲間は誰か、学級担任は誰か知る4月の学級発表は、大きな関心事です。

　通常、学級編成は、さまざまな教育的配慮（学力、人間関係、運動能力、音楽的能力、リーダー性、問題傾向、支援等）を行った上で、教師が意図的に編成するものです。この編成に、児童生徒の意思は反映されません。このようなことから、教師側は学級を「集団」という認識でとらえていても、児童生徒にとっては「集団」ではなく、単なる「人の集まり」でしかありません。このばらばらな「人の集まり」に、共通の目的意識をもたせ、集団生活を通して社会性を身に付けさせることが「集団づくり」となります。

　学級発表が終わり、学級開きの時期は児童生徒によりよい学級をつくろうという、学級集団としての意識は芽生えていません。このため、これから展開さ

れていくさまざまな学級における教育活動（授業、特別活動、道徳科、総合的な学習の時間、休み時間や給食の時間等）を通して、児童生徒たちに「集団」の意識を芽生えさせ、さらに「よりよい集団」をつくっていくという気持ちを醸成していくことが必要です。

しかし、よりよい学級集団ができ上がればそれでよいというものではありません。よりよい集団をつくることが学級経営の最終目標ではないからです。あくまでも、よりよい集団はよりよい「個」を生み出すものでなければなりません。学級単位で取り組む授業をはじめとしたさまざまな教育活動を通して、一人ひとりが「生きる力」を身に付けてこそ学級経営なのです。

2）欠かせない児童生徒理解

よりよい学級集団づくりを進めていく上で欠かせないのは、児童生徒理解です。

1の(4)で、生徒指導は児童生徒一人ひとりを十分に理解した上で進めていかなければ成立しないものと述べました。このことは当然、学級経営にもあてはまります。

学級には、一人として同じ児童生徒はいません。勉強が得意な児童生徒もいれば苦手な児童生徒もいます。同じ学習でも、文科系は得意だけれど理科系は苦手、大人に大きな信頼を寄せている児童生徒がいると思えばその逆の児童生徒もいます。このようなことを前提にして学級経営を進めていく必要があります。

まずは、児童生徒の様子をしっかりと観察することが必要です。小学校では、多くが学級担任制で組織されています。一人の学級担任が朝の学級活動から授業、休み時間、給食や清掃、そして帰りの学級活動までを児童とともに過ごしていることから、児童の様子を観察しやすく、多くの情報を入手しやすい条件にあります。

中学校や高等学校になると教科担任制となり、学級担任が関わる場面は小学校と比べて圧倒的に少なくなります。この弱点を補うためには、他教科の教員や部活動顧問など他の教職員との情報連携は不可欠となります。また、道徳科の時間や総合的な学習の時間、学級日誌や班ノート、休み時間での会話などか

らも生徒の内面を垣間見ることができます。大切なことは、より深い生徒理解を求めて、常に感性というアンテナを高くしておくことです。

3）学級ルールの明確化（規律づくり）

一人ひとりの児童生徒の「生きる力」をはぐくむというゴールに向かって、ばらばらな「人の集まり」を「集団」に変化させるためには、「ルール」が必要となってきます。

学年により若干項目が異なりますが、学級開きのときは図5－3のようなルールを掲示物にしてみることも効果的です。

> **クラスの約束**
> 一、　時間を守ろう
> 一、　元気にあいさつをしよう
> 一、　人の話はしっかり聴こう
> 一、　自分の意見は大いに言おう
> 一、　みんなで決めて、みんなで守ろう

図5-3　掲示物「クラスの約束」（例）
例文は、中学校1年生用

> 5項目目に「みんなで決めて、みんなで守ろう」と書かれていますので、私はこの5つのルールを原案として提示し、みんなで決めてみんなで守れるようにしていきたいと考えています。皆さんは、自分の考えを恥ずかしがらずにどんどん言ってください。私の述べた理由を否定し、約束事を変えてもかまいません。ただし、意見を言っている人以外は、意見を言っている人の話をしっかり聞きましょう。

このように、教師が示した最低限の学級ルールを生徒が決めたものにし、自分たちで守るよう約束をさせて規範意識の醸成を図る第一歩とすることが大切です。この後は、学級の変容やその時々の状況によって、生徒たちが少しずつルールを決めていくようにします。

ただし、ルールはたくさんあればよいというものでもありません。学級の規律をつくるためのルールは、次の点に注意して作らなければなりません。

① 　ルールは、なるべくシンプルに
　　（わかりやすいフレーズで、具体的な場面が想像できるように）

② 　ルールの数は、なるべく少なく
　　（ルールが多すぎて何が大切なのかよくわからないようでは、児童生徒は混乱する）

③　ルールは、点検可能なものを

　　（決めっぱなしでは意味がありません。帰りの学級活動や月末に点検するなど、定期的に実行できているのか確認しないと、ルールはお飾りになってしまう）

④　ルールは、合理性が伴うものを

　　（なぜ、このルールを守らなければいけないのかを説明できなくては、児童生徒は納得しないし、守ろうとしない）

4）教室整美（備）の重要性（環境が人をつくる）

　ここでは、児童生徒の生活状況と教師の指導力及び校内環境との相関性について述べていきます。

　学校訪問で必ず生徒昇降口をのぞくようにする指導主事がいます。家の玄関を見ればその家庭状況がわかると言いますが、学校も同様です。児童生徒の昇降口にある下駄箱の中に靴がきちんと揃えられている学校は、生徒指導にかなり意識を向けている学校です。ところが、中には靴が下駄箱に納まらずに下に落ちていたり、決められた場所に靴を入れずに下駄箱の上に乗せてあったりするような学校もあります。

　このほかにも、廊下の隅に綿埃がたまっている、清掃ロッカーのドアが閉まらず中で道具が散乱している、トイレや手洗い場が汚い、掲示物がはがれたままになっているなどから、ある程度の状況は想像できるものです。また、教室内のロッカーの荷物が散乱している、掲示物や机に落書きがある、カバンが通路に散乱しているなどの状況であれば、その学級担任の経営状況もある程度想像できます。

　環境は人をつくり、その環境は人がつくるということをよく聞きます。環境が人間形成に与える影響力がきわめて大きいということは、多くの人が認識をしていることです。

　一日の多くの時間を過ごす校内環境、特に教室環境が学びの場、楽しみの場、安らぎの場になっているかどうかは、学級経営を進めていく上でとても重要な要素です。

　学級担任は、清潔で、落ち着きと温かさが感じられる空間としての教室環境

を日常的につくり上げていく努力が必要です。よかれと思って教室の前面にた
くさんの掲示物を貼ることにより、刺激が多すぎて落ち着きを保てなくなる児
童生徒もいます。最近では、ユニバーサルデザインの視点を取り入れた教室環
境の整備を推進するなど、児童生徒の特性をよく理解した上で、教室環境の整
備（美）が図られています。

（5）学級経営案が飾り物になっていないか（学級経営における PDCA）

> G先生が、職員室で大きな声で愚痴をこぼしていました。
> 「年度初めの忙しい時期に、何で学級経営案を作らなければいけないんだ。
> だいたい、1回作ってしまえばそれで終わりで、次の年度の新たな学級経営案
> を作るまで見ることなんかないよ。見なくてもやっていけるのだから、学級経
> 営案なんて必要ないよ。"臨機応変"、これが大切さ」。

　G先生が言っていることもわからないわけではありません。一度も使わない
ものをあえて時間をかけて作るのは時間の無駄です。また、教職経験を積むほ
ど、経験則に従って学級を動かしていくこともできるようになってきます。し
かし、G先生が言うように学級経営案は本当に必要ないのでしょうか。
　臨機応変ということばがあります。「その時その場に応じて、適切な手段を
とること。また、そのさま」のことです。これによく似た意味で「場当たり」
ということばがあります。「物事に直面したとき、そのときの思いつきで対応
すること」です。どこに大きな違いがあるかというと、前者には「意図」と
「計画」があり、後者にはないことです。

1）学級経営案とは

　教育活動には、必ず「意図」があり、「計画」があります。修学旅行に行く
にも、教科指導を行うにも、生徒指導に取り組むにも意図と計画が存在します。
その意図とは、各学校が掲げている学校教育目標の達成です。もっと大きな視
点で言えば、学習指導要領に記載されている「生きる力」を身に付けさせるこ
とです。そして計画とは、学校教育目標を受けて編成される教育課程（学校の
教育計画）のことです。

　学級経営も同じです。学級経営案を作成せずに学級経営を行おうとすることは、地図とコンパスを持たずに、オリエンテーリングに出発するようなものです。

　学級経営で大切なことは、学校の教育目標や教育方針、学校課題、学年経営目標や方針等を踏まえて行うことです。そして、学級担任としてどのような児童生徒に成長してほしいか、どのような学級にしたいのかという、目指す児童生徒像・学級像を明確にイメージして、意図的・計画的に取り組んでいくことが必要です。このことを疎かにすると一貫性のない、ぶれた指導の連続、「場当たり」となってしまいます。

2）PDCAサイクルによる見直しと改善

　G先生のように、「1回作ってしまえばそれで終わりで、次の年度の新たな学級経営案を作るまで見ることなんかないよ」という先生は、学級経営案の意義を理解していないと言わざるを得ません。

　学級経営案を形骸化させないためにも、行事や学期ごとにチェックを行い、軌道修正を行っていく必要があります。

　ご存知のように、PDCAサイクル（図5-4）というものがあります。PDCAとは、P：計画（Plan）、D：実行（Do)、C：点検（Check）、A：見直し・改善（Act）のことです。

　学級経営案は、年度当初に作成されるものですから、教育活動が進んでいけば、さまざまな変容が児童生徒にみられます。良い変容も見られれば、マイナスの変容を見せたり、停滞を見せたりする児童生徒もいます。児童生徒一人ひとりに「個」の変容が見られるわけですから、当然、集団としても変容は見られます。

　そこで、行事が終わるごとに、また定期的に学級経営案の点検を行い、児童生徒の実態と照らし合わせて見直し・改善を図っていくことが大切です。見直したらそれ

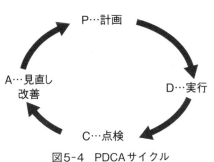

図5-4　PDCAサイクル

で終わりではありません。新たな目標の設定、学級集団の変容に合わせた指導方法の工夫・改善、児童生徒の実態に応じた生徒指導・支援の在り方の検討が必要となってきます。

（6）学級は生徒指導の最前線

1）生徒指導における学級担任の気構え

学級は、児童生徒が多くの時間を過ごす場であり、学校生活の基盤であるということは、前述したとおりです。

生徒指導で重要なのは「対応」以上に「予防」です。学級担任は、生徒指導上の諸問題を発見しやすい立場にあることを自覚し、問題行動の未然防止に努め、問題が生じた際は、早期対応をとる必要があります。

また、実際の指導にあたっては、組織的対応を進めていかかればなりません。その最前線に立つのが学級担任であるという認識をもつ必要があります。

2）学級における問題行動の早期発見の手立て

どんなに児童生徒を理解し、問題行動の未然防止に努めても、さまざまな個性や特性をもつ児童生徒が同じ空間内で生活をともにすれば、トラブル等は起きるものです。小さなトラブルは、児童生徒が社会的なスキルを獲得する機会であるととらえ、適切な対応をとれば、児童生徒の成長のステップとなります。

しかし、大きな問題行動等が起きるとそうはいきません。解決に至ったとしても、その対応には時間と労力がかかります。だからこそ、学級経営の充実を図りながら、問題行動の未然防止、早期発見に努める必要があるのです。

問題行動の早期発見の具体的な方法としては、児童生徒の行動観察や教育相談が有効です。しかし、児童生徒をただ眺めていても何も見つかりません。「第5章　1（4）②生徒理解の方法」で詳しく述べたとおり、視点、観点をもって児童生徒を観察していく必要があります。

また、毎日繰り返される学級活動での反省や生活ノートの記載、定期的に行われる月末の反省や学期末の反省、清掃時間や給食時間の人間関係の模様、小学校専科の授業者や中学校・高等学校の各教科の授業者からの情報、養護教諭からの情報など、他の教職員との情報交換や連携の中で、広範囲から多面的に

情報を集めていくことがとても大切なことになります。それだけに、教師には、人間関係を結ぶ能力が必要となってくるのです。

3 特別活動と生徒指導

> 部活動の練習に時間があっても顔を出さないH先生。ある日、生徒指導主任がH先生にこう言いました。
>
> 「H先生、部活動は生徒指導の大切な機会ですから、時間があるときは顔を出して生徒たちの練習を見てあげてくれませんか」。
>
> すると、H先生はこう言い返しました。
>
> 「部活動はそもそも生徒の自主的な活動でしょ。自主的な活動ならば、生徒に任せればいいじゃないですか。まして、教育課程に位置付けられているわけではないのだから」。

　このように主張するH先生の部活動では、先輩と後輩の間でトラブルが生じたり、途中退部する生徒が出たりとさまざまな生徒指導上の課題が見られます。練習の様子を見に行くと、部員たちは実に楽しそうに好き勝手なことをやって時間を過ごしています。顧問のH先生は、生徒の自主性を尊重しているがごとく言いますが、自主性とはこのようなことを言うのでしょうか。

　さて、自主性とよく勘違いされる言葉に「放任」があります。自主性と放任のもつ意味を調べてみると、自主性とは、「やるべきこと」が明確になっていて、人に言われる前にやるべきことを自分から率先して取り組むことです。一方、放任とは、人の行動に関して、自分は何も手を出さずに成り行きに任せることです。

　自主性と放任の意味からすると、このエピソードに登場する教師は、自主性と放任をはき違えているように思えます。自主性とは、成り行きに任せて放置しておくことではなく、教師の適切な指導の下に育てるものです。

（1）特別活動と生徒指導との関係性

　特別活動とはどのようなものかということを端的に言えば、「なすことによって学ぶ活動」です。特に、「文化的行事」「健康安全・体育的行事」「旅行（遠足）・集団宿泊的行事」では、単なるイベント、打ち上げ花火で終わってしまうことが多くあり、行事の終了とともに熱が冷め、行事を通して何を学んだのか、どのような点が成長できたのかということが忘れ去られてしまっています。

　だからこそ、教師は、特別活動の目標を十分に把握し、その目標を達成するための方策として、児童生徒の自主性を育みながら計画的に指導・支援していくことが求められます。

　特別活動の目標については、特別活動のそれぞれの内容の目標を総括する目標として、中学校の学習指導要領に次のように書かれています。

　集団や社会の形成者としての見方・考え方を働かせ、様々な集団活動に自主的、実践的に取り組み、互いのよさや可能性を発揮しながら集団や自己の生活上の課題を解決することを通して、次のとおり資質・能力を育成することを目指す。

（1）多様な他者と協働する様々な集団活動の意義や活動を行う上で必要となることについて理解し、行動の仕方を身に付けるようにする。

（2）集団や自己の生活、人間関係の課題を見いだし、解決するために話し合い、合意形成を図ったり、意思決定したりすることができるようにする。

（3）自主的、実践的な集団活動を通して身に付けたことを生かして、集団や社会における生活及び人間関係をよりよく形成するとともに、人間としての生き方（自己の生き方＊／人間としての在り方生き方＊＊）についての考えを深め、自己実現を図ろうとする態度を養う。

　　　　　　　　　　　　　　　＊は小学校、＊＊は高等学校の記述

　小学校においても、中学校、高等学校においても、特別活動は、さまざまな集団の活動を通して行われるものです。生徒指導の側面から言えば、「集団」への指導場面が特別活動となります。当然、特別活動の目標を実現するためには、よりよい人間関係を築くための社会性の育成や自主的、実践的態度を育て

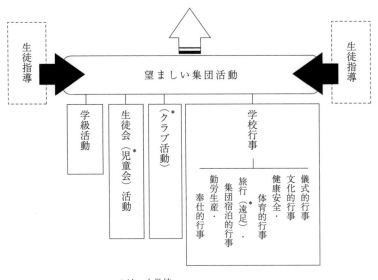

図5-5　生徒指導と特別活動の関連性

るための集団へのはたらきかけ、個へのはたらきかけは不可欠となります。これは、生徒指導が目指す方向性とも相通ずることから、生徒指導と特別活動は、密接な関係にあると言えます（図5-5）。また、特別活動の目標に迫ることは、特別活動のすべての内容に生徒指導の機能が生かされていることになります。生徒指導にとって特別活動は重要な場面であり機会なのです。

（2）学級活動における生徒指導

　学級活動の目標は、中学校学習指導要領 第5章の第2の［学級活動］の1「目標」で次のように示されています。

　学級（ホームルーム*）や学校での生活をよりよくするための課題を見いだし、解決するために話し合い、合意形成し、役割を分担して協力して

実践したり、学級（ホームルーム＊）での話合いを生かして自己の課題の解決及び将来の生き方を描くために意思決定して実践したりすることに、自主的、実践的に取り組むことを通して、第1の目標に掲げる資質・能力を育成することを目指す。
　　　　　　　　　　　　　　　　　　　　　　　　＊は高等学校

　この記述は、小・中・高等学校でも同じ記述となっています。

　学級集団は、児童生徒にとって学校生活の基盤であり、その学級を運営していく学級経営の中でも生徒指導は十分な機能を果たさなければなりません。このことは、本章「2（3）学級経営と生徒指導の関連性」のところで述べたとおりです。

　そして、学級を基盤として展開される学級活動は、児童生徒との密接な関係をベースに、学級活動で取り組む内容を計画的、組織的に取り上げ、学校教育のさまざまな場面で行われる生徒指導を補充・深化・統合する役割ももっています。

　ここで言う「補充」とは、生徒指導上の諸問題や児童生徒自らの学校生活を通して現在の状況を見つめさせ、不足なところを明確にした上で、学級の実態に合った指導を入れていくことを指します。

　また、「深化」とは、学校全体また学年全体で行う生徒指導の意義・理由（たとえば、なぜ時間を守らなければならないのか）などを個に置き換えて深く考えさせたり、他者の課題を自分の課題としてとらえ学級の仲間としてどうあるべきなのかなどを深く考えさせたりすることです。

　「統合」とは、集団への指導が「個」に生かされなかったり、個への指導が「集団」の場面に生かされなかったりするとき、学級活動を通して行われる一つひとつの指導には関連性があることを理解させ、自主的、実践的な態度や健全な生活態度の育成につなげていくことです。

（3）児童会・生徒会活動における生徒指導

　児童会・生徒会は、全校児童生徒から構成される組織です。ただし、学級集団の構成と違って異年齢集団となりますので、日常の学級における生活と異な

り、より広い視野で教師は関わっていかなければなりません。このことは、部活動指導やクラブ活動指導でも同じです。

　児童会・生徒会活動は、学校全体を一つの集団としてとらえ、学校生活の充実や向上を目指し、集団の諸問題の解決や児童生徒自らの手による、よりよい学校の創造に向けて取り組む活動です。このことから、児童生徒が自発的、自治的に取り組むことができるよう教師は指導・支援していかなければなりません。「児童生徒の自発的・自治的な活動」だからといって、児童生徒に任せきり、自主性を育むという美辞麗句の下での放任では、児童会・生徒会活動の目標に迫ることはできません。「自発的・自治的な活動」とはいえ、教育課程の実施における学校教育の一つとして行われる活動ですから、「一貫した指導体制の下」「教師の適切な指導の下」に取り組ませることが大切です。

　また、児童会・生徒会は学校全体を一つの集団としてとらえて指導していくことから、学級経営と同様に児童会・生徒会活動の中にも生徒指導は十分機能していかなければなりません。

　教師の中には、児童会や生徒会活動はその担当教師の仕事だと言い、学級担任として積極的に関わる姿勢に欠ける教師が見られます。しかし、児童会や生徒会という組織は、全校の児童生徒によって組織されていることから、その組織や活動を指導することは、学級担任としても大切な仕事の一つです。また、学級の係活動などをはじめ、さまざまな生活場面と密接な関わりがあることから、学級経営と関連を図ることも大切なことです。

（4）学校行事における生徒指導

　特別活動の学校行事にはさまざまなものがあります。学習指導要領では、全校または学年を単位として、学校生活に秩序と変化を与え、学校生活の充実と発展に資する体験的な活動を行うこととして、「儀式的行事」「文化的行事」「健康安全・体育的行事」「旅行（遠足）・集団宿泊的行事」「勤労生産・奉仕的行事」の５つをあげています。それぞれの行事のねらいは、活動内容から表５-１のようになります。

　いずれの行事においても、「集団活動」や「体験的活動」に自主的、実践的

表5-1　学校行事とそのねらい

学校行事	ね　ら　い
儀式的行事	・有意義な変化や折り目を付ける ・厳粛で清新な気分を味わう ・新しい生活の展開への動機付けをする
文化的行事	・平素の学習活動の成果発表と学習意欲のよりいっそうの向上を図る ・文化や芸術に親しむ
健康安全・ 体育的行事	・心身の健全な発達や健康の保持増進を図る ・事件や事故、災害等から身を守る安全な行動や規律ある集団行動を体得する ・運動に親しむ態度の育成を図る ・責任感や連帯感の涵養を図る ・体力の向上を図る
旅行（遠足）・ 集団宿泊的行事	・平素と異なる生活環境で、見聞を広め、自然や文化等に親しむ ・集団生活の在り方や公衆道徳等についての望ましい体験を積む
勤労生産・ 奉仕的行事	・勤労の尊さや創造することの喜びを体得する ・職場体験・就業体験等を通して、職業観の形成や進路の選択、進路決定などに資する ・共に助け合って生きることの喜びを体得する ・社会奉仕の精神を養う

に取り組むことを通して、児童生徒にどのような力を身に付けさせたいのかという学校行事の目的やねらいを明確にした上で指導をしなければ、行事はその場限りのイベントで終わり、その後の学校生活に生かされることはありません。

　また、学校行事の実施にあたっては、教師と児童生徒の信頼関係、児童生徒相互の望ましい人間関係を深める中で実施されなければなりません。児童生徒一人ひとりの個性や特性を理解した上で、集団内の個の在り方、個に対する集団の在り方を指導していくことや所属感を高める指導の工夫、集団活動を行う上での規律指導、他者への配慮などを学ばせることが重要です。

　このようなことから、学校行事も他の特別活動と同様に、生徒指導の機能を

十分に働かせる場面となっていなければなりません。

（5）クラブ活動や部活動における生徒指導

　小学校で行われるクラブ活動は、教育課程の特別活動に位置付けられ、目標に沿って小学校第4学年以上の児童が、学年や学級を離れ共通の興味・関心をもった仲間同士で集まって取り組む集団活動です。

　一方、中学校や高等学校で行われる部活動は、現行の学習指導要領では、生徒全員が必ずどこかの部に所属し、活動を行わなければなないという位置付けではないので、任意参加の活動となります。

　しかし、学校教育の中で果たす部活動の教育的意義や役割が高いことから、「学校教育の一環」として教育課程との関連が図られるよう留意して実施する必要性があり、中学校学習指導要領の「第1章 総則 第5 学校運営上の留意事項 1 ウ」には、次のとおり明確に示されています。

> 　生徒の自主的、自発的な参加により行われる部活動については、スポーツや文化及び科学等に親しませ、学習意欲の向上や責任感、連帯感の涵養等学校教育が目指す資質・能力の育成に資するものであり、学校教育の一環として、教育課程との関連が図られるよう留意すること。

　特に、中学校や高等学校での部活動は、共通の目標に向かって努力する過程を通して、顧問と生徒、生徒同士、教師と保護者の間に密接な人間関係が築かれることから、生徒理解・保護者理解を深めるための重要な機会であるととらえることもできます。

　また、部活動を通して、規範意識の醸成を図ることや自主性、協調性、責任感、連帯感を指導する場にも恵まれていることから、生徒指導における重要な機会であり、生徒指導の観点に立つ指導と支援を行っていくことが大切なこととなります。この点については、小学校のクラブ指導も同様です。

4　学習指導と生徒指導

（1）学習指導と生徒指導は車の両輪

　学校教育において「学習指導と生徒指導は車の両輪である」という言葉があります。どちらが欠けても、学校教育は成り立たないということです。「生徒指導」＝「問題行動の対応」ではないということは先にも述べたとおりです。『生徒指導提要』に、生徒指導とは、「教育課程の内外において一人一人の児童生徒の健全な成長を促し、児童生徒自ら現在及び将来における自己実現を図っていくための自己指導能力の育成を目指す」とあります。学校教育は「授業」が主ですから、生徒指導の大部分は「授業」でその力が発揮されなければなりません。

　「授業」は、教師と児童生徒のやりとりで成り立つ営みです。よく、「授業の主役は子ども」と言われます。子どもたちが授業での学習活動を通して基礎的・基本的な知識や技能を習得し、それらを活用して新たな課題を解決する力を身に付けられなければ、授業の意味がありません。この意味で、授業の主役は子どもでなければいけませんが、子どもたちが力を伸ばせる授業を組み立てるのも、それを実施するのも教師です。つまり、教師は、教育のプロとして、その時々の子どもたちの実態に応じて、学習効果が上がる指導方法で授業を実施する責務を担っているのです。

> ・授業が始まっても、教室にいない子がいる。
> ・授業中に勝手に席を離れ、うろつく子がいる。
> ・おしゃべりが多くて、教師の話が伝わらない。
> ・忘れ物をする子が多くて授業にならない。
> ・授業中、平然と寝ている子がいる。
> ・授業とは関係のない好き勝手なことをやっている。
> ・協力し合う学習活動などが成立しない。

　これは、生徒指導がうまく機能していない授業の様子です。また、これらが同時に起きていると、いわゆる「学級崩壊」とも言われる現象です。原因は、「授業規律が確立されていない」「授業者と子どもたちの間に信頼関係が成立し

ていない」などが考えられます。このような状況では、授業を成立させることはきわめて困難です。授業規律が確立されていない学級では、教師がいくら準備をして授業に臨んだとしても、効果的な授業を行うことができないのです。

そこで、重要となるのが「生徒指導」の機能です。児童生徒の学力向上に効果的な授業を成立させるためには、それぞれの教師の「授業の約束」がきちんとクラスに浸透していなければなりません。教師がその集団の学習指導をスタートさせるにあたっては、なぜそのルールが必要なのか、児童生徒にわかりやすい「授業規律」の指導が必要です。

年度の初めに指導をしても、継続しなければ授業は成り立たなくなってしまいます。毎時間丁寧で根気強い指導を行いながら、新たな問題が生じた場合には、細かなことも見過ごさずに指導することが大切です。

「授業が上手」と呼ばれる教師は、事あるごとに生徒指導の機能を生かしながら効果的な「学習指導」を行い、「学習指導」をしながら機能する「生徒指導」を定着させ、授業を行っているのです。

（2）学級崩壊のメカニズム

学級崩壊について考えていきます。

授業が成り立たない状態、いわゆる学級崩壊はなぜ起こるのでしょう。

上越教育大学の西川 純 教授は、日本教育新聞に掲載した記事の中で次のように述べています。

　　学級崩壊したクラスを見れば、傍若無人な行動をしている子どもに目がいき、その子が崩壊の原因のように見えます。

　　が、違います。本当の原因は、崩壊しているクラスにおいても、そこそこ真面目にやっている「良い子」なのです。一番手のかかる子は、おそらく崩壊前から授業に集中できなかったし、逸脱行動をしていました。でも、そのころは、周りの子たちは教師に従っていました。そして、他の子がそこそこやっているので、手のかかる子も暴走しません。

　　普通の子たちが教師の指導に反する行動をするのは、勇気のいることです。

　　では、その子たちはなぜ、教師に反抗できるのか。

　　それは、オピニオンリーダーたる、そのクラスの「良い子」たちが教師を見

捨てるから、安心して教師の指導に反する行動をするのです。そして、その原因は、そのレベルの子たちが教師を見捨てるような行動を教師がするからです。学級崩壊の本体は「良い子」の崩壊で、傍若無人な行動をしている子どもではありません。しかし、多くの教師は後者の子を何とかしようとするから効果がないのです。（以下、略）

「（日本教育新聞（2011年6月6日）「学級崩壊の原因」上越教育大学教授　西川純）

すべての学級崩壊に当てはまるケースではないかもしれませんが、多くの学級崩壊の要因となっていることへの指摘です。教師が学級経営や学習指導に対する方針をしっかりと持つことや、児童生徒との信頼関係を構築することがどれだけ大切であるかということがわかります。

では、見捨てられる行動とは何でしょうか。

それは、方針が定まらず、その場その場でぶれた指示を乱発してしまうことです。同じ行動について、あるときは「よし」、あるときは「ダメ」では、周囲の子どもが「えっ？」と思うのは当然です。教師の方針は、「シンプルでわかりやすく」が基本です。

「学級崩壊」の具体的な対応策としては、主に次の5点があげられます。

① 「信頼関係の構築」が何よりも大切です。

② 1人で解決を図らず、チームで組織的な対応を行うことが必要です。

③ 高圧的な解決は、むしろ逆効果です。暴力的な解決は論外です。

④ ときには、「ダメなものはダメ」という毅然とした態度で指導することが必要です。

⑤ ケースによっては、教育相談コーディネーター等の支援教育担当者や医療機関等との連携が必要となります。

（3）自己指導能力を育てる学習指導

これまで、「授業規律」や「学級崩壊」の対応について述べてきましたが、「授業」における生徒指導は、それだけにとどまりません。児童生徒の自己指導能力を育成することまでが「生徒指導」に求められる役割だからです。

　では、子どもたちの自己指導能力を育てる授業とはどのような授業なのでしょうか。

　学校や学級は、さまざまな友だちと協力し合いながらともに学び合う集団です。教師は、授業の中で児童生徒に協働で学ぶことの意義を知らせ、学級やグループで協力して学ぶことの大切さを実感させる学習指導を行う必要があります。その中で子どもは、自分と異なる考えや見方を取り入れ、思考し判断する過程で、自分なりの考えを整理し表現していきます。たとえば「言語活動の充実」が位置付けられた授業であり、「主体的、協働的な学び」が展開される授業が「主体的・対話的で深い学び」です。このような活動や経験が、児童生徒一人ひとりが互いの違いを認め合い、互いに支え合い、学び合う人間関係を醸成するとともに、思いやりのある心や態度を形成することにつながっていくのです。

　日々行われる1コマの授業は、単発的なものにすぎませんが、積み重ねられていく効果的な学習指導は、児童生徒の自己選択や自己決定を繰り返しながら進められていきます。その一連の流れで、児童生徒は、現在や将来の自己実現を図っていくために、自己指導能力を高めていくこととなるのです。

5　道徳教育と生徒指導

（1）「道徳科」への改訂の経緯

　2015（平成27）年3月、小・中学校及び特別支援学校小・中学部の学習指導要領の一部改正が行われ、これまで道徳教育の要として実施されてきた「道徳の時間」が「特別の教科　道徳」（以下「道徳科」という）として位置付けられました。小学校では、2018（平成30）年度から、中学校では2019（平成31）年度から全面実施されています。

　通常であれば、他の教科・領域の改訂に合わせて新学習指導要領の改訂や告示が行われますが、道徳は、早急な検討、取り組みが進められ、他教科・領域の改訂を待たず、単独での改訂・告示となりました。

　そのきっかけは、2011（平成23）年に起きた大津市の中学生いじめ自殺事件

でした。これまでも、いじめにより自ら命を絶つ子どもたちの事件が、深刻な教育課題として取り上げられてきました。このような事件が後を絶たないため、いじめ問題について具体的で即効性のある対応が求められることとなりました。

　教育再生実行会議（2013（平成25）年2月26日）は、「いじめ問題等への対応について（第1次提言）」で、「子どもが命の尊さを知り、自己肯定感を高め、他者への思いやり、規範意識、自主性や責任感などの人間性・社会性を育むよう、国は、道徳教育を充実する」ことを掲げ、「道徳教育の重要性を改めて認識し、その抜本的な充実を図るとともに、新たな枠組みにより教科化」することを提言しました。

　その後、制定された「いじめ防止対策推進法」（2013年9月施行）では、基本的施策の「学校におけるいじめの防止」で「道徳教育及び体験活動等の充実」が示されました。

　このように、これからの道徳教育には、生徒指導が重要な役割を果たすことが求められるようになったのです。

（2）道徳科の授業に求められるもの

　道徳教育は、児童生徒の道徳性を養うことを目標に、道徳科を要として、学校の教育活動全体を通じて行われるものです。これは、改正前と変更はありません。

　これまでの道徳の時間については、道徳教育の成果を上げている学校がある一方で、「各教科等に比べて軽視されがちであった」「読み物資料の登場人物の心情理解のみに偏った形式的な指導が行われていた」「児童生徒に望ましいと思われるわかりきったことを言わせたり書かせたりする授業が行われていた」などの課題もあげられていました。

　そのため、これからの道徳科の授業においては、目標を明確にすることや指導内容、指導方法等の改善を図る必要性があげられ、「多様な価値観の、時には対立がある場合も含めて、誠実にそれらの価値に向き合い、道徳としての問題を考え続ける姿勢こそ道徳教育で養うべき基本姿勢である」との中教審答申の下、児童生徒の発達の段階を踏まえ、答えが一つではない道徳的な課題を一

表5-2　道徳科において指導する内容項目一覧

	小学校	中学校
A　主として自分自身に関すること	善悪の判断、自律、自由と責任	自主、自律、自由と責任
	正直、誠実	
	節度、節制	節度、節制
	個性の伸長	向上心、個性の伸長
	希望と勇気、努力と強い意志	希望と勇気、克己と強い意志
	真理の探究（5・6年生のみ）	真理の探究、創造
B　主として人との関わりに関すること	親切、思いやり	思いやり、感謝
	感謝	
	礼儀	礼儀
	友情、信頼	友情、信頼
	相互理解、寛容（3・4・5・6年生）	相互理解、寛容
C　主として集団や社会との関わりに関すること	規則の尊重	順法精神、公徳心
	公正、公平、社会正義	公正、公平、社会正義
	勤労、公共の精神	社会参画、公共の精神
		勤労
	家族愛、家庭生活の充実	家族愛、家庭生活の充実
	よりよい学校生活、集団生活の充実	よりよい学校生活、集団生活の充実
	伝統と文化の尊重、国や郷土を愛する態度	郷土の伝統と文化の尊重　郷土を愛する態度　我が国の伝統と文化の尊重　国を愛する態度
	国際理解、国際親善	国際理解、国際親善
D　主として生命や自然、崇高なものとの関わりに関すること	生命の尊さ	生命の尊さ
	自然愛護	自然愛護
	感動、畏敬の念	感動、畏敬の念
	よりよく生きる喜び（5・6年生のみ）	よりよく生きる喜び

出典：文部科学省「中学校学習指導要領解説　特別の教科 道徳編（平成27年7月）」（2015年）pp.23〜24をもとに筆者作成

人ひとりの児童生徒が自分自身の問題ととらえて向き合う、「考える道徳」「議論する道徳」へと転換を図ることが求められるようになりました。

　通常の教科の授業において、主体的・対話的で深い学びの充実が求められているように、道徳科の授業においても、主体的、対話的な学びを通しての深い学びが求められているのです。これも、まさしく自己指導能力の育成という点で生徒指導に結び付くことは、前節の「学習指導と生徒指導」で述べたとおりです。

（3）道徳教育と生徒指導の関係性

　「道徳教育と生徒指導は相互補完関係にある」と言われます。その理由は、「生徒指導は、道徳科の授業の指導の効果を高めるのに役立ち、逆に、道徳科の授業は、生徒指導に貢献するという関係」があるからです。

　「学習指導要領解説　特別の教科　道徳編」には、「道徳科において指導する内容項目一覧」で、小学校と中学校では用いられている言葉が若干異なりますが、児童生徒の道徳性を養うために道徳科において取り扱う内容項目が示されています（表5-2）。その中には、「善悪の判断、自律、自由と責任」に始まり、「親切、思いやり」「規則の尊重」「公正、公平、社会正義」「よりよい学校生活、集団生活の充実」「生命の尊さ」「よりよく生きる喜び」など、一見しただけで生徒指導と深い関わりのある項目が数多く示されていることがわかります。これらの指導がそのまま生徒指導につながることは、容易にイメージできることと思います。

（4）道徳科の意義

　道徳科の授業は、読み物資料等が身近な生活体験と結び付いている内容もあれば、経験したことのない内容もあります。

　なぜ、資料を使って授業を行うのでしょうか。

　それは、子どもたちを同じ土俵に上がらせ、起きていることについて深くじっくり考えて欲しいからです。

　ある1つのことについて考えたことを全員で共有してみると、自分の考えと

は違うことを考えている人がいたり、自分より深く考えている人がいたりなど、立場や見方によってはたくさんの考えがあることに気付くことになります。さまざまな考えの中で、どの考えがよいのか、集団にとってよいのはどれか、社会にとってはどうかなど、子どもは自己選択、自己決定をしながら、自分の考えを深めていきます。

　もし、そのとき考えることが、今までに経験していないことだとしたらどうでしょう。そのときに考えておくことで、この先同じような体験をしたときに、より深くその考えを実感できる機会となるでしょう。

　あるいは、すでに同じようなことを経験したことがある場合であれば、物事をより現実的にとらえられることで、そのことについて、より深く考えることができるでしょうし、経験したことがあるからこその思いや考えに至ることができるはずです。

　どちらの場合も、道徳的諸価値についての理解が深まるばかりでなく、自分を見つめ、物事を多面的・多角的に考え、自分の生き方についての考えを深めていける学習の機会となるはずです。

　それが、道徳科の目標でもある「道徳的な判断力、心情、実践意欲と態度を育てる」ことへとつながっていくことになります。

（5）道徳科を活用した生徒指導

　道徳教育における生徒指導の具体例として、いじめの指導について取り上げてみます。

　身近にいじめが起きていないクラスで、いじめの資料を取り扱った授業をするとします。子どもたちは、いじめが起きていない環境で生活をしているため、普段いじめについて考えることはほとんどありません。しかし、授業でいじめに関する資料を読み、あえていじめについて考えることで、いじめられている子の気持ちやいじめている子の気持ち、はやし立てる子の気持ち、さらには、あえて関わろうとしない傍観者の子の気持ちまでも考えることになります。自分が考えもしなかったことに、他の人の意見から気付かされる貴重な機会となるかもしれません。

　このような活動を通して、いじめの問題に直面したときブレーキがかけられたり、どのように対処すればよいのかを考えたりすることができるのです。

　また、クラスに、過去、いじめの場面を見たり、経験したりした子がいたとしたらどうでしょうか。その子にとっては苦い過去であり経験かもしれませんが、過去に自分がとった行動や考えは、人としてどうだったのか等、思いや考えを深める機会ともなるでしょうし、経験したからこそ感じた思いを周囲に伝えることができる機会となるはずです。

　これは、「積極的な生徒指導」とよばれる未然防止のための取り組みの一例ですが、いじめの未然防止や早期発見へとつながることが期待できる道徳科を活用した生徒指導そのものです。

【引用・参考文献】
文部科学省「学校と警察との連携の強化による非行防止対策の推進について　平成14(2002)年5月27日　文部科学省初等中等教育局児童生徒課長通知」2002年
文部科学省『生徒指導提要』教育図書　2010年
国立教育政策研究所「leaf.1 生徒指導って、何？」『生徒指導リーフ』2012年
文部科学省「通常の学級に在籍する発達障害の可能性のある特別な教育的支援を必要とする児童生徒に関する調査結果について」2012年
文部科学省　小学校学習指導要領（平成29年告示）2017年
文部科学省　中学校学習指導要領（平成29年告示）2017年
文部科学省　高等学校学習指導要領（平成30年告示）2018年
文部科学省「中学校学習指導要領解説　特別の教科 道徳編（平成27年7月）」2015年

第6章
教師の授業力

本章では、子どもにとってどのような授業が魅力あるものなのかについて学びます。また、子ども一人ひとりの習熟度の違いを踏まえた上で、どのように授業を展開したらよいのかについて考えるとともに、学び続ける教師の意味を考えます。

　中学校の先生になって数カ月経ったＡ先生は、ベテランのＢ先生に授業を見てもらいました。冷や汗をかきながら授業を終えたＡ先生は、Ｂ先生にお礼を言います。

Ａ：Ｂ先生、授業を見ていただき、ありがとうございました。私の授業、どうでしたか。私語がないように注意したので、おしゃべりはなかったと思うのですが。

Ｂ：たしかに私語はなかった。4月の頃とは大違いだね。でも、Ａ先生が一方的に話すだけで、生徒の活動はほとんどない。これでは、授業がわからない生徒はわからないままだったね。

Ａ：一生懸命に説明したのですが。

Ｂ：そうだね、一生懸命だった。でも、そのとき、子どもたちはどんな顔をしていたのだろう。不得意な子どもが「わかった！」とどこかで実感したときがあったかな。

　学校生活には、朝や帰りの会、昼食、休み時間、そして中学校や高等学校では、部活動など、いろいろな内容が含まれています。その中で、最も多くの時間を占めるのは授業です。教科の授業がつまらなかったら、児童生徒は授業に集中せず、おしゃべりを楽しんだり、ほかのことを始めたりします。そうなると授業規律が乱れてしまい、授業が成立しません。

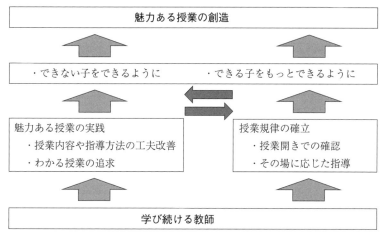

図6-1　魅力ある授業の創造

　まず、学年始めの授業開きでは、その教科のねらいや授業に込めた教師の思いを説明するとともに、授業の受け方や発言のルール、授業に取り組む姿勢などの授業規律を確認します。また、授業中に、おしゃべりやほかのことをしているのに気が付いたら、その都度児童生徒に注意をすることは必要です。しかし、もっと大切なことは、わかる授業を心がけ、授業内容や指導方法に工夫を凝らして、魅力ある授業をつくり上げることです。望ましい授業の創造のためには、魅力ある授業づくりと授業規律の確立が車の両輪のように機能することが必要です（図6-1）。

1　できない子をできるように

　新採用のＡ先生も授業に慣れ、授業中の生徒の様子を観察することができるようになりました。
　「あれ、あの子、またあくびをしている。私の授業がつまらないのかな」
　「あの子は、どうも授業に集中していない」
　「この問題だったらあの子も手を挙げて答えられると思ったのだが、まわりを見るばかりで、挙手しないな」

「あの子が今間違えたら、クラスが爆笑してしまった」

　日本の小・中・高等学校の学習形態の特色の一つに、一斉指導があります。集団で学習を進めていくと、どの教科でも、どの単元でも、得意な児童生徒もいれば、不得意な児童生徒もいます。さまざまな児童生徒を前にして、どんな授業を行えばよいのか、迷うことはたくさんあるでしょう。しかし、これから学ぶことは、ほとんどの児童生徒にとって初めての内容ですので、まず考えなくてはいけないことは「できない子をできるように」です。

図6-2　できない子をできるようにするための3つの手がかり

　できない子は、授業中、とても不安です。「次に何をするのだろう」「できなかったらどうしよう」「友だちに笑われたらどうしよう」などの気持ちが心の中に渦巻いています。そんな子どもたちに対して、教師が「さて、この問題を誰かにやってもらおうか。誰がいいかなあ」などと言いながら、学級全体をぐるりと見回したら、児童生徒がどんな感情を抱くのか、十分想像はつくでしょう。授業を受ける気持ちは湧かず、取り組みは消極的になり、授業から逃げ出そうとします。授業に必要なのはこのような不安を解消し、児童生徒に安心と期待をもたせることです。

　そのための手がかりとして、「授業の流れを示す」「子どもに達成感を味わわせる」「間違いへの対応」に着目しましょう（図6-2）。

（1）授業の流れをつくろう

　児童生徒が安心して授業を受けるためには、まず、授業の流れについて見通しをもたせることが必要です。授業の流れは、大きく分けて2つあります。1時間の中の流れと単元全体の流れです。

　どちらも、同じ流れをいつも保つ必要はありませんが、毎日ころころと変わっていたら、子どもは対応できずに戸惑うばかりです。次に何をするのか、ある程度の予想を児童生徒ができるような配慮が必要です。

　もちろん、1時間の授業の流れは、教科・科目で大きく異なり、同じ教科でも単元や題材によっても変わってきます。それを無理にそろえる必要はありません。その教科やその日の内容に合った流れにすることが大切です。「〇〇先生の授業は、だいたいこんな流れだ」というイメージを児童生徒がもっていれば、児童生徒の不安を多少でも減らすことができます。

　たとえば、ある先生の英語の授業のほとんどは、次のような流れ（ルーチン）でした。

> 「最初のあいさつ、日付や天候の英問英答」→「英語の歌」→「前時の復習（小テスト）」→「新出事項の口頭導入と説明」→「イラストを使った練習（全体、ペア、個）」→「本文の導入と説明」→「本文の音読練習と発表」→「簡単な言語活動」→「終わりのあいさつ」

　このように授業の流れがほぼ定まっていれば、次にどんなことをやるのか児童生徒は予想できますので、不安は減少します。ルーチン化の効果です。

　ただ、すべての授業で100％同じ流れは不可能ですし、無理にやってみてもワンパターンな授業となり、児童生徒は飽きてしまいます。やはり、数割程度はいつもと違うことを組み込むことが必要でしょう。

　一つの単元や教材全体の授業の流れについても同様です。最初にオリエンテーションを行い、単元の半ばで何回か小テストを行って、最後にはまとめと振り返りを実施するなど、おおまかな流れを決めておけば、児童生徒は次に何をするのか頭に浮かべることができますし、教える側の準備もじっくり進めることができます。

　また、授業中に児童生徒が悩むことの一つに、板書された内容をいつどうやってノートに写せばよいのかということがあります。まず、学年始めの授業開きのときに、ノートの使い方についてもしっかり説明しましょう。そして、それぞれの授業で机間指導を行い、児童生徒のノートの取り方を観察して、助

言することも大切です。特に、小学生はノートに書く作業に時間がかかりますので、子どもの状況をしっかり把握しましょう。

また、わかりやすい板書も大切です。「書いたら消すな。消すなら書くな」（隈部 1992）という言葉を聞いたことがあります。一度黒板に書いたことは消してはいけないし、もし授業の途中で消すのだったら、最初から書いてはいけないということです。教師にとっては大切なことですが、実践するのが難しいことでもあります。特に、問題練習の解説を黒板で行うときにはなかなかできません。いずれにしても、教師はしっかりと板書計画を立て、１枚の黒板をどう使うのか、よく考えておきましょう。大切な内容を書く位置や大きさ、色などをあらかじめ決めておくと、児童生徒にとって見やすく、ノートも取りやすいので、安心して授業を受けることができます。

（2）できない子に達成感を味わわせよう

児童生徒にとって魅力ある授業とするためには、安心とともに期待を感じさせることが大切です。それのためには、「できた！」と思える活動を授業に組み込むことが必要です。特に、自分はこの教科が不得意だと感じている児童生徒は、最初から授業に対して消極的です。そのような子どもでも授業中に一度は「できた！　頑張ってよかった」と感じられるような活動を教師は設けなくてはいけません。

ある教科が苦手な児童生徒がいたとしましょう。教師は「あの子はこの教科ができない」と思いがちですが、そこでとどまらず、その児童生徒は授業で何ができないのか、どんな勉強をすればよいのかを把握し、助言することが教師に求められているのです。そうすれば、教師の側でもいろいろな活動を授業に組み込み、さまざまな児童生徒に「できた！」という達成感を一度は味わわせることができます。

たとえば、国語なら本文の音読や漢字テストから始まって作品作り、まとめレポートまで、算数・数学なら問題練習や前時の復習テスト等、いろいろな活動が考えられます。どんな活動が目の前の児童生徒に適しているのか、よく考えて授業に組み込みましょう。

表6-1　できない子に達成感を味わわせる5つの工夫

---

① 　評価規準・判断基準を早めに示す
② 　今日の練習がいつ役に立つのか、児童生徒に伝える
③ 　「できないこと」を「できる」ようにするキーポイントを児童生徒に伝える
④ 　作品作りでは「できた例」と「できなかった例」をあらかじめ示す
⑤ 　コース別学習は児童生徒の選択で行う

　もちろん、苦手な子が最初からできることはなかなかありません。練習を積み重ねることが大切です。児童生徒は、苦手だからこそ、練習することから逃げたがります。そこで、活動を授業に組み込むこと以外にも、いろいろな工夫が必要です。たとえば、表6-1の5つの工夫はとても有効です。

① 　評価規準・判断基準を早めに示す

　国立教育政策研究所が2020（令和2）年3月に作成した「『指導と評価の一体化』のための学習評価に関する参考資料」（小学校編、中学校編　教科等ごと）や2019（令和元）年6月の「学習評価の在り方ハンドブック」（小・中学校編、高等学校編）にも示されているように、各学校では、学習指導要領に示された内容のまとまりごとに大きな目標を設定します。そして、その大目標に基づいて1年間に学ぶさまざまな単元や題材ごとの目標を定め、その目標を児童生徒がどの程度実現しているかのよりどころを「知識・技能」「思考・判断・表現」「主体的に学習に取り組む態度」の3観点において具体的に想定しています。これが「評価規準」です。

　評価規準は学習状況評価の3観点を踏まえて作成されますが、その規準を用いて児童生徒の学習状況を判断するためには、「十分満足できる状態」「概ね満足できる状態」「より努力が必要な状態」の生徒の姿が具体的に想定されていなければなりません。この具体的な姿として表された基準を、評価基準や判断基準といいます。ここでは、判断基準と呼びます。

　たとえば、中学校1年生の外国語（英語）の授業で"Show & Tell"（自分の持ち物等を口頭で紹介する活動）を行うとき、観点「知識・技能」の評価規準の初歩的なものとして「適切な声量や明瞭さで話している」ことを設定したと

しましょう。その場合、判断基準の一例として「概ね満足できる」生徒の姿を「教室の一番後ろの席の生徒が内容を聞き取ることができるように話している」とし、「十分満足できる」生徒の姿を「声の大きさや速さに工夫しながら、教室の一番後ろの席の生徒にも内容をわかりやすく伝えることができるように話している」とすることができます。そして、「概ね満足できる」状態に達していない生徒は「より努力が必要」と判断されます。つまり、質的な姿を表したものが評価規準であり、そのいろいろな段階を具体的な姿で表したものが判断基準なのです。

　このような評価規準や判断基準などが学習する際にわかっていれば、児童生徒はその点に気を付けながら練習に取り組むことができます。そこで、その教材を学習するときにそれらを早めに提示することが大切です。この評価規準と判断基準を組み合わせた表をルーブリックと呼ぶこともありますが、できれば、単元開きのオリエンテーションで児童生徒に示すとよいでしょう。

　②　今日の練習がいつ役に立つのか、児童生徒に伝える

　できない児童生徒にとって、練習はつまらなく、つらい時間です。しかし、その練習が何に役立つか理解していれば、やる気は多少でも出てきます。教師の側では「この活動は次のあの活動のため」と関係を理解しているはずなので、それを児童生徒に伝えましょう。そのためには、自分の授業の各活動の目的を再度洗いなおすことが大切です。

　③「できないこと」を「できる」ようにするキーポイントを児童生徒に伝える

　教師としての専門性が発揮できる舞台です。練習のときのキーポイントを具体的に児童生徒に伝えましょう。

　たとえば、国語や英語の授業などでの音読を例として取り上げます。「心をこめて読むこと」などの情緒的で抽象的な指示は、苦手な児童生徒にはあまり役に立ちません。「どうすれば心をこめて読めるか」がよくわからず、練習が進まないからです。それよりも、速く読んだりゆっくり読んだりする練習や、大声で読んだりささやき声で読んだりする練習、低音で読んだり高音で読んだりする練習をします。そして、「本文のこの箇所は、速さ、声の大きさ、高低や抑揚をどうすればよいか」について考えさせながら音読する練習を進めると、

児童生徒は注意すべきところがよくわかります。

　④　作品作りでは「できた例」と「できなかった例」をあらかじめ示す

　①を具体的にしたものです。良い作品の例として、昨年や一昨年の児童生徒の優秀作を当人の承諾の下に活用することが有効です。「できなかった例」は、児童生徒の過去の作品を用いるのではなく、教師が自作してみましょう。目の前の児童生徒たちのどこが苦手なのか、十分にわかっているのは教師なのですから、その知識を生かさない手はありません。

　⑤　コース別学習は児童生徒の選択で行う

　いろいろな教科の授業で、難易度別のコース別学習を行うことがあります。「のんびりコース」「すたすたコース」「びゅんびゅんコース」などと名付けて、やさしい問題を中心に取り組むコース、通常の問題を解くコース、難問に挑戦するコースを用意し、児童生徒がコースを１つ選んで学習を進めるという授業設計です。

　その際には、コース選択は教師がするのではなく、児童生徒が自分で選ぶことが大切です。後ほどでも取り上げますが、児童生徒にもプライドはあります。「君は『のんびりコース』だな」などと教師から正面切って言われて喜ぶ児童生徒はいません。はじめから児童生徒に自分の責任で選ばせることが大切です。選んだコースが自分に合っていればやりがいはありますし、万が一不適切なコースを選んでしまい苦労することになったとしても、次のコース選択の際には、自分の力に合ったものを選択できるようになるでしょう。

（3）間違いを恐れない心を育てよう

　学校生活の中で児童生徒のプライドはとても高く、授業中に友だちの前で恥をかくことを大変嫌います。しかし、授業で子どもたちが間違えることは避けられません。間違えながら学習内容を身に付けます。それでは、間違いに対してどう対応すればよいのでしょうか。

　実は、児童生徒は間違えること自体も嫌なのですが、それ以上に、その間違いを友だちに気付かれて笑われることが恥だと思っているのです。間違いを恐れない雰囲気づくりの3つのキーポイントを、図6-3に①～③として示しま

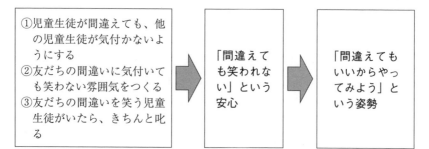

①児童生徒が間違えても、他の児童生徒が気付かないようにする
②友だちの間違いに気付いても笑わない雰囲気をつくる
③友だちの間違いを笑う児童生徒がいたら、きちんと叱る

「間違えても笑われない」という安心

「間違えてもいいからやってみよう」という姿勢

図6-3　間違いを恐れない雰囲気をつくる3つのキーポイント

した。

①　児童生徒が間違えても、他の児童生徒が気付かないようにする

このためには授業の形態に工夫することが必要です。特に、練習や問題の答え合わせの場面ではいろいろな工夫が必要です。

たとえば、英語の授業で英文を作って話す口頭練習を取り上げます。通常、最初は全員で一斉にやります。そのときに間違えても、近くの児童生徒も声を出しているので、気が付きません。一斉練習の次はペア練習です。そのとき、間違えても気が付くのはペアを組んだ相手だけです。他の児童生徒はそれぞれペアを組んで練習しているので、誰が間違えたのかなど、気が付く暇もありません。教師が最もやってはいけないことは、十分な練習もしないで突然一人を指名し、全体の前で発表させることです。

②　友だちの間違いに気付いても笑う児童生徒はいない雰囲気をつくる

まず、授業のルールを年度の最初の授業で教師から示すことが大切です。そのときに「友だちの間違いを笑ってはいけない理由」を説明するだけでは、不十分です。児童生徒は大人と同様に、理屈がなければ心は動きませんが、理屈だけでも動きません。説明されても約束にはならないのです。後押しが必要です。

たとえば、「児童生徒への教師の信頼を示す」ことはどうでしょうか。信頼しているから放置するということではありません。「この授業を準備しているときに、君たちだったら、友だちの間違いを笑わない雰囲気づくりができるはずだと私は思った。間違っているだろうか」と児童生徒に質問します。子どもたちも「笑うのはまずい」と感じていますので、「友だちが間違えれば笑いま

す」という言葉は返ってこないでしょう。そうなればこちらのものです。「そうか、君たちは友だちの間違いを笑うような人間ではないんだ。もう一度、信じていいんだな」と言葉を畳みかけます。児童生徒たちへの信頼を再び示し、それを児童生徒に問い、約束をつくるという流れです。

しばらくはこの約束は守られるでしょう。もし、誰かが間違えても笑い声が起きなかったら、授業を止めて、こちらからの信頼に応えてくれた児童生徒たちを褒めます。

③　友だちの間違いを笑う児童生徒がいたら、きちんと叱る

児童生徒も人間です。「友だちの間違いを笑わない」という約束を破ってしまうこともあります。そんなときは、もちろん注意します。せっかく期待していた児童生徒たちだったので、教師はついカッとなることもあるでしょう。しかし、感情的に怒ったのでは児童生徒の心に響かず、無駄になってしまうことも数多くあります。どうすればよいのでしょうか。

さきほどの「児童生徒たちへの信頼を示し、それを問い、約束する」という流れをここでも活用しましょう。その際には、笑った個人を責めるのではなく、そんな雰囲気がクラスにあることを全員にはっきりと伝え、注意を促すことが大切です。具体的には、笑い声が起こった時点で、すぐに授業を止めます。そして、全員に「今、笑い声が聞こえた。とても残念だ。解答を間違えることは誰にでもある。だから、4月に約束したはずだ。その約束が破られた。とても残念だ。でも、その責任は君たちにはない。君たちだったらできるだろうと思った私の判断ミスだ。君たちが、そこまで育っていなかった、そこを見抜けなかった私が悪い。でも、本当に君たちはそこまで育っていないのか。どうなのだ。私は君たちを信じてはいけないのか（以下、数分続く）」。

ドライな言い方ではなく、ウェットな語りかけです。教師も役者になることが大切です。

2　できる子をもっとできるように

　新採用のＡ先生もわからない子への指導が必要なことに気がつき、少しずつ授業に工夫をしています。すると、こんな姿が目に入ってきました。
　「あれ、あの子はこの内容は得意なはずなのだけれど、どうして手を挙げて答えないのだろう」
　「グループ学習で、あの子だけどんどん進めて、周りの子は何にもしていないな」
　「おや、今度は同じ学習グループでなかなか活動が進まない友だちを、からかっていた」
　「なぜ、あの子は成績のことしか気にしないのだろう」

　できない子を伸ばすことと同じくらい、できる子をもっと伸ばすことが必要です。学校の使命は、児童生徒一人ひとりを伸ばすことですし、どんな児童生徒でも、授業で「わかった！　伸びた！」という気持ちを味わいたいと思っています。特に、できる子は授業中活躍することが多く、授業でリーダーシップをとることができます。そのような子どもが授業に集中していなかったり、自分勝手なことをしていたりしては、授業全体がうまく進みません。

　また、同じ学習に取り組んでいても、できる子はすぐに終わりますが、できない子はなかなか終わりません。それ自体は仕方がないことですが、そのような体験を積み重ねることで、できる子が妙な優越感をもつことがあります。その優越感から、周囲にいるできない子を蔑むような態度を取ることが起きたら授業は大失敗です。この事態は絶対に避けなくてはなりません。

　そのためには、できる子の気持ちを緩ませないことです。学習のゴールを理

図6-4　できる子をもっと伸ばす3つのキーポイント

解し、そのためのルートがわかれば、できる児童生徒は歩みをどんどん進め、気持ちを緩めることなく、次々と課題に挑戦していきます。

そのための手がかりとして「達成感を味わわせる」「グループ学習を工夫する」「『良い成績を取りたい』という気持ちを生かす」に着目しましょう（図6-4）。

（1）できる子にも達成感を味わわせよう

この内容は「1　できない子をできるように」の（2）とほとんど同じ内容です。「達成感を味わう」ことは、できない子と同様に、できる子にとっても貴重な体験となり、次の学習へのエネルギーを生み出すからです。

それでは、できる子に達成感を味わわせるためには具体的にどんな工夫が必要なのでしょうか。「1　できない子をできるように」で示した内容を多少手直しすると、表6-2のようなことが考えられます。

表6-2　できる子に達成感を味わわせる4つの工夫

> ①　評価規準・判断基準を早めに示す
> ②　今日の練習がいつ役に立つのか、児童生徒に伝える
> ③　「できること」を「もっとできる」ようにするキーポイントを児童生徒に伝える。また、作品作りでは「スーパーできた例」やそのためのヒントをあらかじめ示す
> ④　コース別学習は児童生徒の選択で行う

① 評価規準・判断基準を早めに示す

「概ね満足できる」状態や「十分満足できる」状態はどんなものなのか、具体的な姿が早くわかれば、力のある児童生徒はより高い姿を目指して練習に取り組みます。評価規準や判断基準をその教材を学習するときに早めに提示することは、できない子と同様にできる子にとっても大切です。

② 今日の練習がいつ役に立つのか、児童生徒に伝える

できる子は、授業の先を予測することができます。もし、その日の練習のねらいが理解できないと、なかなかやる気が生まれません。教師の側では「この

活動は次のあの活動のため」と理解しているはずなので、それを児童生徒に伝えましょう。そのためには、授業の各活動の目的を再度洗いなおすことが大切です。

③「できること」を「もっとできる」ようにするキーポイントを児童生徒に伝える。また、作品作りでは「スーパーできた例」やそのヒントをあらかじめ示す

どちらも①を具体化したものです。たとえば、社会や理科のレポートでは、どんな点に気を付けて作成すれば「概ね満足」から「十分満足」そして、「十分満足の中で特に程度が高いもの」となるのかを早めに児童生徒に示します。それを見たできる児童生徒は、そのヒントを自分なりに消化し、レポート作成に今まで以上に熱心に取り組むことでしょう。図画工作や美術、技術・家庭などの作品作りでも同様です。

④　コース別学習は児童生徒の選択で行う

教師が「この子はできる」と思っている児童生徒も、その教科すべてが得意なことはあまりありません。不得意な分野・題材は必ずあります。また、いつも予習復習をしっかりしている児童生徒も、ときにはできなかった日もあります。そのようなときにコース別学習に当たれば、最も難しいコースを選ぶのではなく、少しやさしい内容を選択したいこともあるかもしれません。

また、その教科に自信をもっているからといって先生から難しいコースをあてがわれると「他の人はやさしいコースで楽をしているのに、なぜ、私は苦労しなくてはいけないのだろう」などと考え、授業に後ろ向きになってしまうこともあります。

そこで、できない子の場合と同じように、コース選択は児童生徒に任せましょう。自分に合ったコースならやりがいはありますし、やさしすぎるコースを選んでしまい学習の手応えがないまま授業が進んでしまっても、自己の責任であることを児童生徒は理解します。そして、次回はその時点の自分の力に合ったコースを選ぶでしょう。

（2）グループ学習を工夫しよう

　主体的・対話的で深い学びの活用が重視され、グループ学習の実践がこれまで以上に進んでいます。「児童生徒同士の学習の働きかけ」の絶好の機会であり、協働学習や児童生徒同士の教え合い・学び合いは、従来の「教師から児童生徒への働きかけ」とともに、授業の大切な要素です。

　しかし、指導を一歩間違えると、グループ学習の際に、できない子ができる子に全部任せてしまったり、また、できる子ができない子をばかにするような言動が見られたりしてしまいます。このようなもたれ合いや妙な優越感を避けるためには、道徳教育の充実などを通して支持的な風土を学級に育てることが基盤となりますが、教科の授業でもさまざまな工夫が必要です。

　①　グループ学習では各人の役割分担をしっかりと決めておく

　たとえば、理科の実験や国語・社会での話し合い活動を進めるときには、グループ一人ひとりの役割をきちんと決めておきましょう。それぞれが自分の役割をしっかり果たすことにより、グループ全体の学習が進むような流れをつくっておくことです。

　また、話し合い学習では、それぞれが自分の意見や考えを発表できるように、事前に一人で考える時間を設定することが必要です。そうすれば、できない子も自分の考えを話すことができるので、グループ学習全体をできる子に任せてしまうことは避けられます。

　②　グループ全員が向上しないと、できる子も学習を楽しめないことを伝える

　体育・保健体育の球技などの集団スポーツも、できる子ばかりがめだってしまいがちです。その際には、グループ全体がうまくできないと、できる子も活動を楽しめないということをはっきり指導しましょう。たとえば、ソフトボールが得意な児童生徒は、ゲームを楽しみたいという気持ちが人一倍強いものです。そのためには、自分一人ではなく、チームメイトもある程度の守備や打撃等の技能がないとゲームがうまく進みません。そのことを伝え、練習に工夫するように指示することで、チームの練習も充実し、できる子ができない子にアドバイスする姿がいっそう見られるようになります。

（3）「良い成績を取りたい」という気持ちをうまく生かそう

　できる子もできない子も、良い成績を取りたいものです。そして、できる子の中にはその気持ちを素直に教師に示す者もいます。そのような気持ちを初めて聞くと、「テストがすべてではないのに、この子はこんなことを言う」とショックを受ける教師もいますが、そんなことはありません。その児童生徒の力を伸ばす絶好のチャンスなのです。

　指導と評価の一体化が長年叫ばれていますが、指導した内容を評価し、それを成績として児童生徒や保護者に示すことは、学校の重要な仕事の一つです。児童生徒が成績を気にするのは自然なことといえます。問題なのは「成績＝ペーパーテスト」という認識です。授業中にだらしない態度でいても、ペーパーテストで良い結果を残せば成績が上がるという考えが問題なのですが、それをつくったのは児童生徒ではありません。教師です。

　教師一人ひとりが自分の教科設計を見直し、指導計画や評価計画を改善して、妥当な評価規準・判断基準を作成することが大切です。そして、（1）で示したように評価規準等を早めに児童生徒に示すことが必要です。そうすれば児童生徒は、「良い成績を取りたい → 良い評価を取りたい → それぞれの評価規準に基づいて努力する → いい結果を残す → 学習のおもしろさを味わう」という経験をするはずです。児童生徒の「良い成績を取りたい」という気持ちをうまく利用しましょう。

　その際には、「思考・判断・表現」や「主体的に学習に取り組む態度」についてどう評価するかが重要になってきます。「挙手が多かったり、宿題をきちんと出したりする児童生徒は関心・意欲・態度が高い」などと安易に評価しないように、教師側の十分な準備が求められています。たとえば、前出の「『指導と評価の一体化』のための学習評価に関する参考資料」の小学校編の国語科事例2は、小学校第6学年の単元「世代による言葉の違いについて意見文を書こう」の実践です。その単元における「主体的に取り組む態度」の評価規準は「粘り強く，自分の考えが伝わるように書き表し方を工夫し，学習の見通しをもって意見文を書こうとしている」となっています。

　そして、この観点についての具体的な評価方法として「学習の振り返りとし

て，『事実と感想、意見とを区別して書く』ために『どのようなことに気を付けたか』、『どのような工夫をしたか』などを想起させ、ノートに書かせること」などが提示されていますが、「授業中に積極的に挙手して発言する」や「宿題や提出物をきちんと出す」などは含まれていません。もちろん、積極的な発言や宿題等の提出を努力して行うということは児童生徒にとって大切な取り組みですが、そこで終わってしまって国語の力がつかなければ意味がほとんどありません。つまり、挙手・発言や宿題の提出で評価を行うのなら、それらの取り組みの成果として国語力が向上するように授業を組み立てなければならないのです。

3　学び続ける教師

> 　新採用のＡ先生は、自分の授業について考え、悩むことがかなりあります。
> ○生徒がとんでもないことを尋ねてくるので、どう答えればよいのかわからない。
> ○自分の授業がへたなのはその場の子どもの様子を見ればわかるけれど、どうすれば打開できるのかわからない。
> ○毎日の部活動の指導や大会等で放課後や休日も忙しく、授業の準備がなかなかできない。
> ○ベテランのＢ先生の授業はうまいと聞いているけれど、「教えてください」とは頼みにくい。

　どんな教師もスーパーマンではありません。ベテランの先生も授業づくりで悩むことが数多くあります。若手の教師が自分の授業について悩むのは当然のことですし、そこに成長のチャンスがあります。そのためには、児童生徒に対しても、周りの教師に対しても、不要なプライドは捨てましょう。

　もし、授業中に児童生徒の質問に答えられなかったら、体面を取り繕っていい加減に答えるのではなく、「いい質問だね。先生も答えはわからない。今晩調べて、明日答えます」と正直に言います。そして、職員室に戻ったら同僚の先生に尋ね、職場や自宅のパソコンで調べ、本をめくり、恩師に電話するなど、

図6-5　教師の学び続ける３つの場

できる限りの方法で調べます。そして、運よく答えが見つかれば翌日の授業で答えますが、どんなに調べても答えがわからないときには、次の授業で「いろいろと調べたけれど、先生にもわからなかった。この質問は先生の手帳にメモし、これからも考えていきたい」と、質問した児童生徒に伝えます。このような教師の取り組みを見ることで、児童生徒は「先生にもわからないことはあるし、もしあったら一生懸命に勉強しているんだ」と教師への信頼感をさらに高めることでしょう。

　力を伸ばすための工夫を、「自分一人でできること」「周囲の教師と一緒にできること」「校外でできること」の３点から示します（図６-５）。

（１）自分一人でできること

　授業の準備や実施の場面で教師が一人でできることはいろいろあります。授業の振り返りでもさまざまなことが考えられますが、最も役立つのは、自分の授業を録音し、授業後に聞き直すことです。

　ＩＣレコーダーなどの録音機器を教卓の上に置いて録音ボタンを押せば簡単に録音できますし、授業の雰囲気も壊しません。実行するときには事前に児童生徒に録音のねらいを知らせ、また聞き終わったら録音データは必ず消去しましょう。

　録音したら、たとえば、次の観点で聞き直してみましょう。

・授業中に教師の話している時間と児童生徒が活動している時間のバランス
・自分の声の聞きやすさ（音量、声の高低、スピード、抑揚、明瞭さ　等）
・自分の話のわかりやすさ（話の組み立て、例示の内容、指示の明確さ　等）
・授業全体の流れ（沈黙の有無、テンポの変化　等）

　実際に聞き直してみると、自分の授業の実態に愕然とするかもしれません。

「教師が話してばっかりで、生徒が活動している時間がほとんどない」「声が低い上にはっきりせず、何を言っているのか聞き取りにくい」「児童生徒への指示があいまいで、何をすればよいのか子どもたちは迷っている」「授業の流れに緩急がなく、1時間中同じようなテンポで、授業を受けている生徒は飽きてしまう」――どれも録音を聞き直したある教師の感想です。さまざまな課題が明らかになります。これを解消し、わかりやすい授業を実践するためにどんな工夫をするのか、教師の腕の見せどころです。

ビデオカメラ等による録画は録音に比べて情報量が多いのですが、準備や振り返りに手間がかかります。そこで、授業研究などで授業を参観している他の教師がいる場合に、授業の録画をお願いしてみましょう。

しかし、録音や録画にはある程度の準備と時間がかかります。毎時間やることなどできず、1週間に1回できればたいしたものです。もし、自分の授業を毎日振り返ることを考えるのならば、録音や録画をせずに授業を実施し、その後、自分の記憶をもとに振り返り、感じたことや次時への課題を書きとめることが有効です。この記録を積み重ね、読み直すことでさまざまなヒントをつかむことができます。

（2）周囲の教師と一緒にできること

自分一人でできることは限られてしまいます。また、周囲にはいろいろな工夫をしている同僚の教師がいます。その環境をうまく活用しましょう。

現在の自分は経験が浅いということを卑下する教師がいますが、そんなことは必要ありません。中堅の教師も、ベテランの教師も、そして校長・教頭も、かつては初任者でした。経験の浅いことの辛さや苦労は十分にわかっています。そこで、わからないことや苦労していることがあったら、「すみません、こうしたいのですが、うまくいきません。先生はどう工夫していらっしゃいますか」と素直に問いかけてみましょう。きっといろいろな答えが返ってくることでしょう。

また、自分の空き時間などに他の先生の授業を見学することも大変役に立ちます。事前に「○月○日の○時間目、勉強のために、授業を見せてください」

とお願いすれば、ほとんどの場合、快く許可が得られるはずです。実際に見学してみると、同じ教科の授業も参考になりますが、それ以外の教科の授業も、指導方法に工夫があったり、児童生徒が意外な表情を見せたりするなど、発見が数多くあるでしょう。

見学の後にお礼を言うことは当然ですが、見学メモをまとめ、「いいな！」と感じたところをぜひ授業者の教師に伝えて、工夫したコツなどを教えてもらいましょう。そして、自分の授業で実際にやってみるのです。新人という立場を生かして、校内研修等の機会に思い切って発言することも有効です。

また、自分の授業を他の教師に見てもらうことも指導の腕を磨くためには役に立ちます。もし、周囲の先生が忙しいようでしたら、校内研修担当の教師に相談しながら、校長や教頭に参観を依頼してはどうでしょうか。都合がつけば、きっと笑顔で参観し、その後の反省会ではいろいろなアドバイスを寄せてくれると思います。

そのように授業改善に貪欲に取り組む若手教師の姿が、周囲の教師たちに知らず知らずのうちに影響を及ぼします。中堅教師は「こちらも負けていられない」と感じ、ベテランは「わたしも老けこんでなんているときではない」と思い、それぞれが授業改善を進めるようになります。一人の若手教師の姿が、学校全体として授業の工夫改善に取り組む教師集団形成のきっかけとなるのです。

（3）学校から外に出てできること

教師には研修の機会が数多くあります。初任者研修や中堅教諭等資質向上研修等の法定研修以外にも、各自治体で独自の研修があります。また、土、日は部活動の練習や大会、地域の行事、児童生徒指導等で忙しいこともありますが、その中で都合をつけ、自分の財布から費用を出して、外部研修に参加している教師も数多くいます。さらに、最近はインターネットを活用したオンライン講演会もいろいろ開かれています。

このような機会を上手に活用するためのポイントは2つあります。

①　自分にとって役立つところだけに注目する

　研修の内容はさまざまであり、「わかった」「そうだったのか」「目から鱗が落ちたようだ」と感じるところが数多くあるかもしれません。しかし、そのすべてに注目し、まとめようとしても、アブハチ取らずとなってしまい、役に立ちません。

　今の自分にとって大切なところは何か、数点に絞り、メモをつくりましょう。「一を聞いて十を知る」のではなく「百を聞いて三を知る」ことができれば、研修参加としては大成功です。

　②　研修で得たものは次の授業で必ず一つ、やってみる

　英語に "One of these days is none of these days." ということわざがありますが、いつかやろうと思ったことは、なかなかできません。それに、準備する時間などほとんどありません。

　そこで、研修中に「よし、これをやってみよう」というヒントをつかんだら、次の授業でどうすればよいのか、すぐにプランを考えてみましょう。そして、翌日学校に出勤したら、授業でやってみるのです。うまくいけばしめたものですし、課題が生じたら、直せばよいのです。

【参考文献】

斎藤喜博「授業以前、心の窓をひらいて」『斎藤喜博全集　第3巻』国土社　1970年

大村はま『授業を創る』筑摩書房　1987年

若林俊輔『これからの英語教師』大修館書店　1983年

隈部直光『英語教師　Do's & Don'ts』中教出版　1992年

文部科学省「中央教育審議会初等中等教育分科会教育課程部会報告　児童生徒の学習評価の在り方について（平成31年1月21日）」2019年

文部科学省「小学校、中学校、高等学校及び特別支援学校等における児童生徒の学習評価及び指導要録の改善等について　2019（平成31）年3月29日　初等中等教育局長通知　30文科初第1845号」2019年

文部科学省「学習評価の在り方ハンドブック（小・中学校編）（高等学校編）令和元年6月」2019年

文部科学省「『指導と評価の一体化』のための学習評価に関する参考資料（小学校編、中学校編　教科等ごと）令和2年3月」2020年

第7章
特別支援教育

　本章では、特別支援教育に関連する法律等を学ぶとともに、事例を通して学ぶことで学校教育について深く考える機会とします。さらに、ユニバーサルデザインの視点を取り入れた授業を考え、授業力の向上を目指します。なお、文中では「障がい」と表記していますが、法令等の引用や医学用語を示す場合は「障害」と表記しています。

> 　担任するクラスには特別支援学級に在籍して、特定の教科や学級活動の時間に交流して学ぶ生徒がいます。また、最近インクルーシブ教育という言葉を聞いたのですが、障がいのある児童生徒が必要な支援を受けながら学ぶ仕組みにはどのようなものがあるのでしょうか。

　学校で生活する子どもたちの特性はさまざまです。誰にでも得意なことがある反面、がんばってもうまくできないこともあります。子どもたちの中には苦手なことやできないことが障がいに起因しているケースがあります。障がいがあることで日常生活に支障がある子どもたちには、一人ひとりのニーズに合わせた支援が必要になります。障がいのある子どもたちの生活や学習上の困難を改善または克服するため、適切な指導及び支援を行うことを特別支援教育といいます。

　特別支援教育の仕組みについて理解することは、障がいのある児童生徒への指導を適切に行うために大切なことです。

1　特別支援教育とは

（1）特別支援教育の考え方

2007（平成19）年4月に、特別支援教育が学校教育法に位置付けられました（学校教育法等の一部を改正する法律　平成18年法律第80号）。

それまでは特殊教育とよばれ、障がいの種類や程度に対応した教育の場で、きめ細かな教育を効果的に行うことが主眼であったものが、障がいのある子どもたちの自立や社会参加に向けた主体的な取り組みを支援するという視点でとらえなおされました。

文部科学省通知「特別支援教育の推進について」（2007年4月1日）では、特別支援教育の理念は次のように述べられています。

> 特別支援教育は、障害のある幼児児童生徒の自立や社会参加に向けた主体的な取組を支援するという視点に立ち、幼児児童生徒一人ひとりの教育的ニーズを把握し、その持てる力を高め、生活や学習上の困難を改善または克服するため、適切な指導及び必要な支援を行うものである。また、特別支援教育は、これまでの特殊教育の対象の障害だけでなく、知的な遅れのない発達障害も含めて、特別な支援を必要とする幼児児童生徒が在籍する全ての学校において実施されるものである。さらに、特別支援教育は、障害のある幼児児童生徒への教育にとどまらず、障害の有無やその他の個々の違いを認識しつつさまざまな人々が生き生きと活躍できる共生社会の形成の基礎となるものであり、我が国の現在及び将来の社会にとって重要な意味を持っている。

この通知からわかるとおり、特別支援教育は、障がいのある子どもの主体的な取り組みを支援する教育であること、発達障害を含めた特別な支援を必要とする子どもが対象でありすべての学校で実施される教育であること、障がいのある子どもだけの教育ではなく共生社会の形成に資する教育であることを十分に理解しておく必要があります。

（2）一人ひとりの教育的ニーズに応じた教育

　特別支援教育では、障がいのある子どもたち一人ひとりの教育的ニーズを把握し、適切な指導や支援を行うことが大切になります。また、教育の場としては、それぞれの障がいの状況や保護者の意見によって、特別支援学校や特別支援学級、通級による指導、通常級での指導など最も適切な場が選択されます。

　特別支援学校は、学校教育法第72条の目的により設置され、特別支援学校の学習指導要領により幼稚園、小学校、中学校、高等学校に準ずる教育を行います。また、障がいに基づく種々の困難を改善・克服するために、「自立活動」という特別の指導領域が設けられています。

　特別支援学級は、学校教育法第81条により、小学校、中学校、高等学校及び中等教育学校、義務教育学校に設置できることになっています。

　基本的には、小学校・中学校の学習指導要領に沿って教育が行われますが、子どもの障がいの実態に応じて、特別支援学校の学習指導要領を参考として弾力的な教育課程も編成できるようになっています。

　また、通常の学級に在籍している障がいのある児童生徒で障がいに応じた特別の指導を行う必要がある場合、学校教育法施行規則第140条の規定により通級指導が行えます。通級指導とは、通常級に在籍しながら特別の教育課程によることができる仕組みです。対象となるのは、「言語障害者、自閉症者、情緒障害者、弱視者、難聴者、学習障害者、注意欠陥多動性障害者、その他障害のある者で、この条の規定により特別の教育課程による教育を行うことが適当なもの」となっています。この中で、2006（平成18）年4月1日から学校教育法施行規則の改正により、学習障害者、注意欠陥多動性障害者が対象に加わったことに注意が必要です。これは、小中学校の通常級において支援を必要とする児童生徒が多くいるという認識の下で法改正が行われたこと、特別支援教育が知的な遅れのない発達障害も含めて、特別な支援を必要とする幼児児童生徒が在籍するすべての学校において実施されるものであることを背景としています。

（3）個別の指導計画と個別の教育支援計画

小・中学校学習指導要領解説総則編では、障がいのある児童生徒一人ひとりの指導にあたり、「個別の指導計画」と「個別の教育支援計画」の作成を推奨しています。

　よく似た名前の計画なので間違えやすいのですが、「個別の指導計画」は児童生徒一人ひとりのニーズに応じた指導目標や内容、方法等を示した各教科等の指導計画のことです。一方、「個別の教育支援計画」は長期的な教育支援を行うために作成する、乳幼児期から学校卒業後までの一貫した教育計画です。

　「個別の指導計画」は、一人ひとりの教育的ニーズを把握した上で、教科指導等について身に付けさせたい、または改善していきたい具体的な目標を長期、短期において設定するとともに、評価を行うことで指導の改善につなげることが重要です。また、行った評価から、計画を見直すことも大切です。

　「個別の教育支援計画」で大切なことは、乳幼児期から学校卒業後まで子どもが受けた指導や支援の記録や発達の様子が、それぞれの学校等に引き継がれていくことです。そのため「個別の教育支援計画」は、学校が中心となり保護者の意見を聞きながら、医療や福祉、労働に関係する機関との連携の下で作成する必要があります。

　「個別の指導計画」「個別の教育支援計画」の例として、小学校入学時に学校と保護者で「支援シート」を作成し、更新しながら中学校、特別支援学校へと引き継いでいく自治体があります。また、療育機関との連携の下、保護者が障がいのある児童生徒等に関する記録を一元化して記載する「相談支援ファイル」を作成している市もあります。書式をホームページで公開している県や市もありますので参考にしてください。

　なお、国の諮問機関である教育再生実行会議は第 9 次提言（2016（平成28）年 8 月20日）で、特別支援学級や通級指導の対象となる児童生徒についても、個別の指導計画と個別の教育支援計画に当たる「個別カルテ（仮称）」の作成を義務化するよう意見を述べています。

（4）障がいに対する考え方

障がいの定義とは何でしょうか。

障がいの理解に関して、WHOでは障がいの状態を「疾病等によって規定されるだけではなく、その人の健康状態や環境因子等と相互に影響し合うもの」（障害者基本法第2条）と説明しています。また、2011（平成23）年に改正された障害者基本法では、障がい者を「身体障害、知的障害、精神障害（発達障害を含む）その他の心身の機能の障害（以下「障害」と総称する）がある者であって、障害及び社会的障壁により継続的に日常生活または社会生活に相当な制限を受ける状態にあるもの」と定義しています。つまり、障がいによる困難さは本人の心身的な機能の障がいによってのみ引き起こされるのではなく、社会的な障壁が要因にあるということを理解しておく必要があります。

このことから、特別支援教育における障がいに対する考え方としては、児童及び生徒の障がいによる学習上または生活上の困難を改善・克服し、自立を図るために必要な知識・技能・態度及び習慣を養うとともに、社会的な障壁を軽減する仕組みについて考えることも大切です。

（5）発達障害の特性

2013（平成25）年に行われた内閣府の調査から、通常級に在籍している児童生徒のうち、6.5%の子どもに発達障害の可能性があることがわかりました。これらの子どもたちに対して十分な支援が行われてこなかったことが課題とされています。

発達障害は発達障害者支援法第2条において「自閉症、アスペルガー症候群その他の広汎性発達障害、学習障害、注意欠陥多動性障害、その他これに類する脳機能の障害であってその症状が通常低年齢において発現するもの」と定義されています。

子どもたちに適切な支援を行うためには、発達障害の特性を理解しておく必要があります。文部科学省のホームページに載っている主な発達障害の定義を抜粋します。

○自閉症〈Autism〉

　自閉症とは、3歳位までに現れ、①他人との社会的関係の形成の困難さ、②言葉の発達の遅れ、③興味や関心が狭く特定のものにこだわることを特徴とする行動の障害であり、中枢神経系に何らかの要因による機能不全があると推定される。

○高機能自閉症〈High-Functioning Autism〉

　高機能自閉症とは、3歳位までに現れ、①他人との社会的関係の形成の困難さ、②言葉の発達の遅れ、③興味や関心が狭く特定のものにこだわることを特徴とする行動の障害である自閉症のうち、知的発達の遅れを伴わないものをいう。

　また、中枢神経系に何らかの要因による機能不全があると推定される。

○学習障害（LD）〈Learning Disabilities〉

　学習障害とは、基本的には全般的な知的発達に遅れはないが、聞く、話す、読む、書く、計算する又は推論する能力のうち特定のものの習得と使用に著しい困難を示す様々な状態を指すものである。

　学習障害は、その原因として、中枢神経系に何らかの機能障害があると推定されるが、視覚障害、聴覚障害、知的障害、情緒障害などの障害や、環境的な要因が直接の原因となるものではない。

○注意欠陥／多動性障害（ADHD）

〈Attention-Deficit/Hyperactivity Disorder〉

　ADHDとは、年齢あるいは発達に不釣り合いな注意力、及び／又は衝動性、多動性を特徴とする行動の障害で、社会的な活動や学業の機能に支障をきたすものである。

　また、7歳以前に現れ、その状態が継続し、中枢神経系に何らかの要因による機能不全があると推定される。

※　アスペルガー症候群とは、知的発達の遅れを伴わず、かつ、自閉症の特徴のうち言葉の発達の遅れを伴わないものである。なお、高機能自閉症やアスペルガー症候群は、広汎性発達障害に分類されるものである。

（文部科学省HP[1]から引用）

（6）発達障害のある児童生徒への支援

　通常級に在籍している発達障害のある児童生徒への支援は、障がいの特性を理解した上で、一人ひとりのニーズを把握して行うことが大切です。障がいを理解せず、不適切な指導を行うことは、対象の子どもたちにとって不幸なことであり、許されるものではありません。

　次にあげる２つのケースについて、指導上の問題点はないのか考えてみることにします。

ケース１：小学校２年生担任Ａ先生

　私のクラスには困った子どもがいます。Ｂ男さんは授業中じっとしていることができずに、すぐに隣の席の子どもにちょっかいを出します。注意するとやめるのですが、今度は立ち歩きを始めます。強く叱るとパニックを起こして暴れてしまいます。どうしたらよいのでしょう。

ケース２：小学校３年生担任Ｃ先生

　Ｄ子さんはとてもこだわりが強く、決められたとおりに物事が進まないと泣いてしまうことがあります。昨日は日課の都合で朝の読書の時間がなくなってしまったのですが、机の上の本をしまうことができず、いつまでも泣いていたので強く叱ってしまいました。勉強はできるのに不思議です。

　まず、ケース１について考えましょう。

　このケースでは、じっとしていられない、集中力が持続しない様子やパニックを起こして暴れてしまうなど、衝動性のコントロールが難しい様子からADHDが疑われます。

　Ａ先生はＢ男さんを「困った子ども」だと感じているようです。しかし、本当は、Ｂ男さんは「困っている子ども」なのではないでしょうか。

　子どもが「困っている」という視点で改めてこのケースを見てみると、Ｂ男さんにとって必要な支援が見えてくると思います。

　たとえば、集中を持続できるように短時間で活動を変えたり、１つの課題をいくつかに分割して示したりするなどの工夫が考えられます。また、集中できるように座席の位置を変えることもできるはずです。また、パニックを起こし

たときにクールダウンできる場所を準備しておくことや保護者の同意の下で必要に応じて医療につなげていくことも必要でしょう。

次に、ケース2について考えましょう。

D子さんは、こだわりの強さや、急な日課の変更に対応できない様子から、高機能自閉症が疑われます。学校では予定の急な変更はよくあることです。できることならば前日までに変更を伝えるようにしたいものですが、急な変更があった場合には、たとえば黒板に新しい予定を書いて示すなど、その後の見通しがもてるような工夫をすることが大切です。子どもの状況に応じた必要な支援を行うことで、安心した学校生活が送れるはずです。

2つのケースには共通する問題があります。それは子どもを叱っていることです。

発達障害のある子どもたちは、失敗体験を多くしています。自分はうまくできない、他の人と違うのではないかなど自己肯定感が低下しているケースが見られます。大人が間違った対応をすることで、不登校や非行など学校や社会への不適応を起こすことがあります。これを2次障がいと呼んでいます。

また、他の子どもたちの前で叱ることで、一緒に生活している他の子どもたちから、変わっている子、問題のある子として受け取られてしまうことがあります。中教審中等教育分科会合理的配慮等環境整備検討ワーキンググループの報告（2012（平成24）年2月）にも、「不適切と受け止められやすい行動についても、本人なりの理由があることや、生まれつきの特性によること、危険な行動等の安全な制止、防止の方策等について、周囲の児童生徒、教職員、保護者への理解啓発に努める」必要があるとされています。

多様性を認め合う共生社会の形成に向けて、教員自らが望ましい姿勢を子どもたちに見せたいものです。

2　教育支援体制の構築

> 　保育園に通っている保護者から相談がありました。知的に遅れがあるお子さんで、来年小学校に入学するのに、通常級で学ばせるか特別支援級で学ばせるか迷っているとのことです。どのような仕組みで学ぶ学級が決まるのでしょうか。

　障がいのある子どもたちに必要な支援を行うためには連続性のある「多様な学びの場」を用意しておくことが必要です。小・中学校における通常の学級、通級による指導、特別支援学級、特別支援学校といったさまざまな選択肢の中から、最もふさわしい学びの場を就学先として選ぶことになります。

　就学先決定の在り方については、よりよい学びの場を選択するために子どもの状況を正しく理解した上で、医療、福祉、学校等の専門家による客観的な判断が必要になります。また、就学先の決定には保護者の意見を聞くことが重要になります。また、決定された「学びの場」を固定化することなく、その後も柔軟に学びの場について考えていくことも大切なことです。

　そのためには、障がいのある子どもを中心にした教育支援体制を構築していく必要があります。学校においてどのように支援体制を構築したらよいのか、また、学校外のさまざまな関係機関との連携をどう進めるかについて本節では考えます。

（1）就学先の検討
　学校教育法、学校教育法施行規則では、特別支援教育を行う場として障がいの種別に応じて特別支援学校（学校教育法第72条）、特別支援学級（学校教育法第81条）、通級による指導（学校教育法施行規則第140条）が規定されています。特別な支援が必要な児童生徒は、それぞれの教育的ニーズに合わせて最も適切な指導を受けることができるよう、これらの「学びの場」を選択して就学することになります（図7‐1）。

　就学先を決定するのは市町村の教育委員会です。教育委員会は小学校入学前

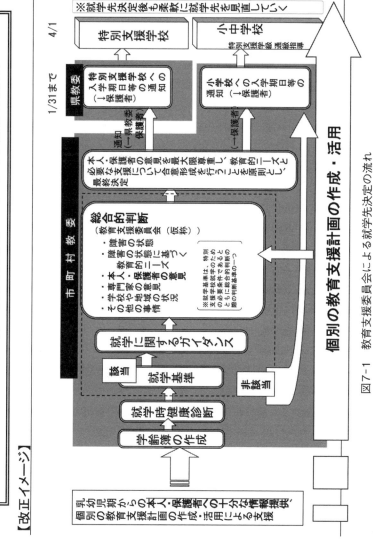

図7-1 教育支援委員会による就学先決定の流れ

出典：文部科学省「共生社会の形成に向けたインクルーシブ教育システム構築のための特別支援教育の推進 参考資料16」(2012年)

に行う就学児健康診断や保護者からの相談をもとに、市町村で定めた就学基準に照らして就学先を検討します。その際、以前は、第三者的な有識者をメンバーに加えた「就学指導委員会」の意見を求め、就学先を決定していました。

2007（平成19）年に施行された「学校教育法の一部を改正する法律の施行に伴う関係政令の整備等に関する政令」では、障がいのある児童の就学先の決定に際して、保護者の意見聴取を義務付けています。このことから、「就学指導委員会」を「教育支援委員会」と改め、乳幼児期からの本人・保護者への十分な情報提供を行うとともに、就学に関するガイダンスを行い、本人・保護者の意見を最大限尊重し、教育的ニーズと必要な支援について合意形成を行うことを原則として就学先を決定する仕組みに変わっています。

また、「教育支援委員会」は就学先の決定だけでなく、就学後を含めた継続的な支援が行えるように、機能の拡充が期待されています。

本人・保護者に寄り添いながら、最も適切な学びの場を決定するこのような仕組みについて理解しておきましょう。

（2）校内支援体制の構築

小学校2年生の学級担任をしています。クラスに知的な遅れが疑われる児童がいます。先日の面談でお母さんに専門機関で発達検査を受けるように勧めたところ、「うちの子は勉強が苦手なだけです。障がいはありません」と怒鳴られてしまいました。子どもが困っている様子は明らかなのに、このままでよいのでしょうか。

このエピソードをどのようにとらえるべきでしょうか。

就学前検診では気付かれなかった障がいが、学校の集団生活の中で見つかることはよくあります。障がいのある児童が早期に必要な支援を受けるためには、担任による気付きは大切なことです。しかし、このケースでは保護者の理解が得られませんでした。なぜでしょうか。

クラスに気になる子どもがいる場合、組織的な対応を取ることが大変重要です。学校には、校長、教頭、特別支援教育コーディネーターを中心にした「校

内教育支援委員会」など特別支援教育に関する組織があるはずです。校内教育
支援委員会では、対象となる児童の状況について担任が気付いたことやほかの
先生が観察したことをもとに整理し、どのような支援が必要かを検討します。
また、保護者にどのようにアプローチするかの方針を出すことも期待されます。

　このケースでは、知的な遅れが疑われるとありますが、保護者の理解を得る
ためには判断した根拠を客観的に示すことが必要です。校内教育支援委員会が
地域の特別支援学校に依頼して、専門的な知識をもった職員の巡回相談を要請
し意見を求めることもよいでしょう。

　次に、保護者はなぜ怒ったのでしょうか。保護者の中には、子どもの障がい
に気付いていても、それを受け入れることができない場合があります。この保
護者は子どもが困っていることに気付いていないのか、それとも「障がい受容」
ができないのか見極める必要がありそうです。保護者の気持ちに寄り添い、丁
寧な相談を行うことが基本です。校内教育支援委員会の方針に基づき、提供で
きる支援を具体的に示し、不安を除くことや相談できる専門機関を紹介するな
ど、困っている子どものために何ができるのかという共通認識の下で、保護者
との相談を行う必要があります。

（3）特別支援教育コーディネーター

　文部科学省通知「特別支援教育の推進について」（2007年4月）では、特別
支援教育を行うための体制の整備及び必要な取り組みとして、特別支援教育に
関する校内委員会の設置を求めています。また、校長に、特別支援教育のコー
ディネーター的な役割を担う教員として「特別支援教育コーディネーター」を
指名するよう求めています。特別支援教育コーディネーターは、児童生徒への
支援に取り組む際に、課題解決に向けた推進役となる教員です。具体的には、
次のような役割を担います。

　○校内委員会・校内研修を企画運営する。

　○関係諸機関・学校との連絡・調整を図る。

　○保護者からの相談窓口となる。

　○児童生徒の指導に関わる教職員間の情報の共有化を図る。

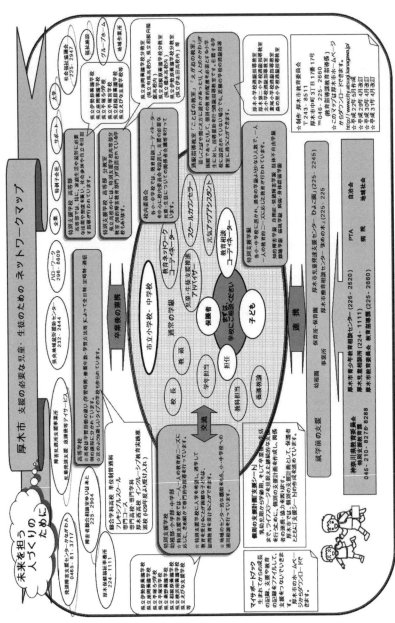

図7-2 支援の必要な児童・生徒のネットワークマップ（厚木市の例）
神奈川県厚木市（2019年）（クリエイティブ・コモンズ・ライセンス 表示4.0）

○対応を協議し、支援計画を作成する際のリーダーとなる。

○具体的な支援の進捗状況を把握し、必要に応じ担任等に助言する。

○一定の期間後、取り組みの評価をして、その後の取り組みを検討する。

　特別支援教育コーディネーターが活躍することによって、学校の組織的な対応が可能になります。

（4）関係機関との連携

　障がいのある児童生徒への支援が乳幼児期から学校卒業後まで一貫して行われるためには、学校、医療、福祉、労働等の関係者のネットワークが重要です。

　障がいのある児童生徒が、学校外の関係機関からどのような支援を受けることができるか把握しておくことで、さらに効果的な支援を行うことができます。特別支援学校の地域における特別支援教育のセンター的機能や、地域の療育サービスを行う事業所、小児科、小児精神科、心療内科など専門的な診療ができる医療機関、児童相談所や自治体の教育委員会や福祉に関する窓口など子どもたちへの支援は多様です。

　子どもを中心としたさまざまな支援を行うことができるこれらの関係機関や仕組みをまとめたものを「ネットワークマップ」と呼んでいます。図7 - 2は、神奈川県厚木市の例です。それぞれの市町村にはどのような支援体制があるか調べておくことが必要となります。

3　障害者差別解消法と合理的配慮の提供

　中学校2年生の学級担任をしています。私のクラスには車いすを利用している生徒がいます。保護者から学校にエレベーターを設置してほしい、移動のための介助員をつけてほしいと要望されました。合理的配慮の提供が義務化されたので、そのとおりにしなくてはならないのでしょうか。

我が国では2014（平成26）年1月の「障害者の権利に関する条約」の批准に

伴い、障害者に関する法律が整備されました。このことで障がい者を取り巻く社会的環境は大きく変化しています。また、2016（平成28）年4月に施行された「障害を理由とする差別の解消の推進に関する法律」（障害者差別解消法）が施行され、差別の禁止と合理的配慮の提供が義務化されました。この節では条約の趣旨や障害者差別解消法で求められる合理的配慮の提供について理解を深めるとともに、学校で行うべきことについて考えてみます。

（1）障害者の権利に関する条約

2014（平成26）年1月に、我が国は「障害者の権利に関する条約（障害者権利条約）」を批准しました。また、この条約を批准するために、障害者基本法の一部改正や障害者総合支援法など関係法が整備されました。さらに、条例の趣旨を踏まえて、2016（平成28）年4月には障害者差別解消法が施行されました。

障害者権利条約は、「全ての障害者によるあらゆる人権及び基本的自由の完全かつ平等な享有を促進し、保護し、及び確保すること並びに障害者の固有の尊厳の尊重を促進すること」を目的としています（第1条）。

また、障害者権利条約第24条第2項では、教育に関して次のように規定されています。

(a) 障害者が障害に基づいて一般的な教育制度から排除されないこと及び障害のある児童が障害に基づいて無償のかつ義務的な初等教育から又は中等教育から排除されないこと。

(b) 障害者が、他の者との平等を基礎として、自己の生活する地域社会において、障害者を包容し、質が高く、かつ、無償の初等教育を享受することができること及び中等教育を享受することができること。

(c) 個人に必要とされる合理的配慮が提供されること。

(d) 障害者が、その効果的な教育を容易にするために必要な支援を一般的な教育制度の下で受けること。

(e) 学問的及び社会的な発達を最大にする環境において、完全な包容という目標に合致する効果的で個別化された支援措置がとられること。

このように、障がい者が初等中等教育から排除されない仕組みや合理的配慮

の提供などの規定が、特別支援教育の基本になっています。

（2）合理的配慮と基礎的環境整備

「合理的配慮」について、中教審初等中等教育分科会特別支援教育の在り方に関する特別委員会では次のように定義しています。

> 　障害のある子どもが、他の子どもと平等に「教育を受ける権利」を享有・行使することを確保するために、学校の設置者や学校が必要かつ適当な変更・調整を行うことであり、障害のある子どもに対し、その状況に応じて、学校教育を受ける場合に個別に必要とされるものであり、学校の設置者及び学校に対して、体制面、財政面において、均衡を失したまたは過度の負担を課さないもの。

　合理的配慮とは、たとえば車いす利用者のために段差でキャスターを持ち上げる補助や、会話が困難な場合、意思疎通のために筆談、読み上げ、手話、点字、拡大文字等などのコミュニケーション手段を用いることなど、障がい者が他の人と平等であるための変更や調整だといえます。

　学校における合理的配慮の具体例としては、移動が困難な児童生徒のために駐車場を用意したり、よく使う教室を昇降口やエレベーターの近くに配置することや学習内容がわかりやすくなるよう教材を工夫したり、ICT機器を活用したりすることなどが考えられます。

　なお、合理的配慮の提供は「体制面、財政面において、均衡を失したまたは過度の負担を課さないもの」となっていることに留意する必要があります。つまり、合理的配慮の提供は、自治体や学校にとって過度の負担にならないように本人・保護者と調整する必要があります。

　学校においては、本人・保護者から提供の申し出があった場合、合理的配慮の内容を代替の手段を含めて検討し、本人・保護者と話し合うことで合意形成を図る必要があります。

　一方、「基礎的環境整備」は、「合理的配慮」の基礎となるものであって、国や自治体が行う教育環境の整備のことです。たとえば学校にエレベーターを設

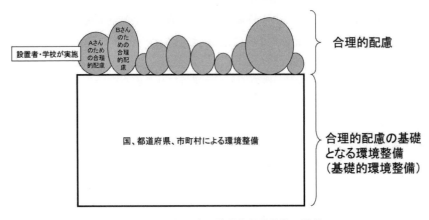

図7-3　合理的配慮と基礎的環境整備の関係
出典：文部科学省「共生社会の形成に向けたインクルーシブ教育システム構築のための
　　　特別支援教育の推進（報告）参考資料21」（2012年）

　置するのは基礎的環境整備に当たります。したがって、本節冒頭の問い（エレ
ベーターの設置）については、必ずしも行わなくてはならないというわけでは
ありません。

　それに対し、エレベーターが設置された学校において、自力で車いすを動か
せない児童がいた場合に介助を行うなど、個々の児童生徒の状況に応じて行う
のが合理的配慮になります。

　つまり、「合理的配慮」は、「基礎的環境整備」をもとに個別に決定されるも
のであり、それぞれの学校における「基礎的環境整備」の状況により、提供さ
れる「合理的配慮」も異なることになります（図7-3）。

　障害者差別解消法第7条第2項では、行政機関等に対して、次のように定め
ています。

　　障害者から現に社会的障壁の除去を必要としている旨の意思の表明があった場
　　合において、その実施に伴う負担が過重でないときは、障害者の権利利益を侵
　　害することとならないよう、当該障害者の性別、年齢及び障害の状態に応じて、

社会的障壁の除去の実施について必要かつ合理的な配慮をしなければならない。

　学校においても、教職員が正当な理由なく合理的配慮の提供を行わない場合は、法令違反となり懲戒処分の対象となる場合があります。合理的配慮が障がいのある子どもの「教育を受ける権利」を保障するものであることを十分に理解しておきましょう。

（3）学校・学級に求められること

　クラスに障がいのある児童生徒がいる場合、担任は日常の生活状況をよく観察して、他の子どもたちと同じように生活や学習ができるよう配慮することは当然のことです。たとえば、ガタガタした音が苦手な児童が静かな環境で生活するための配慮として、教室の机や椅子の脚に細工をしたテニスボールを履かせている例があります。また、視覚からくる刺激に敏感な子どものために教室前面の掲示物をなくし、すっきりとした印象にしている例もあります。予定の変更が苦手な子どもが見通しをもてるように、板書やマグネットのカードを用いて視覚的に提示する方法も合理的配慮の一つです。

　クラスに車いすで移動する子どもがいる場合、障がいの程度にもよりますが、移動のための介助員を配置することは合理的配慮の一つです。しかし、教室を移動するときにクラスの誰かが荷物を持つことや先回りしてドアの開閉を手伝うなど子どもたちができる支援に気付かせ、当たり前のように助け合えるような学級づくりを行うことも担任ができる合理的配慮なのです。

　日々の生活の中で、障がいを理解してお互いを認め合える学級は、すべての子どもたちにとって居心地のよい場所になるはずです。

4　インクルーシブ教育

> 　共生社会の形成に向けてインクルーシブ教育という言葉を聞きました。具体的にどのような仕組みなのでしょうか。また、学校ではどのような取り組みが必要でしょうか。

（1）インクルーシブ教育システムとは

　障害者の権利条約において新しい概念であるインクルーシブ教育システム（inclusive education system　以下、インクルーシブ教育という）が提唱されました。障がいのあるなしにかかわらず、すべての子どもができるだけ同じ場で学ぶことができる仕組みで、そのためには障がいのある者が一般的な教育制度から排除されないこと、障がいのある者に対する支援のために必要な教育環境が整備されること、障がいのある子どもが他の子どもと平等に「教育を受ける権利」を行使するため、個々に必要となる適当な変更・調整（合理的配慮）が提供されること等が要件になります。

　インクルーシブ教育には交流及び共同学習の形態があります。特別支援学校や特別支援学級に在籍している子どもたちが、地域の学校で通常級の児童生徒と交流する機会は、運動会や文化祭、授業や学級活動などさまざま考えられます。

　交流や共同学習は障がいのある子どもたちだけでなく、通常級の子どもたちにとっても相互理解を深め、障がいの正しい理解や多様性を尊重する態度の育成の好機になることでしょう。

　これからのインクルーシブ教育では、すべての児童生徒が地域の学校の通常級に在籍しながら、必要なときに必要な支援を特別支援学校や特別支援学級等で受ける仕組みが考えられます。

　また、先述のとおり、通常級においても特別な支援が必要な児童生徒が6.5％在籍している可能性があるといわれています。このような児童生徒も必要なときに必要な支援を受けることができる仕組みづくりが必要です。具体的な仕組みとしては通級による指導や取り出しでの個別指導などが考えられます。

　すべての子どもたちが通常級で学びながら、一人ひとりのニーズに応じた支援を受けることができる仕組みを整備することで、すべての子どもたちが安心して同じ場で学ぶことができるようになることが期待されます。

（2）ユニバーサルデザインの視点を取り入れた授業づくり

　すべての子どもたちが同じ場で学ぶためには、障がいのあるなしにかかわらず、すべての子どもにとってわかりやすい授業が行われる必要があります。
　たとえば、視覚障害のある児童に配慮して板書やプリントの文字を大きくしたり、言葉の理解が難しい児童のために図や写真を使って説明したりするなどの工夫は、障がいのある子どもたちだけでなく、障がいのない子どもたちにとっても理解しやすい授業になります。このような授業の工夫を「ユニバーサルデザインの視点を取り入れた授業づくり」といいます。
　ユニバーサルデザインの視点をもった授業づくりの例をいくつかあげてみます。

- ○予定の変更や見通しがもてないことで不安になる子どもたちのために、授業の流れを事前に板書する。また、授業の進行が、今どの段階なのかを印を付けるなどしてわかるようにする。
- ○集中を持続させることが難しい子どもたちのために、質問事項や取り組む課題をカードにして示す。何を聞かれているのか、何に取り組めばよいのかを明確にすることで、集中して授業に参加することができるようになる。
- ○比喩や抽象的な概念の理解が難しい子どもたちのために、具体的な表現を用いる。
- ○漢字の認識が困難な子どもたちのためにルビを振る。
- ○理解の助けになるようにICT機器を活用する。

　授業づくりでは、子どもの状況によってさまざまな工夫が考えられるでしょう。

（3）共生社会形成に向けて

　中教審初等中等教育分科会特別支援教育の在り方に関する特別委員会の報告
では、「共生社会」を次のように定義しています。

> 　「共生社会」は、障害者が積極的に参加・貢献していくことができる社
> 会であり、誰もが相互に人格と個性を尊重し支え合い、人々の多様な在り
> 方を相互に認め合える全員参加型の社会である。

　障がいの有無にかかわらず、すべての人がお互いに尊重し合い認め合える
「共生社会」の実現は、私たちが目指すべき社会の在り方です。

　共生社会の形成に向けて、物理的・社会的障壁が取り除かれなくてはならな
いことはいうまでもありませんが、社会を構成しているすべての人たちが、差
別や偏見をもつことなく、思いやりの心をもって、支え合うことが何よりも大
切なことです。

　これから社会の担い手となる子どもたちが、差別を許さない道徳性や人権意
識を身に付けていくために、特別支援教育は大きな役割を果たします。また、
すべての人が障がいのあるなしにかかわらず生き生きと暮らすことができる共
生社会を実現させることは、学校教育の責務だといえます。

注
1）文部科学省初等中等教育局特別支援教育課「教育支援資料―障害のある子供の就学手
　続と早期からの一貫した支援の充実―　平成25年10月　序論」2017年（文部科学省
　HP：http://www.mext.go.jp/a_menu/shotou/tokubetu/004/008/001.htm）

【引用・参考文献】
文部科学省「共生社会の形成に向けたインクルーシブ教育システム構築のための特別支援
　教育の推進（報告）参考資料」2012年
神奈川県厚木市教育委員会「厚木市 支援の必要な児童・生徒のための ネットワークマップ」
　2019年

第8章
学校教育の情報化

　本章では、ICT機器導入の意義やその現状、ICT活用の目的等について学びます。また、SNSによるトラブルの事例等を踏まえて、情報モラル教育の充実の必要性について理解を深めます。さらに、ICT活用の場面例を学ぶことで、指導力の向上を目指します。

1　何のためのICT（情報通信技術）活用か

（1）ICT活用の目的

新任教師Ａ：今日は、新しいことに挑戦したくてタブレット端末を使って授業をしました。子どもたちも喜んでいたし、私の得意な分野で、機器のトラブルもなく成功しました。

ベテラン教師Ｂ：授業を参観させてもらったけど、本当にうまくいったと思っていますか。

新任教師Ａ：はい、子どもたちは初めてタブレット端末を使えてとても意欲的だったと思います。

ベテラン教師Ｂ：本当に……？

新任教師Ａ：とても楽しそうでしたが。

ベテラン教師Ｂ：今日の授業の目的を確認する必要がありますね。タブレット端末はあくまでツールです。タブレット端末を使うことが目的になっていたように思います。今日の授業であれば、タブレット端末ではなく、各班、ホワイトボードの方が有効だと感じました。いかがですか。

新任教師Ａ：……。

　教育におけるICT活用の目的は、児童生徒の興味・関心を高め、児童生徒にとってわかりやすい授業を実現することと、主体的・協働的な学びを通じて一人ひとりの個性や能力を発揮できる新しい学びを創造することです。

　ICT機器を導入することや授業で使うこと自体が目的なのではありません。あくまで手段です。ICT機器を活用した授業には、なぜ、そこでICT機器が必要なのか疑問を感じる授業を見ることがあります。グループごとに協働学習に取り組む場面で、ミニホワイトボードや模造紙を使った方が効果的だと思われるときでも、タブレット端末を使っているのです。手段と目的を履き違えていると言わざるを得ない授業です。タブレット端末等のICT機器が導入されたからといって、必ずしも使わなければならないものではありません。必要なときに効果的に使ってこそ、ICT機器は効果を最大限に発揮するのです。ICT機器の特性を十分に理解した上で、児童生徒にとって魅力ある授業、わかりやすい授業づくりに取り組む必要があります。くれぐれも、目的と手段を混同しないように注意しなければなりません。

　その上でICT機器を活用するのですが、特にタブレット端末については、全国的に急速に導入されつつあります。携帯性に優れ、カメラやビデオも内蔵されており、授業等で活用したい機能が多く、さまざまな授業展開の工夫が考えられます。また、画面タッチで操作できるため操作性に優れ、小学生でも扱いやすいものとなっています。

　主体的・対話的で深い学びの視点から授業改善を考えたときに、このタブレット端末は、大変有効なツールとなります。具体的な活用例は後述しますが、タブレット等ICT機器を活用して児童生徒にとって魅力ある授業づくりを工夫する必要があります。

　このために、教員のICT活用指導力を向上させることは大変重要なことです。ICTが苦手な教員は、研修等に積極的に参加する姿勢が必要です。また、情報機器や情報システムは進歩や変化が大変めざましく、得意な教員も油断禁物です。謙虚な姿勢で、自身のICT活用指導力を高めることを常に心がけなければなりません。

（2）校務におけるICTの活用

ICT活用のもう一つの重要な目的は、校務の情報化を図り、ICT機器を活用して多忙な教員の校務の負担を軽減することです。教員は、授業以外にも保護者対応等の大変多くの業務を抱えており、教材研究や子どもと向き合う時間さえ十分に確保できていない現状があります。

そこで、校務分掌等の業務を効率化させる上で、ICT機器の整備や統合型校務支援システムの導入が重要なポイントとなってきます。校務支援システムとは、教育委員会との校務文書に関する業務、教職員間の情報共有、地域への情報発信、服務管理上の事務、施設管理等を行うことを目的としたシステムです。この統合型校務支援システムは、これらの機能に加えて、名簿管理や出欠席管理、そして成績処理・管理等を一括して行うことが可能となります。ある自治体は、このシステムを導入したことにより、年間で教員1人当たり168時間（一日当たり42分）の創出効果があったとホームページ等で発表しています。他の自治体からも同様の報告がされています。この創出された時間は、児童生徒に向き合う時間や教材研究の時間となります。

校務の情報化は、教員の負担軽減だけでなく教育活動の質の改善にもつながります。児童生徒に関する学習状況や出欠席情報、生徒指導上の情報などさまざまな情報が共有化されることになり、それらをもとに子どもに合ったきめ細かな指導が可能となります。

（3）プログラミング教育について

プログラミング教育については、中教審でその必要性が議論され、文部科学省は2016（平成28）年に、小学校でプログラミング教育を必修化する方向性を打ち出しました。児童が、将来の社会で活躍できるよう、早い段階からの導入が検討されたのです。そして、2017（平成29）年3月に公示された新しい学習指導要領にのっとって、2020（令和2）年度から小学校でプログラミング教育が実施されています。

中・高等学校でもプログラミング教育の拡充が検討され、小・中・高等学校でのプログラミング教育の必修化が、政府の産業競争力会議で示された新成長

戦略に盛り込まれました。中学校では2021（令和3）年度から、高等学校では2022（令和4）年度から、それぞれ実施されます。技術の進歩が急速に進む中、コンピュータを制御する能力の育成が重要であると判断されたからです。

　プログラミング教育の目的は、プログラミングをできる人材を将来的に増やすこともありますが、それだけでなく、論理的思考力や問題解決能力、さらには創造性といったこれからの時代を生き抜くために必要不可欠な能力の育成も期待されるところが大きいのです。

2　ICT環境の現状について

（1）国の動向

　文部科学省は、教育の情報化についてそれまでの国の動向を踏まえた上で、「教育の情報化に関する手引き」（2010（平成22）年）や「教育の情報化ビジョン」（2011（平成23）年）を公表し、教育の情報化に関する総合的な推進方策を取りまとめてきました。それらの中で、教育の情報化とは、次の3つの側面を通して教育の質を高めるものであるとしています。

---

①　児童生徒の情報活用能力の育成（情報教育）
②　教科指導におけるICTの活用（ICTを効果的に活用した、わかりやすく深まる授業の実現）
③　校務の情報化の推進（教職員がICTを活用した情報共有により、きめ細かな指導を行うことや校務の負担軽減等）

　「教育の情報化ビジョン」の中で、「情報活用能力を育むことは、必要な情報を主体的に収集・判断・処理・編集・創造・表現し、発信・伝達できる能力等を育むことであり、また、基礎的・基本的な知識・技能の確実な定着とともに、知識・技能を活用して行う言語活動の基盤となるものであり、『生きる力』に資するものである」と指摘しています。21世紀に求められる力として、情報活用能力をとらえています。

　また、この情報活用能力の育成を図るためには、次の3つの観点が重要であ

り、「これらは、相互に関連付けてバランスよく身に付けさせる必要がある」
と指摘しています。

① 情報活用の実践力
　課題や目的に応じて情報手段を適切に活用することを含めて、必要な
情報を主体的に収集・判断・処理・編集・創造・表現し、受け手の状況
などを踏まえて発信・伝達できる力
② 情報活用の科学的な理解
　情報活用の基礎となる情報手段の特性の理解と情報を適切に扱い、自
らの情報活用を評価・改善するための基礎的な理論や方法の理解
③ 情報社会に参画する態度
　社会の中で情報や情報技術が果たしている役割や及ぼしている影響を
理解し、情報モラルの必要性や情報に対する責任について考え、望まし
い情報社会の創造に向けて参画しようとする態度

　教育におけるICTの活用について、さらに、「日本再興戦略」（2013（平成25）
年）や「第2期 教育振興基本計画」（2013年）、「世界最先端IT国家創造宣言」
（2013年。2014（平成26）年一部改訂）などで位置付け、教育の情報化を推進す
ることはより重要さを増しました。
　この第2期教育振興基本計画で、ICT環境の整備目標として次のような水準
を示しました。

○教育用PC 1台当たりの児童生徒数…3.6人
　・PC教室…40台
　・各普通教室…1台、特別教室…6台
　・設置場所を限定しない可動式PC…40台
○電子黒板・実物投影機… 1学級あたり1台
○超高速インターネット接続率及び無線LAN整備率…100％
○校務用ＰＣ…教員1人1台
○教育ソフトやICT支援員等を配置

　しかし、これを満たすのは容易なことではありませんでした。そこで、文部
科学省は教育の情報化を停滞させないために、2016（平成28）年7月に「2020

年代に向けた教育の情報化に関する懇談会　最終まとめ」をもとに、「教育の情報化加速化プラン」を公表し、加速化を図りました。2018（平成30）年3月に「第3期 教育振興基本計画について（答申）」が公表され、より加速化を図ることや自治体が導入しやすいようにICT機器の標準仕様を策定することなども示しました。

　そのような中、2019年（令和元年）12月、文部科学省が「GIGAスクール構想」を打ち出しました。GIGAスクール構想とは、「児童生徒1人1台端末と、高速大容量の通信ネットワークを一体的に整備し、多様な子どもたちを誰一人取り残すことのなく、公正に個別最適化された創造性を育む教育を、全国の学校現場で持続的に実現させる構想」です。

　このGIGAスクール構想は、当初5カ年計画で進める予定でした。しかし、2020（令和2）年に入ると新型コロナウイルスの影響で学校が一斉休校となるなど、学習が停滞してしまうことが起こりました。そこで、2020年4月に文部科学省はオンラインによる授業を可能とするため、GIGAスクール構想の実現を同年度内へと前倒しする方針を立てて現在に至っています。

　こういった国や各自治体の教育行政等が示す教育の情報化の方針や動向については、最新の情報を把握するよう努める必要があります。

（2）学校教育における情報化の現状

　文部科学省は、毎年、学校教育における情報化の現状を把握するため、全国の公立学校（小学校、中学校、高等学校、中等教育学校および特別支援学校）に対して、ICT環境の整備の状況と教員のICT活用指導力について調査を行っています。

　「令和元年度 学校における教育の情報化の実態等に関する調査結果（概要）」が、2020年10月に公表されました。ICT環境の主な整備状況については、国が示す水準にまだ至っていない現状です。教員のICT活用指導力は、年々増加の傾向にあります。また、この資料から、タブレット端末が急速に導入されていることがわかります。

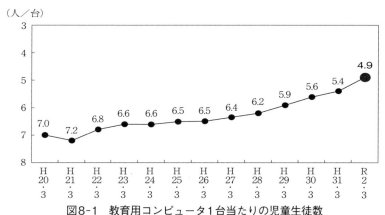

図8-1 教育用コンピュータ1台当たりの児童生徒数

※「教育用コンピュータ」とは、主として教育用に利用しているコンピュータのことをいう。
　教職員が主として校務用に利用しているコンピュータ（校務用コンピュータ）は含まない。
出典：文部科学省「令和元年度 学校における教育の情報化の実態等に関する調査結果（概要）」
　（2020年）

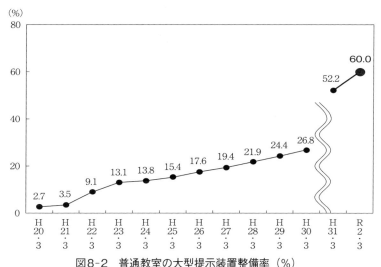

図8-2 普通教室の大型提示装置整備率（％）

※「大型提示装置」とは、プロジェクタ、デジタルテレビ、電子黒板のことをいう。
※2018年3月までは、普通教室の電子黒板の整備率を調査している。普通教室の電子黒板整
　備率は、電子黒板の総数を普通教室の総数で除して算出した値である。
※2019年3月からは、大型提示装置の整備率を調査している。普通教室の大型提示装置整備
　率は、大型提示装置を設置している普通教室数を総普通教室数で除して算出した値である。
出典：文部科学省「令和元年度 学校における教育の情報化の実態等に関する調査結果（概要）」
　（2020年）

1）ICT環境について

　教育用コンピュータ１台当たりの児童生徒数について、文部科学省の目指す水準は３クラスに１クラス分程度（１日１コマ分程度、児童生徒が１人１台で学習できる）ですが、2020（令和２）年３月１日時点では4.9人で、今後も改善を図る必要があります（図８‐１）。

　また、電子黒板・実物投影機等の大型提示装置については、「各普通教室に１台」を目指していますが、同時点での整備率は60.0％にすぎません（図８‐２）。

　また、普通教室でタブレット端末を日常的に使うためには、普通教室に無線LANが整備されていることが重要です。国が目指す水準は整備率100％ですが、同時点では48.9％です（図８‐３）。

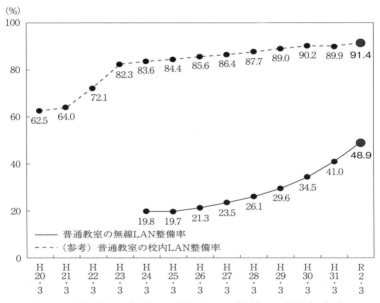

図8-3　普通教室の校内LAN整備率および無線LAN整備率（％）

※普通教室の無線LAN整備率は、無線LANを整備している普通教室数を普通教室の総数で除して算出した値である。

※普通教室の校内LAN整備率は、校内LANを整備している普通教室数を普通教室の総数で除して算出した値である。

出典：文部科学省「令和元年度　学校における教育の情報化の実態等に関する調査結果（概要）」（2020年）

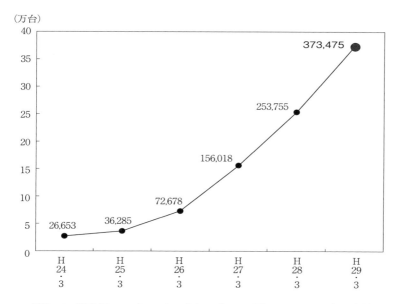

（万台）

図8-4　教育用コンピュータのうちタブレット型コンピュータ台数（台）
※「タブレット型コンピュータ」とは、平板状の外形を備え、タッチパネル式などの表示・
　入力部を持った教育用コンピュータのことをいう。
※教育用コンピュータの総台数は、202万7,273台。
出典：文部科学省「平成28年度　学校における教育の情報化の実態等に関する調査結果（概要）」
　（2018年2月）

　タブレット端末は、学校現場に急速に導入されつつあります。タブレット端末を活用した創造的な授業の展開が期待されます（図8‐4）。

　2）教員のICT活用指導力

　教員の指導力は、教育の情報化を推進する上で大変重要ですが、児童生徒のICT活用を指導することができると回答した教員の割合が67.1％と、他の項目と比べてかなり低いことが課題です（図8‐5）。研修等に積極的に参加するなどして、教員自らの指導力を高める姿勢が求められています。

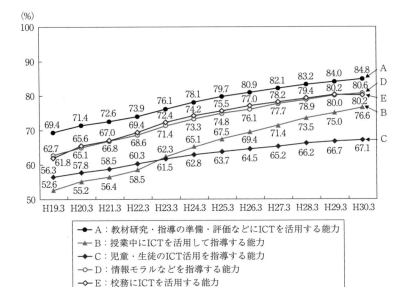

図8-5　教員のICT活用指導力

出典：文部科学省「平成29年度　学校における教育の情報化の実態等に関する調査結果（概要）」
（2018年10月）

3　情報モラル教育の充実について

　　次は、仲のよかった女子生徒A・B・Cの無料通信アプリでのやり取りです。
A：約束していた映画だけど、明日、駅の改札に9時に待ち合わせでいいかな。
B：わかった。じゃあ、バスじゃなくて電車で行く。
……それを見たCは、
C：私もその映画なら行きたい。
A：なんで来るの。
C：……

（1）SNSによるトラブル

　この後、Aは2人からひどいいじめを受けることになります。なぜこのようなことが、起きたのでしょう。

　ICT機器の活用が進む一方、問題も発生しています。特に、スマートフォンやSNSが普及するなかで、児童生徒のトラブルが増加し、無料通話アプリによるトラブルは後を絶ちません。上記のエピソードのような勘違いからいじめに発展する事案は多発しています。女子生徒Aが発信した「なんで来るの」は、「なんでくるのよ」という拒否ではなく、「何で来るの？」という交通手段を聞きたかったのです。しかし、拒否されたと勘違いしたCは、BとともにAに対し、いじめをするようになりました。

　メールや書き込みを起因とするいじめや誹謗中傷が児童生徒にとって、一番身近なトラブルです。相手の状況を考えて適切に情報を発信し、責任をもつ態度を身に付けさせなければなりません。文字だけによる短文の情報は、表情やニュアンスの伝わらない怖さがあることや、さらには即時性、拡散性がある怖さを児童生徒にしっかり伝えていく必要があります。

　さらには、個人情報の漏洩等も多発する現状があり、児童生徒が被害にあわないようにするだけでなく、気が付かないうちに加害者側になっていることがないよう情報モラル教育をいっそう充実していくことは重要なことです。

　また、依存という問題も指摘されています。スマートフォン等を片時も手放せなくなり、学習に集中できなかったり、友人関係に支障をきたしたりするようなことも生じています。小学校段階から、スマートフォン等の適切な利用の仕方を身に付けさせておくことは大変重要になっています。

　学校では、さまざまな関係機関や民間団体と連携し「スマートフォン教室」等の取り組みをしていますが、児童生徒だけでなく教員自身も研修に参加するなどして意識を高めていく必要があります。

　また、学校だけで改善を図ることは難しいため、家庭の協力を得ることや保護者への啓発が必要不可欠です。

（2）教員の情報モラル

　若い教員は、携帯電話やスマートフォンを当たり前のように使ってきています。日記のようなブログ等を通して、自分の意見等を発信する人が少なからず存在します。レストランでおいしそうな食事の写真を撮り、インターネット上

にアップすることは頻繁に行われています。そのこと自体は、悪いわけではありません。しかし、教員である以上、その内容について一般の人以上に細心の注意をはらうべきです。教員が発したブログでの内容や一言が問題になり、懲戒処分を受ける事案も発生しています。

生徒指導中に、その様子の写真を付けてブログでつぶやいてしまった考えられない事案がありました。学生の頃からの習慣で「つい、うっかりつぶやいてしまった」では遅いのです。こういったことも教員側が自覚すべき重要な情報モラルであるという意識を強くもつ必要があります。

また、ICT関係の知識が豊富で得意な教員にありがちな問題として、次のようなエピソードもあります。

> **新任教師Ａ**：昨夜、理科の授業で活用できそうなアプリを見つけたので、今日の授業でタブレット端末を使い利用してみました。ねらいに合っていて、子どもたちも授業内容をよく理解できたようです。喜んでいました。
>
> **ベテラン教師Ｂ**：そうですか。それはよかったですね。ただ、本校にそのアプリが入ったタブレット端末なんてありますか。
>
> **新任教師Ａ**：本校にはないので、タブレット端末は、私個人のものを使いました。
>
> **ベテラン教師Ｂ**：本市や本校の情報セキュリティポリシー、情報ガイドラインといったものは確認しましたか。
>
> **新任教師Ａ**：していませんが。
>
> **ベテラン教師Ｂ**：私物のパソコン等の利用については、教育委員会や学校で制限されているはずです。使用禁止のところが多いと思います。可能であっても管理職の事前許可を得ること等のルールがあるはずですが。
>
> **新任教師Ａ**：……。

ICT機器の扱いが得意な教員ほど、学校のガイドライン等のルールに不便さを感じ、管理職の許可や確認がないまま、自分なりの判断でルールを変えて使うことはありがちです。「自分は大丈夫」「そんなミスはしない」という思い込みから、ICT機器を操作し、不適切な画像が授業中に流れてしまった不祥事が発生しています。

教員の意識の問題です。ICT機器活用の怖さを誰もが十分に知っておくべきなのです。

4　ICT 活用例

授業でICT活用を考えたときに、PC教室だけでなく、普通教室で日常的に使われるようになることが重要です。ICT機器の整備の状況によって、活用方法が大きく影響を受けることは確かですが、主な活用の場面やパターンについては、表8-1のようにまとめられます。

（1）一斉学習での活用
ICTの活用においては、一斉学習の場面で使うことから始めるのが一番使い

表8-1　ICT活用の場面例

	活用パターン	活用場面例
1	授業内容を振り返る	・前時に使った資料等を大型提示装置に再提示するなどして、学習を振り返る
2	わかりやすく説明する	・教科書の説明図等を大きく提示して説明する
3	明確に伝える	・資料の図等を大きく提示し、着目するところを示す
4	興味・関心を高める	・導入時に画像や映像を映して興味・関心をもたせる
5	実演でやり方を示す	・教員や児童生徒の実演を書画カメラ等で提示する
6	児童生徒に考えさせる	・児童生徒が考えた解き方を比較して見せる
7	児童生徒が発表する	・個人や班で調べたこと、まとめたことを発表する
8	児童生徒が評価する	・児童生徒が自分自身の演技等を動画撮影し、それを見て振り返る
9	知識・スキルを定着する	・カードやドリルを使って、計算や漢字を定着させる

出典：文部科学省「電子黒板活用場面集　授業がもっとよくなる電子黒板活用」(2015年)

やすいかもしれません。ICT機器の台数も多くは必要ありません。教師用ノートPCや書画カメラ等が1台、それにプロジェクターといった大型提示装置をつないで拡大提示をする基本的な使い方です。

　教員による教材の拡大提示が中心となります。拡大提示するものは、挿絵や画像、動画やデジタル教科書、さらには実演等さまざまで、そこに書き込みをするなどしてわかりやすく説明することができ、児童生徒の興味・関心を高めることが可能となります。

　具体的な使い方としては、次のようのものがあります。

1）教員の実演【家庭科】

　書画カメラを使って、教員の裁縫の様子を実演して見せます。拡大提示することで針先の動き等の細かい箇所をわかりやすく説明でき、大切なポイントが伝わりやすくなります。

　この使い方は、家庭科だけに限らず、国語の毛筆の場面や理科の実験など、実習を伴う教科

© 塩崎 昇

においては大変有効であり、児童生徒にもわかりやすい使い方となります。

2）考え方の比較【算数】

　図形の面積の求め方など、児童にいろいろな考え方を出させ、全体で共有するようなときに、児童がノートに書いた解き方をタブレット端末のカメラ機能で写し、それを拡大表示します。わざわざ黒板やホワイトボードに書き直す必要がなく、時間短縮につながります。また、データとしても保存できるので、振り返り等で再度活用することができます。

　この使い方は、算数に限らず、どの教科においてもその子の考え方を全体で共有したり、紹介したりする場面で、大変有効な使い方となります。

　個人のノートに限らず、グループの考えをまとめたワークシートをカメラ機能で撮影して拡大することで、それぞれのグループの考え方を共有することもできます。

3）ポイントの明確化【理科】

　理科の電気の働きについて学習する際、最初の段階では電流計や電圧計を使うめもりの読み取り方がなかなか理解できない児童生徒が見られます。そういったときに読み取らせたいめもりを拡大提示し、電流計等の読み方を全体で確認しながら学習を進めることができます。

　着目するポイントを拡大提示する使い方は、算数のものさしや分度器の読み方を学習する際にも有効です。

© 塩崎 昇

　社会で資料を読み取るときなどにも資料を拡大提示した上で、さらに注目させたいポイントを拡大し、伝えたいことを明確にすると理解が深まります。

（2）グループ学習での活用

　タブレット等の端末を各班に数台ずつ用意すれば、グループでの協働学習に大いに活用できます。グループでの学習の成果を新聞等にまとめるツールとして、またそれを発表するプレゼンテーションのツールとしても効果を発揮します。

　主な活用法としては次のようなものがあります。

1）振り返り（評価）【体育】

　マットや跳び箱などの器械体操の学習で、グループごとにタブレット端末を渡し、児童生徒の演技を録画再生し、グループでアドバイスができるようにします。その場で自分の演技を確認したり、友だちの演技と比較したりする中でアドバイスがもらえ、児童生徒にとっては、ポ

© 塩崎 昇

イントがつかみやすくなります。

体育であれば、ハードル走のフォームやダンスや表現運動の動きを班ごとに確認し合い、お互いにアドバイスしながらよりよい動きに近づけていくことができます。

この使い方は、体育に限らず、たとえば音楽におけるグループでの合奏や合唱の練習の様子を録画再生し、改善点を話し合って修正を加えることもできます。

２）学習成果のまとめ・発表【社会】

修学旅行に主体的に参加させるため、事前学習でグループごとに自分たちが回るコースにある世界遺産や建造物の歴史的背景・特徴をインターネット等で調べてガイドブックにまとめ、それを紹介し合う活動が考えられます。

また、事後学習として、見学してきた様子やわかったことなどをグループごとにICT機器を使って新聞等にまとめます。さらに、それをもとにしてプレゼンテーションソフト等を活用し、発表する学習の展開が考えられます。

このような学習は社会に限らず、特に総合的な学習の時間で大変効果的です。各教科ともグループでの協働学習を支えるツールとして期待されます。

３）意見交流【算数】

小学５年算数では、合同の条件について学習します。ここで２人から４人程度のグループになり、各グループにタブレット端末を１台ずつ配付して授業を展開します。たとえば、三角形が２つ描かれているワークシートを、教員のタブレット端末から各グループのタブレット端末に転送します。児童は、グループ内で話し合いながら転送されたワークシートに書き込みをし、２つの三角形の合同の条件を探します。教員は、自分の親機で各グループの状況をリアルタイムに把握することができます。そして、各グループのワークシートを親機に集約し、それを大型提示装置を使ってワークシートの一覧を拡

© 塩崎 昇

大提示し、各グループの考えを全体共有します。

　さらに、この画面を教員の親機から各グループへ転送し、それぞれのグループの考え方について共通しているところや違うところを見つけ、意見交換しながら合同の条件について理解を深めていきます。

　このように協働学習のツールとして使う場面は、今後大いに増えていくはずです。

（3）個別学習での活用

　持ち運びができるタブレット端末等を一人ずつ用意すれば教室での個別学習が可能になります。さらには、校外学習などに各自で持っていくなど活動の幅が広がります。

Ⓒ 塩崎 昇

1）知識・スキルの定着【英語】

　英語の単語を定着させるために、フラッシュカードを使い自分のペースで覚えることができます。

　こうした習熟の程度に応じた使い方は、国語の漢字の習得や算数・数学の計算スキル等を高めるために大変有効な使い方です。

2）調べ学習【総合的な学習の時間】

　子どもの興味関心から生まれた学習課題等に対して、インターネット等を用いて情報収集し、疑問を深く調べることができます。取材やインタビューに持っていくことも有効です。さらに、調べたことをICT機器を使いレポートや新聞の形に整理し学習のまとめをします。そして、学習の成果をプレゼンテーションソフト等を使って発表し、学級全体で共有します。

　こうした調査、まとめ、そして発表までの一連の学習展開を個別学習で行う場合は、ICT機器は児童生徒にとって最大の学習のパートナーとなりえます。

【引用・参考文献】

文部科学省「教育の情報化に関する手引き」2010年

文部科学省「教育の情報化ビジョン」2011年

文部科学省「第2期 教育振興基本計画」2013年

文部科学省「電子黒板活用場面集　授業がもっとよくなる電子黒板活用」2015年

文部科学省「平成28年度 学校における教育の情報化の実態等に関する調査結果（概要）」2018年

文部科学省「平成29年度 学校における教育の情報化の実態等に関する調査結果（概要）」2019年

文部科学省「令和元年度 学校における教育の情報化の実態等に関する調査結果（概要）」2020年

文部科学省「GIGAスクール構想の実現へ」2020年

文部科学省「GIGAスクール構想について」(https://www.mext.go.jp/a_menu/other/index_0001111.htm)

「学校のICT化とは？　ICT活用状況とGIGAスクール構想の要点整理！」Teach For Japan コラム　2020年（https://teachforjapan.org/entry/column/2020/06/10/school-ict/）

「【徹底解説】今さら聞けないGIGAスクール構想とは？　基本から実施スケジュール、文部科学省の支援まで解説（2020年4月最新版）」『Education通信』2020年（https://master-education.jp/column/about_giga_school/）

第9章
保護者対応の理解と実際

　本章では、保護者と信頼関係を保ちつつ、教育活動を円滑に進めていくためには、どのような配慮が必要であるかを考えます。自分の怒りを学校のせいにすり替えて話す保護者も少なくありません。そこで、保護者を取り巻く社会的な背景についても学び、相談を受ける教員の保護者理解を深める機会とします。

1　保護者を取り巻く背景を知る

（1）日常によくある話

　教育基本法第10条2には、「国及び地方公共団体は、家庭教育の自主性を尊重しつつ、保護者に対する学習の機会及び情報の提供その他の家庭教育を支援するために必要な施策を講ずるよう努めなければならない」とあり、学校教育活動において、保護者と手を携えて子どもの成長を支えることは、教育の根幹に当たる内容の一つです。

　さまざまな調査を見ても、小・中学生を持つ保護者の大多数は学校と家庭の連携が大切であると考えており、教師にとっても保護者の子どもに関する話は、児童生徒理解に大切な情報であることから、その内容を十分に踏まえて支援していかなくてはなりません。

　しかし、ときには不条理とも思える要求等があり、対応によっては関係が悪化し、長期化してしまうこともあります。

　たとえば次のような話がもち込まれたら、どのように感じますか。また、どのような対応をしなくてはいけないでしょうか。

・うちの子が毎日ランドセルを引っ張られている。本人が嫌がっていれば、これはいじめですよね。

・登校班の班長の注意が厳しく、うちの子が怖がるので班長を変えてほしい。

・ケンカしたうちの子も悪いけれど、うちの子だけが厳しく叱られるのはなぜですか。

・うちの子に合った指導がされていないからこのような評定になっていると思います。勉強ができないのは家庭のせいということなのですか。

・学校で落ち着かなくて困るといわれても、それは先生の仕事なのではないですか？ 家では騒ぐこともないし、何の問題もない。

・Aさんは乱暴者なので、Bさんをうちの子の友だちにしてほしい。

・熱があると言われても仕事で迎えに行けない。私が帰宅する20時頃まで保健室で預かって欲しい。

・子どもが親の言うことを聞こうとしないのだから、親も子どもの言うことを聞かないことにしています。

・うちでは、自分のことは自分でやるよう教えているので、すべて本人に任せています。何かあれば親ではなく、本人に直接話してください。

・朝は親のほうが子どもより先に家を出るので様子がわかりません。行き渋っているなら、毎朝迎えに来てくれませんか。

　これらは、保護者の都合ばかりが優先されていて、子どもに対する過剰反応や過保護・過干渉であり、学校への不条理な要求と感じることはないでしょうか。

　また、このように申し出をしてくる保護者は話ができるからよいものの、本当は子育てに困っていながら、状況を伝えたいと思ってもモンスターペアレントと思われたくないと思い、不安を我慢してしまう保護者も多くいます（図9-1、2）。

　また、保護者仲間からも同様に思われたくないということもあり、保護者同士の人間関係にも大きく影響しています。

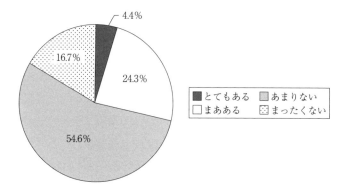

図9-1　こんなことをしたらモンスターペアレントと思われるだろうか等と心配に
なったり躊躇したりすることはありますか。
出典：ベネッセ教育情報サイトにおけるアンケート調査（2011年）
　　　（https://benesse.jp/kyouiku/201109/20110908-1.html）

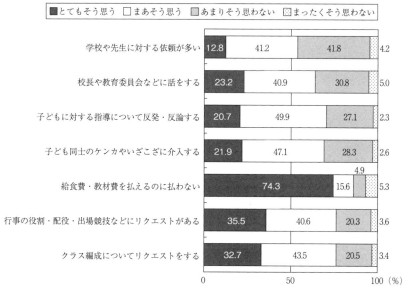

図9-2　上記のようなケースについて、あなたはどの程度モンスターペアレント
と言えると思いますか。
出典：ベネッセ教育情報サイトにおけるアンケート調査（2011年）
　　　（https://benesse.jp/kyouiku/201109/20110908-1.html）

（2）教師と保護者の関係性について

　私たちは、他の人のことを理解しようとするときに、必ずある一定の色眼鏡（媒介）を通して人を見てしまうものです（図9‐3）。

　たとえば、本章の事例では、不条理と思える訴えをする保護者や、一日に何度も電話をかけてくる保護者と接すると、最初は「困った保護者」と感じることがそれにあたります。しかし、対応しているうちに保護者の置かれている状況が見えてきたり、保護者も苦労していることがわかったりすると、この保護者も悩んでいると感じ始め、「困った保護者」は「困っている保護者」に変わって感じられるようになることがあります。これは相談をする側の「媒介」が変化したことを意味します。このプロセスを踏むと、不思議と嫌に思っていた相談がそれほど嫌でもなくなり、冷静に相手の話を聞けるようになります。さらに、このステップを経ると、いつの間にか保護者から威圧的な雰囲気が消えて感謝の言葉が出る等、教師と相談ができるようになってきます。保護者の一部には明らかに病理があり、怒りをコントロールできない例もありますが、ほとんどの保護者はこの段階になると、保護者自身のことではなく子どもの支援という明確な相談の対象をもって学校と接することができるようになります。それは、保護者が「困っている私」から学校も含めた「困っている私たち」に立場を変え、一定の距離感（時間、空間の枠）をもって相談ができるようになるということです。

　多くの場合、保護者が強く何かを訴えているうちは、子どもの相談という名目の「困っている私」の相談です。内容が不条理で認められないものであって

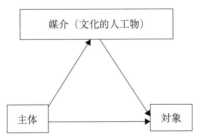

図9‐3　ヴィゴツキー(Lev Semenovich Vygotsky)の三角形
出典：柴田義松『ヴィゴツキー入門』（2006年）をもとに筆者作成

も、最初は「心配でしたね」「そのように思われていたのですね」と答えながら、保護者の怒りや不安を聞いて受け止める以外に方法がありません。しかし、保護者が学校に気持ちを受け止めてもらえたという感覚をもつことができれば、「困っている私」の状態から、一歩進んで落ち着いて子どものことを話せるようになり、子どもを見守る「困っている私たち」になれるということです。

　保護者対応で悩んだとしても、必ずこのようになると信じて保護者と接することが大事です。保護者トラブルの多くは、この最初の相談時に気持ちを受け止めるプロセスを取らず、いきなり訴えてきた内容を事務的にすぐに否定したり、保護者の自省を促すような内容を伝えたりすることにあります。

　「モンスターペアレント」という言葉は、一時期世間を騒がせましたが、通常は相談時にこのような「心理的な受容」ができれば、モンスターペアレントは自分自身をコントロールできない、病理等を抱えている一部の人以外には生まれないことになると思われます。

　さて、『日本苦情白書』のアンケート（表9‑1）では、さまざまな職種の人に、「自分の職場では苦情が増えていると思いますか」という問いかけをしました。その結果、増えていると答えた職場の1位が「教育53.7％」となっています。10年後に刊行された『日本苦情白書Ⅱ』では、「教育46.3％」と依然として高い割合を示しています。しかし、その原因について尋ねたところ、「自分たちの配慮不足」と答えた全体の平均が46.6％（2009年：50.3％）なのに対して、教育関係者に限ると38.0％（同：31.2％）しかなく、「相手の勘違い」であると答えた人が27.7％（同：30.0％）にも上るという結果が出ました。このことからも、保護者に対する教員の接し方にも改めなければならない点があるように思われます。保護者の訴えを理不尽なクレームと即座に決めつけるのではなく、相手は今どのような状況か、背景に何があるかなどを考えながら話を聞けるようになると、落ち着いて対応できるようになります。

表9‑1　自分の職場では苦情が増えていると答えた人が多い職場について

1位	教育	53.7％
2位	病院	50.8％
3位	行政	41.1％

出典：関根眞一『日本苦情白書』メデュケーション社（2009年）をもとに筆者作成

　冒頭に述べたとおり、保護者が子どもと真剣に向き合うときには多くのエネルギーを必要とします。そこで、私たち教職員は保護者をどのような媒介を通して見ているのか、また、その媒介について省察しているのか、保護者とともに歩もうとしているのかを考えなおしてみる必要があるのです。

（3）保護者を取り巻く背景について

　これまで述べてきたように、一見強い言葉で保護者からの申し出があったときに、保護者の言葉の表面だけをとらえて対応するのではなく、その訴えの背景にあるものを推し量り、保護者の思いに近づこうとする努力が大切です。では、保護者の訴えの背景にはどのようなことがあると考えられるでしょうか。

1）保護者自身の問題

(a) 学校に不信感をもつ保護者

　1980年代は「学校荒廃期」とも言われ、主に中学校が非行や暴力で荒れていました。その時代に中学生だった保護者自身が学校生活でつらい経験をしている、または良い思い出がない等の場合に、学校に対する信頼感が薄いことがあります。

　また、これまでに子どものことで学校に呼ばれて注意を受けることばかりで、子どもの問題が解決に向かっていないと感じている保護者もいるかもしれません。

(b)「自子主義」

　1998（平成10）年の中教審で、「自分の子だけよければよいと考え、他人の気持ちを思いやれず、極端な場合は他人に迷惑をかけることさえ気にしない保護者が目立つ。この『自子主義』とも呼べる傾向が、今日の家庭でのしつけにおける最も大きな問題となっており、過干渉や過保護、甘やかし等の根底をなしていると考えられる」と指摘されました。家族に関する価値観の多様化に加え少子化も進んでおり、このような傾向は継続していると思われます。

(c) 過干渉と放任の二極化傾向

　総務省統計局が発表した国勢調査（2015（平成27）年）によると、保護者の就労については、共働きの家庭が約65％となり、パート等を含めるとさらに

この数字は上がっていることが考えられます。また、厚生労働省の全国家庭児童調査（2014（平成26）年）によると、ひとり親家庭の割合は母子で約8％、父子で約1％であり、年々増加していることから、保護者の就労時間の影響で、親子のコミュニケーションが希薄になっていることが考えられます。0歳から育児施設や保育園等に預ける子育てが多いことから、保護者が実際の子どもの成長の節目を見たり、体験したりする機会が少ないと指摘されています。1日に保護者と話す時間が1時間以下となっている子どもが、母親で約18％、父親で約37％に上っており、保護者自身が子どもに関する情報を得にくい、もしくは実態をとらえられていない状況があります。このことが、保護者の子育てを過干渉と放任の二極化状態にしていると考えられます。

過干渉・母子密着型

　生活を維持するための仕事と、子育ての両立に保護者は奔走するわけですが、一生懸命にやろうとする思いが強い保護者ほど、子どもと接する時間が短くなってしまうことを「負い目」と感じるものです。特に母親にその傾向が強く見られます。その思いが強くなりすぎて、「この子のことを一番わかっているのは私だ」「この子を守ってあげられるのは私だ」と思いこんでしまうことがあり、保護者（主に母親であることが多い）が子どもを離さない形で密着してしまうことがあります。このような場合、学校で起きたトラブルを子どもから断片的に聞いただけで、多少事実がオーバーに表現されている内容であってもすべて受け止め、トラブルの原因は他人や周りの環境等のせいであると決めつけて、学校や他の児童に強い攻撃をしてしまうことがあります。

　また、子どもの実情を知る時間が少ないため、保護者が理想の子ども像をもっていても、子どもに合った支援の方法を見いだせず、学習時間や友達関係に至る生活のすべてを次々に保護者が決めてしまう過干渉な状態になってしまうこともあります。

　さらに、過剰に心配する保護者を子どもが心配してしまい、子どもが保護者に密着する逆の事例もあります。保護者が精神的に不安定になりやすい人である場合は、さらにその傾向は顕著に表れます。

　子どもは一般に、小学校低学年頃までは保護者の愛を一身に受けるために努

力をしますが、その後、保護者の高すぎる理想に追い付けなくなると、心が折れて子ども自身の自己肯定感が低くなってしまうことがあります。このような子どもが思春期を迎えると、さまざまな形で問題行動を起こすようになることが少なくありません。

放任型

　生活の質の向上や多様なライフスタイルをもつことが可能な時代となり、保護者の理想の生活に占める子どもの存在が小さくなっていることがあります。特に子育てで悪戦苦闘や試行錯誤の経験が少ない保護者は、子育てを療育サービスや学校等に依存してしまうことがあり、子どもとともに成長する意識が低くなってしまうことがあります。このような場合、保護者が自分の趣味等を楽

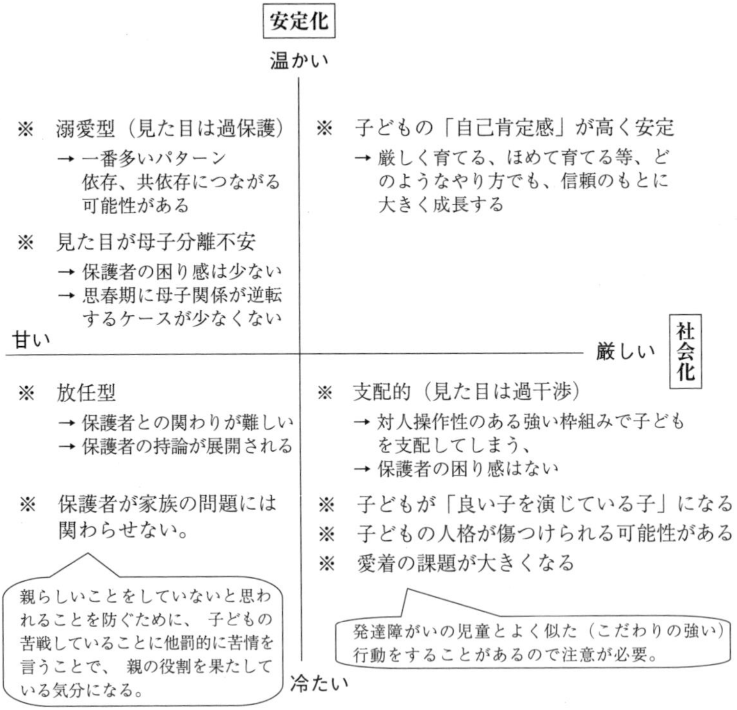

安定化
温かい

※　溺愛型（見た目は過保護）
　　→一番多いパターン
　　　依存、共依存につながる
　　　可能性がある

※　子どもの「自己肯定感」が高く安定
　　→厳しく育てる、ほめて育てる等、どのようなやり方でも、信頼のもとに大きく成長する

※　見た目が母子分離不安
　　→保護者の困り感は少ない
　　→思春期に母子関係が逆転するケースが少なくない

甘い　　　　　　　　　　　　　　　厳しい **社会化**

※　放任型
　　→保護者との関わりが難しい
　　→保護者の持論が展開される

※　支配的（見た目は過干渉）
　　→対人操作性のある強い枠組みで子どもを支配してしまう、
　　→保護者の困り感はない

※　保護者が家族の問題には関わらせない。

※　子どもが「良い子を演じている子」になる
※　子どもの人格が傷つけられる可能性がある
※　愛着の課題が大きくなる

親らしいことをしていないと思われることを防ぐために、子どもの苦戦していることに他罰的に苦情を言うことで、親の役割を果たしている気分になる。

発達障がいの児童とよく似た（こだわりの強い）行動をすることがあるので注意が必要。

冷たい

図9-4　保護者の類型とその特徴
出典：嶋崎政男「保護者対応の実際」(2011年)[1] の座標軸をもとに筆者作成

しむ時間は子どもと一緒に過ごし可愛がるのですが、日常の小さな課題に対しては、「朝ごはんは置いてあるのに、自分で起きてこない子どもが悪い」とか、「勉強を見るのは学校の仕事だから、できないのは先生のせいである」「登校しぶりは義務教育だから学校の先生が連れて行くことが当たり前である」という考え方になってしまうことがあります。このような母親の在り方を小さい頃から見続けている子どもへの影響は大きく、困難なことが起きると他人や周りの環境等のせいにする考えを強く刷り込まれることで、子ども同士の人間関係で苦戦してしまうことにつながります。

　これまでに述べてきたことを類型として整理したものが図9-4です。
　この類型の中には精神疾患等の病理に関わるものや、保護者自身の生い立ちに起因するものもあります。このことに関しては学校の教育活動の範ちゅうに収まらないことから、スクールソーシャルワーカーを含めた福祉関係機関等との連携が必要になります。

2）社会的な背景に関わる問題

(a) 「孤立」の問題

　困ったときに近所の保護者同士で情報を交換することや、ときには悩みを聞いてもらう等の関係は大切です。対人関係の緊張が高い保護者間では、「煩わしい母と思われたくない」「もめ事を起こしたくない」ことから、うまくコミュニケーションが取れないこともあります。子ども同士のケンカ等で迷惑をかけることがあろうものなら、メールやSNS等でうわさになることの心配や、人に頼ることが苦手である、世間体を気にする、仕事の関係で地域の活動に参加できずにつながりが薄い等、孤立する原因は多岐にわたります。このことは「公園デビュー」と言われるような、保護者同士のコミュニケーションが子どもの幼児の時期にもてなかったり失敗したりして、子どもの就学時においてはすでに孤立状態が長期化しているという可能性もあります。また、近年のコロナ禍のように外出が制限されるようなことが起きると、孤立化にはさらに拍車がかかっている様子も見受けられます。

(b)「経済的困窮」の問題

　厚生労働省の国民生活基礎調査（2019（令和元）年）によると、子どもの貧困率は13.5％であり、実数にすると200万人以上の子どもがこれに該当することになります。

　また、生活困窮者の抱える課題は複合しており、生活資源が不足しているということだけではなく、健康・人間関係・心理情緒面、さらには経済格差が教育格差にも結び付いてしまうこともあり、生まれた家庭の状況で長期にわたり人生の選択肢が制約されてしまうことが起こっている状況です。

　さらに、多岐にわたる課題に対応できる制度・機関が十分でないことも課題となっています。支援機関はたくさんありますが、これらの機関は、「子ども」「高齢者」「障害者」「女性」「失業者」といったカテゴリーで支援の対象者を規定していることが多く、支援を必要とする保護者が働きながら、あるいは働き口を探しながら複数の相談機関に関わることは難しいことから、根本的な解決に至らないことが多くなっています。

（4）保護者は相談の「当事者」であることを理解する

　ここまで保護者を取り巻く背景について述べてきましたが、すべての保護者がこのような背景を抱えているわけではありません。あくまで、困り感を訴えてくる保護者がいたときに、相談を受ける者の心構えとして、このような背景の知識をもっていることが、前述した「媒介」を変化させることにつながり、保護者の訴えを落ち着いて客観的にとらえられるようになります。

　さらに、このような背景を知ることにはもう一つ大きな意味があります。保護者が相談初期の段階において、第2節で述べた「困った保護者」の状態である場合、子どもの相談だと訴えながらも、保護者自身の不安や悩みが表現されることが多く、背景を知っていることが問題を整理する際のヒントになります。どのような保護者でも、子どもの将来を案じていることは確かですが、保護者が子どもを語る際に、子どもの話だけで済まない背景の難しさがあると言えます。

　保護者が「子どもの支援者」と「相談の当事者」との間でゆらぎがあること

を視野に入れた上で、どのように対応していくことが望ましいかを次の節で考えていきます。

2　保護者に信頼される教師となるために

（1）保護者対応の基本的な考え方

　保護者自身に子どもを支えたいという気持ちがあっても、保護者が疲弊して考える余裕のない場合があります。また、子どもの相談の形をした保護者自身の悩みが明かされるケースもあります。そのため保護者と話す際、保護者自身がつらい思いや無力感を感じていることに教師は思いをはせるべきであり、保護者をねぎらうことから始めることが基本です。

　この基本姿勢が、たとえ不条理と思われる申し出でも、聞き手として感情的にならずに、客観的に相手の話を整理して聞くことにつながります。

　最終的な目標は、相談の当事者になっている保護者自身が課題を整理し、子どもの支援者としての立ち位置を確立できるようになることであり、子育てを学校と協働できるようにすることです。

　子どものことで「恥ずかしい」「情けない」と保護者自身が責められているように受け止めているうちは、まだ当事者から脱していない状態です。子どもの心の内を推し量り、子どもの気持ちを真ん中に置いた指導・支援を心がけることで、ともに子どもを支えるための話し合いができるようになります。

（2）保護者対応の枠組みの作り方

　保護者との話し合いを行う場合に、心理的にも物理的にも適切な距離をつくり上げていくことが、子どもの支援を行うパートナーとして重要です。話し合いのもち方では、次のことに配慮をします。

1）相手の空間的・時間的な枠組みに入らない

　話し合いをする場所や時間はできる限り区切って設定します。また、学校や家庭以外での相談場所の設定は好ましくない結果を生むことが多くあります。保護者の指定する場所や時間（特に授業時間や夜中等）に対応すると、相談内

容を飛び越えて、保護者が教師を巻き込んで支配的に関わるようになったり、依存度が高くなったりすることがあります。

2）課題がわかっている話し合いの場合は複数で対応する

通常は保護者と気軽に相談したり話し合えたりできる関係が好ましいのですが、改めて課題を解決するための話し合いを設定する場合には、教職員は複数で対応することが原則です。これは、保護者に子どものことを複数の先生が見守っているという学校の真摯な姿勢を見てもらう良い機会になります。また保護者が担任に話しづらいと感じている場合には、他の先生にも相談窓口ができることにつながります。学校にとっても、話し合いの記録を正しく取れることや、学校の知らない人が突然相談に同席する等の不測の事態にも落ち着いた対応ができやすくなります。

保護者が特別に緊張の高い人の場合は、他の教師が一部の時間だけでも同席してあいさつをするところから始め、少しずつ複数で話せるようにすることが、保護者への対応の幅を広げる良い機会になります。

3）身なりと態度

面談では印象が大切です。身なりに気を配って、明るくはっきりとした言葉遣いで対応しましょう。どうしても時間がなく、運動着等で面談する場合は「作業が長引いてしまったので」「部活動中でしたので」等、こちらの誠意を伝えられるようにします。

また、保護者に威圧感を与えるような人数で対応することや、座っている保護者の近くで立って話す等の態度を取ることはやめましょう。椅子に座るときに足を組むことも横柄な印象を与えます。腕を組む、髪をいじる等のくせのある人も注意すべきです。

（3）話をするときの大切な心構え

1）会う目的をはっきりさせる

今日は何について話すのかを最初に確認することは、その時間をただ感情的な会話のやりとりにしてしまうことを防ぐことになります。子どもの具体的な支援方針を一緒に考えてくれるという安心感が、協働しやすい雰囲気づくりに

つながります。いつまでに、誰が、どのような支援を行うのか、また、成果が
でない場合等は再度話し合いをもつこと等が約束されると、保護者に安心感を
もってもらえることにつながります。

　また、このことは、次から次へと話題が移ったときに修正しやすくなること
や、時間が大幅に伸びてしまうときに次の機会に回す提案を出しやすくなる利
点があります。

２）事務的にならないように必要な情報を正確に伝える

　生徒指導上のトラブル等の話をするときに、事務的に事実のみを時系列で話
すと、保護者は先生から突き放された印象をもつものです。また、保護者が状
況に向き合う心の準備ができていないときには大きなショックを受けてしま
い、話し合いが継続できなくなることがあります。ねぎらいの言葉をかけつつ、
子どものためを思う気持ちを伝え、保護者と話し合うことの必要性を確認しま
しょう。また、推測と事実はしっかり分けて伝えることも重要です。

３）原因探しよりも作戦会議であることを伝える

　子どもの学校生活での困難さの原因は複雑なものであることが多く、身体や
脳機能の要因、心理的な要因、社会的な要因を混ぜて話してしまうと、課題の
多さばかりが強調され、その場に閉塞感が生まれやすく、手立てを見つけにく
くなることがあります。また、その雰囲気が保護者の子育てを否定しているよ
うにとらえられてしまうこともあります。また、保護者自身の幼少体験までをも
引き出してしまうと相談の対象が子どもからそれてしまう等の問題もあります。

　さまざまな要因について学校側が支援シート等に整理して話し合うように
し、複数ある課題を一つずつ解決していく雰囲気づくりを心がけます。どのよ
うに支援をするかをともに話す作戦会議であることを大切にします。

（4）保護者の信頼を得るために気を付けなければならないこと

　保護者と同様に、教師が子どもの支援に熱心なあまり、「私がこの子のこと
を一番わかっている」と思い込んでしまうことがあります。前述のとおり、保
護者よりも子どもと接している時間は長く、さまざまな活動をともにしている
ことを考えれば、そのようなことは言えますし、教師としては子どもの成長を

支える重要なモチベーションであることも確かです。しかし、子どもはそれぞれの家庭の子であり、家庭教育の自主性を尊重しつつ、親子の育ちを子どもの教育の面から支えることが教職員の役目です。当たり前のことを見落とすと保護者対応はまったくできなくなります。

　また、自分の指導に従えない子どもはできが悪いと思い込んでしまうことも誤解やトラブルを引き起こす要因になります。さまざまな背景を抱える家庭も多く、教職員自身の価値観のみで子どもを指導・評価し、保護者に「悪いところを修正する」要求をするばかりになってはいけません。

　このような教職員は、保護者が攻撃的だと「厄介な保護者」、非協力的だと「無関心な保護者」ととらえてしまいやすく、保護者との信頼関係を築けないことがあります。

（5）関係機関との協力が必要な場合

1）何度も苦情を言ってくる保護者への対応

　図9‐5のとおり、小中学校の保護者の1.7％は何度も苦情を言っていると自覚しています。1.7％という数字は、割合からすれば少ないですが、児童生徒数400人規模の学校で考えれば6～7人となり、この数は学校現場から見れ

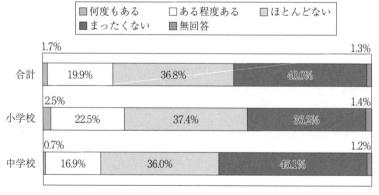

図9-5　学校への苦情や要望への申し出経験の有無
出典：小野田ら『保護者の学校意識に関わる調査研究』（2010年）

ば決して少ないとは言えません。学校の状況や対応、苦情の中身にもよりますが、このような場合は「一人で抱え込まないこと」と、「問題の発生は教員個人の力量のみが原因でないこと」を共通認識して対応する必要があります。記録を残し、一度答えたことには再度答えないことや、あえて文書でのやりとりにすることで対応時間を減らすこと等も考えられます。保護者の感情のおもむくままの電話や面談を制限し、いずれもはじめに時間枠を指定して接する手立てを考える必要があります。もちろん、金銭の要求や教員を辞めさせる等の脅しが含まれるような不当な要求には毅然とした対応を心がけ、状況に応じては教育委員会や警察との連携を考えます。

　また、病理が関係している場合は、可能な限り医療との連携を図り、関係する教師がその保護者に同じ対応をする必要があります。他の教師の悪口を言う形で会話が展開されたり同意を求められたりする場合、相手のペースに巻き込まれ、教師同士が不信感をもつように仕向けられ、組織対応が壊される可能性があるので特に注意が必要です。これは関係機関同士の連携についても同様です。

2）虐待等の子どもの命に関わる可能性がある場合

　悩んでいる保護者から子どもの虐待が疑われるような場合は、ただちに管理職に報告して学校の対応を協議し、警察や福祉と迅速かつ適切な連携をする必要があります。子どもの安全確保を最優先に考え、緊急な場合は一時保護も視野に入れ、通告等の必要な措置を取る必要があります。学校教育の領域を越える問題もあることから、児童相談所等の関係機関と連携して家族全体の支援を行うことになります。

3　場面別の具体的な対応のポイント

　これまでに述べてきたことを踏まえ、場面別の具体的な対応方法を考えてみます。この節では校内での面談以外の場面について触れていきます。

（1）電話の場合

電話の対応については心がけるべきポイントがあります。

1）受容・共感の姿勢

「はい」「そうだったのですね」「ご心配をおかけしています」等、電話をかけてきた人の心情に寄り添う言葉かけを行います。

2）相手の話を聞きながら、苦情の内容を整理する

電話対応の後、学校が具体的な解決に向けて動くことが相談者の信頼を得る近道となります。怒りの電話は概要が聞き取りにくいこともありますが、5W1H（Why, What, Who, Where, When, How）を聞き出し、後で情報を整理できるようにしましょう。

3）長時間になる場合は面談の対応に切り替える提案をする

会って話すことの大切さはもちろんのこと、電話のやりとりでうやむやな対応や約束をせず、内容を整理して学校全体で対応を話し合う時間をもつことが必要です。返答に困るような相談が持ちかけられている場合は、自信をもって「この件につきましては学校で話し合いをもち、きちんとした形でお返事させていただきます」と話すことが大事です。そのときは「逃げるのか」とか「学校ではなく、あなたはどう思っているんだ」と問われることもあるかもしれませんが、内容を大切なことと認識している旨を伝え、組織としてしっかり対応することを伝えます。その際、直に会って話し合いの場をもつことを提案してみましょう。

　以上のような姿勢が、保護者へのていねいな対応や教職員が自信をもって問題解決に当たれるきっかけとなります。

（2）訪問や保護者会等を行う場合

　訪問や保護者会は、学校の対応に非があった場合に行われることも多く、至らなかった部分が明確な場合は誠実に謝罪することが大切です。状況によっては管理職が参加することが誠意を示すことにつながります。

1）先方の都合に配慮をする

　家庭訪問や保護者会は学校側が必要と思っていても、保護者側がさまざまな理由で望まない場合もあります。日時の設定についてはよく相談をした上で対

応します。

2）話す内容を簡潔にまとめ、短い時間で必要なことを伝える

　話合いの場合と同様に、最初に何を話すために訪問したのかを明確にします。訪問や保護者会は家庭にとっても忙しい時間に行われることが多いので配慮が必要です。さらに、保護者にとって教職員が訪問するということは、特別なことであり、通常は誠意が伝わるものです。学校からの謝罪等の場合は「来てもらえた」という事実をもって終わる場合もあるので、長々と経緯を話すのではなく、事実を確認し今後の学校の対応を伝えるとともに、連携をお願いするという対応をしたいものです。

（3）連絡帳等を使う場合

　本来連絡帳は、保護者への連絡・お知らせに加え、日常の出来事について注意したり良くできたこと等を伝えたりするためのものです。あくまでコミュニケーションツールですので、連絡帳のやりとりだけで重要な課題を解決しようとすることは好ましくありません。

　もし、保護者から連絡帳を通じて申し出があった場合、それが持ち物のことや、ちょっとしたお礼、宿題の対応等、事務的に処理できるもの等は連絡帳に返事を書くことで構いません。しかし、児童生徒指導上の問題や学級経営に関わる話や学習への不安等が語られている場合は、この機会を話し合えるチャンスととらえ、内容を承知した旨を連絡帳で回答し、できるだけ直接話す方法に切り替えます。

（4）保護者に手紙を書く場合

1）感情的な表現は避ける

　子どもの活躍を「うれしかった」と表現する程度であれば問題はありませんが、子どもの行為に関する善悪の判断や、保護者が訴えてきたことに対する感情を書くことは誤解を生む結果につながります。

　たとえば、ケンカがあったときに「あなたのお子さんが一方的に悪いと思われます」とか、学級の在り方に不安を感じたという内容に対して、担任が「そ

の申し出にショックを受けました」等と書くと、保護者はどのように感じるで
しょうか。たとえ事実であったとしても正しくは伝わらず、問題の解決を困難
にする可能性があります。感情的にならず、きちんと事実を踏まえた記述をす
る必要があります。

　２）誤字・脱字等はしっかりチェックする

　文章に間違いが多いと、教師への信頼感が低くなる傾向があります。書いた
内容を信じてもらえないことや、我が子の情報をきちんと管理してくれている
のか等の不安も出やすくなります。文章は形に残るものです。誤字・脱字等も
含めてていねいに取り組む必要があります。内容によっては他の教師や管理職
にチェックをしてもらうこともよいでしょう。

注
１）嶋崎政男氏が、2011年に厚木市教育委員会で行った「保護者対応」についての講義資
　料。

【引用・参考文献】
柴田義松『ヴィゴツキー入門』子どもの未来社　2006年
嶋崎政男『学校崩壊と理不尽クレーム』集英社新書　2008年
関根眞一『日本苦情白書』メデュケーション　2009年
小野田正利・佐藤晴雄他『保護者の学校意識に関わる調査研究』日本大学文理学部教育学
　科　2010年
ベネッセ「モンスターペアレント、9割の保護者が『最近増えた！』」ベネッセ教育情報サ
　イト　2011年（https://benesse.jp/kyouiku/201109/20110908-1.html）
小野田正利「普通の教師が生きる学校　モンスターペアレント論を超えて」『内外教育
　（6319）』時事通信社　2014年
総務省統計局「平成27年 国勢調査」2015年
関根眞一『日本苦情白書Ⅱ 2019』メデュケーション　2019年
厚生労働省「2019年 国民生活基礎調査の概況」2019年

第10章
防災・学校安全

　本章では、交通事故や自然災害などによる傷害が、人的要因や環境要因など
に関わって発生していること等を知るとともに、「自分の命は自分で守る力」
を、教育活動を通して身に付けさせるためにどうすればよいかを学びます。

　9月になり、ある小学校で「防災の日」にちなんで避難訓練が実施されまし
た。採用3年目のA先生がベテランのB先生にその様子を報告しています。

B先生：今日は、今年度2回目の避難訓練でしたね。夏休みが終わったばかり
　　　　でしたが、子どもたちの避難の様子はどうでしたか。

A先生：はい。私も子どもたちが避難経路を覚えているかどうか少し心配だっ
　　　　たので、事前指導で確認しました。また、避難のときの約束「おさな
　　　　い、かけない、しゃべらない、もどらない」についても、子どもたち
　　　　とよく確認してから行いましたので、いつ地震が起こっても大丈夫と
　　　　思えるくらい、皆スムーズに避難できました。

B先生：なるほど。子どもたちとよく確認して避難できたのだね。でも、
　　　　ちょっと待って。それだけで、いつ地震が起こっても大丈夫と言い切
　　　　れるかな？

　笑顔で話すA先生にベテランのB先生は、ちょっと心配そうです。A先生の
指導した内容では、まだ十分でないと感じているようです。ほかにはどんなこ
とが必要でしょうか。

1 安全指導の基本 —自分の命は自分で守る—

「安全指導」について、避難訓練のほかにどんな内容が思い浮かぶでしょうか。たとえば、登下校や生活の中での交通安全、学校生活では廊下を走らない、遊具は使い方や順番を守って使うなど、ルールを守るイメージが強いのではないかと思います。災害時の避難についても、避難経路を守る、「おさない、かけない、しゃべらない、もどらない」のような危険回避のためのルールを守ることは、とても大切です。

では、安全に生活するための危険回避の方法を知ってさえいれば、自分の命を守ることができるのでしょうか。学校で先生や友だちと一緒にいるときに、あるいは家族や地域の方々が一緒にいるときには、「左右を確認して道を渡るのだよ」とか「こちらへ避難しよう」とか、指示や方針が示され、それに沿って行動することはできるでしょう。しかし、1人でいるときに大地震が起こったり、子どもが1人でいるときを狙う不審者に遭遇したりしたときは、誰の助けも借りず、1人で判断し行動しなければなりません。その一瞬の判断が自分の体や命を守ることにつながるわけです。東日本大震災で被災した子どもたちの危機一髪で難を逃れたエピソードや家族と別れ別れになったつらく悲しいエピソードは、まだ記憶に新しいところです。

大地震や不審者のような災難は頻度がそれほど高くはありませんが、安全な判断・行動が必要とされる場面は、日常生活の中でたくさんあります。たとえば、信号機や横断歩道のない道路を1人で渡るときや1人で自転車に乗っているときには、交通事故に遭わないように、自分で考え、判断し、行動しなければなりません。また、周囲に大人がいても何も指示されない場合もあり、自分で判断して行動する力が必要になってきます。

安全指導においては、子どもたちが危険回避の方法を知るだけでなく、「自分の命は自分で守る」という強い意識をもち、実際の場面で判断したり行動したりする力を身に付けさせることが最も重要となります。危険回避の方法を知っていても、実際の場面で行動できなければ自分の体や命を守ることはできません。危険回避の方法を学んだ上で、子どもたちに最も必要なのは、「自分

の命は自分で守る」力なのです。

2　すべての教育活動を通して

　では、実際に自分の体や健康、命を守るための意識や態度、思考力、判断力、行動力等を身に付けるために、学校ではどのような学習をするのでしょうか。

　防災・学校安全に関しては、「安全」という教科や領域がない中で、どのような場面で指導するのか、学習指導要領の目標や内容を確認してみます。

（1）学習指導要領での扱い

　小学校学習指導要領では、安全に関する指導について、「第1章　総則」に次のように示されています。

> 　学校における体育・健康に関する指導を、児童の発達の段階を考慮して、学校の教育活動全体を通じて適切に行うことにより、健康で安全な生活と豊かなスポーツライフの実現を目指した教育の充実に努めること。特に、学校における食育の推進並びに体力の向上に関する指導、安全に関する指導及び心身の健康の保持増進に関する指導については、体育科、家庭科及び特別活動の時間はもとより、各教科、道徳科、外国語活動及び総合的な学習の時間などにおいてもそれぞれの特質に応じて適切に行うよう努めること。また、それらの指導を通して、家庭や地域社会との連携を図りながら、日常生活において適切な体育・健康に関する活動の実践を促し、生涯を通じて健康・安全で活力ある生活を送るための基礎が培われるよう配慮すること。
> 　　　　　　　　　　　　　　　　　　　　（『小学校学習指導要領』から抜粋）

　中学校、高等学校についても内容は同じで、「児童」が「生徒」に、「体育科」が「保健体育科」に、「家庭科」が「技術・家庭科」になど、発達の段階や教育課程に応じた表現に変えられています。

　安全に関する指導については、小・中学校、高等学校いずれも

　○発達の段階を考慮して、学校の教育活動全体を通じて適切に行うこと

　○体育科（保健体育科）や家庭科（技術・家庭科）、特別活動、道徳科、外

　　国語活動などさまざまな教科等の学習の特質に応じて行うこと
が定められ、子どもたちが学校で学習した内容がさらに家庭や地域での日常生活の実践につながり、子どもたちの生きる力（生涯を通じて健康・安全で活力ある生活を送るための基礎）が培われることを目指しています。

　教師は日頃から児童生徒の実態を十分に把握するとともに、特定の教科や領域に限らず、学校生活のさまざまな場面で、安全に活動するためにはどのようなことに気を付けたらよいかという意識を子どもたちにもたせるような指導の工夫が必要です。もちろん、教師自身も「子どもたちが安全に活動できるにはどのような環境を整えればよいか」「安全について、子どもたちに主体的に考えさせるために、場の設定や発問の工夫をどのようにしたらよいか」など、自分自身が安全について高い意識をもつことも大切です。

（2）日常生活での安全指導

　では、具体的に児童生徒がけがや事故に遭うのは、どのような場面が多いのでしょう。

　2005（平成17）年から2018（平成30）年までの14年間に独立行政法人日本スポーツ振興センターが災害共済給付金を給付した学校管理下における死亡・障がい事例は総数で7,515件です。そのうち運動部活動等の課外指導中の事例は、2,456件とその3割を占めています。

　また、各教科等の指導中、起こった事例は1,240件あり、そのうち体育科の授業中の事例が988件と約8割を占めています。

　このことから子どもが運動するときには、常に危険と隣り合わせである意識を教師がもつとともに、運動する子ども自身が安全に気を付ける意識を高くもつことが重要と言えます。

　小学校体育科においては、保健領域の学習だけではなく、運動領域においてもすべての学年の内容に、学年の発達の段階に応じて、場や用具の安全に気を付けるような態度の醸成を掲げています。たとえば、マット運動の学習でマットの耳を下に織り込んでから使うことや、跳び箱運動の学習で前の人が跳び箱から離れてから次の人が跳ぶことなど、順番やルールを守ることが安全につなが

ることを学びます。教師に指示されなくても、自発的に自分や友だちの安全を考えられるように習慣づけることが大切です。同じように中学校保健体育科でも体育分野で扱う領域に態度に関する内容が示されており、1、2年生では健康・安全に気を配ること、3年生では健康・安全を確保することを学習します。

　さらに高等学校保健体育科でも、体育の領域では、どの運動に関しても健康・安全を確保することができるようにすることを学習します。これは、体育科、保健体育科の学習として、ただ運動の技能を身に付けるだけではなく、自己と向き合い主体的に運動に親しむ資質として、安全への気付きや配慮を身に付けることの大切さを表しているものです。

　独立行政法人日本スポーツ振興センターによると、休憩時間中の死亡・障がい事例が1,522件あります。校舎外が547件、校舎内が975件で、室内で走ったり暴れたりすることがいかに危険かがわかります。さらに、通学途中の死亡・障がい事例も1,108件あり、休憩時間中も含めて大人の目の届きにくい場面で、重大な事故が多く発生していることがわかります。「自分の命は自分で守る」力の育成が強く望まれます（件数は「学校事故事例検索データベース」『学校安全Web』2005～2018（平成17～30）年から）。

（3）交通安全指導

　子どもの命が危険と隣り合わせであるという点では、学校の内外を問わず、交通事故に関しても大きな関心が寄せられています。

　表10-1は、交通事故による「年齢層別死者数の推移（各年12月末）」（警察庁ホームページから）です。20歳未満については、年々減少の傾向が見られますが、それでも2020（令和2）年12月末には100人を超える人が交通事故によって尊い命を失っています。その背景にはさまざまな要因があります。交通死亡事故ゼロを目指して、学校や家庭、地域でできることは何かを考えなくてはならない深刻な状況です。何より、子どもたちの命を守る教育に携わる者として、教師自身が率先して交通ルールを守り、子どもに手本を示せるような存在となることが重要なのです。「学校から離れた場所だから」「子どもや保護者は見ていないから」「休日だから」等と赤信号の横断歩道を走って渡るようで

表10-1　交通事故による年齢層別死者数の推移

(各年1～12月末)

年 年齢層	平成22年 (2010)	平成23年 (2011)	平成24年 (2012)	平成25年 (2013)	平成26年 (2014)	平成27年 (2015)	平成28年 (2016)	平成29年 (2017)	平成30年 (2018)	令和元年 (2019)	令和2年 (2020)	増減数	増減率	構成率	指数
4歳以下	29	36	30	28	20	26	25	23	23	20	15	-5	-25.0	0.5	52
5～9歳	43	41	33	40	35	31	26	23	23	18	13	-5	-27.8	0.5	30
10～14歳	26	18	19	17	24	15	16	11	23	9	6	-3	-33.3	0.2	23
15～19歳	212	216	181	185	169	158	153	108	131	116	115	-1	-0.9	4.1	54
20～24歳	276	243	214	198	174	169	184	175	155	165	140	-25	-15.2	4.9	51
25～29歳	201	187	157	157	144	126	117	122	100	85	78	-7	-8.2	2.7	39
30～34歳	202	151	158	134	131	126	122	107	105	80	79	-1	-1.3	2.8	39
35～39歳	185	198	183	156	132	153	152	102	106	101	94	-7	-6.9	3.3	51
40～44歳	205	213	204	194	184	178	173	156	140	112	89	-23	-20.5	3.1	43
45～49歳	202	200	185	205	197	185	187	227	177	169	142	-27	-16.0	5.0	70
50～54歳	214	228	208	196	181	201	171	200	184	189	172	-17	-9.0	6.1	80
55～59歳	286	265	246	227	230	231	217	194	184	182	145	-37	-20.3	5.1	51
60～64歳	378	386	341	342	299	271	223	226	215	187	155	-32	-17.1	5.5	41
65～69歳	405	347	339	374	391	346	371	337	314	267	233	-34	-12.7	8.2	58
70～74歳	520	473	445	479	407	416	367	364	362	323	291	-32	-9.9	10.3	56
75～79歳	613	572	556	559	490	520	444	423	444	388	352	-36	-9.3	12.4	57
80～84歳	553	533	514	506	498	539	501	454	424	416	337	-79	-19.0	11.9	61
85歳以上	398	384	425	391	407	426	455	442	422	388	383	-5	-1.3	13.5	96
合計	4,948	4,691	4,438	4,388	4,113	4,117	3,904	3,694	3,532	3,215	2,839	-376	-11.7	100.0	57

注1　増減数(率)は、前年同期と比較した値である。
　2　指数は、平成22年を100としたものである。
出典：警察庁交通局「平成22年齢層別死者の状況」「令和2年中における交通死亡事故の発生状況及び道路交通法違反取締り状況等について」(2021年)

は、子どもに対して交通安全の指導はできません。

　成人を含めた交通事故による死者数についても、減少の傾向ではありますが、2019（令和元）年時点で、年間3,000人を超えている状況（警察庁統計資料）です。子どもたちが生涯を通じて健康・安全で活力ある生活を送れるよう、その基礎を小・中学校の義務教育の段階で培うことがいかに大切かがわかります。

　交通安全指導は、小・中・高等学校それぞれが児童生徒の発達段階に即して、体育科や保健体育科で学習します。

　たとえば、小学校体育科では、5、6年生の保健領域の内容として「けがの防止」で扱われています。

（2）けがの防止について課題を見付け、その解決を目指した活動を通して、次の事項を身に付けることができるよう指導する。
　ア　けがの防止について理解するとともに、けがなどの簡単な手当をすること。
　　（ア）交通事故や身の回りの生活の危険が原因となって起こるけがの防止には、周囲の危険に気付くこと、的確な判断の下に安全に行動すること、環境を安全に整えることが必要であること。
　　（イ）けがなどの簡単な手当は、速やかに行う必要があること。
　イ　けがを防止するために、危険の予測や回避の方法を考え、それらを表現すること。

（『小学校学習指導要領（平成29年告示）解説　体育編』から抜粋）

また、中学校保健体育科でも〈保健分野〉の内容に次のように示されています。

（3）傷害の防止について、課題を発見し、その解決を目指した活動を通して、次の事項を身に付けることができるよう指導する。
　ア　傷害の防止について理解を深めるとともに、応急手当をすること。
　　（ア）交通事故や自然災害などによる傷害は、人的要因や環境要因などが関わって発生すること。
　　（イ）交通事故などによる傷害の多くは、安全な行動、環境の改善によって防止できること。
　　（ウ）自然災害による傷害は、災害発生時だけでなく、二次災害に

> よっても生じること。また、自然災害による傷害の多くは、災害
> に備えておくこと、安全に避難することによって防止できること。
> (エ)応急手当を適切に行うことによって、傷害の悪化を防止すること
> ができること。また、心肺蘇生法などを行うこと。
> イ　傷害の防止について、危険の予測やその回避の方法を考え、それら
> を表現すること。
>
> 　　　　　（『中学校学習指導要領（平成29年告示）解説　保健体育編』から抜粋）

　このように、小学校で学習する内容を中学校で継続、発展させて指導することになっています。

　さらに、高等学校保健体育科の「保健」の内容は、次のようになっています。

> （2）安全な社会生活について、自他や社会の課題を発見し、その解決を
> 　目指した活動を通して、次の事項を身に付けることができるよう指導す
> 　る。
> 　ア　安全な社会生活について理解を深めるとともに、応急手当を適切に
> 　　すること。
> 　　（ア）安全な社会づくり
> 　　　　安全な社会づくりには、環境の整備とそれに応じた個人の取組
> 　　　が必要であること。また、交通事故を防止するには、車両の特性
> 　　　の理解、安全な運転や歩行など適切な行動、自他の生命を尊重す
> 　　　る態度、交通環境の整備が関わること。交通事故には補償をはじ
> 　　　めとした責任が生じること。
> 　　（イ）応急手当
> 　　　　適切な応急手当は、傷害や疾病の悪化を軽減できること。応急
> 　　　手当には、正しい手順や方法があること。また、応急手当は、傷
> 　　　害や疾病によって身体が時間の経過とともに損なわれていく場合
> 　　　があることから、速やかに行う必要があること。
> 　　　　心肺蘇生法などの応急手当を適切に行うこと。
> 　イ　安全な社会生活について、安全に関する原則や概念に着目して危険
> 　の予測やその回避の方法を考え、それらを表現すること。
>
> 　　　（『高等学校学習指導要領（平成29年告示）解説　保健体育編』から抜粋）

　このように、義務教育段階で学習する内容をさらに継続、発展させて指導することになっています。

　「自分の命は自分で守る」ために、まず、周囲の危険に気付く力、そして的確な判断の下に安全に行動する力、環境を安全に整える力を育むことを念頭に置いて、小学校低学年から発達段階に即して継続して指導することが大切であることがわかります。

（4）生命の尊重と安全な生活態度の育成

　これまで述べてきたように、交通事故一つとっても、子どもの身の回りには大きな危険が潜んでいます。そうした事故や災害から自分の命を守るためには、自他の生命を尊重する心や安全な生活態度の育成が欠かせません。

　小学校特別活動では、学級活動の内容に全学年の共通事項として「心身ともに健康で安全な生活態度の形成」が定められており、次のように示されています。

> 　防犯を含めた身の回りの安全、交通安全、防災など、自分や他の生命を尊重し、危険を予測し、事前に備えるなど日常生活を安全に保つために必要な事柄を理解する内容が挙げられる。他にも、進んできまりを守り、危険を回避し、安全に行動できる能力や態度を育成するなどの内容が考えられる。近年でも、東日本大震災や熊本地震、台風や集中豪雨などをはじめとするさまざまな自然災害の発生や、情報化やグローバル化等の社会の変化に伴い、児童を取り巻く安全に関する環境も変化している。したがって、安全に関する指導においても、取り上げた内容について、必要な情報を自ら収集し、よりよく判断し行動する力を育むことが重要である。
>
> 　　　　　　（『小学校学習指導要領（平成29年告示）解説　特別活動編』から抜粋）

　また、学校行事の内容には、健康安全・体育的行事のねらいと内容として次のような事柄があげられています。

> 　心身の健全な発達や健康の保持増進、事件や事故、災害等から身を守る安全な行動や規律ある集団行動の体得、運動に親しむ態度の育成、責任感や連帯感の涵養、体力の向上などに資するようにすること。
>
> 　　　　　　（『小学校学習指導要領（平成29年告示）解説　特別活動編』から抜粋）

　避難訓練など安全や防災に関する行事については、表面的、形式的な指導に終わることなく、具体的な場面を想定するなど適切に行うことの必要性が示されています。たとえば、緊急地震速報の警告音や地震が起きたときの音を再現した音響などを校内に流してから、実際の場面と同じように「お・か・し・も」の合言葉を守って避難する訓練をしたり、火災の発生場所によって火元から離れる避難経路を選んで避難する訓練をしたりしています。

　また、交通安全指導については、警察や地域の交通指導員等と連携しながら実践的な指導に重点を置いています。校庭等に道路に見立てた場を作り、横断歩道の渡り方（信号機のある場合、ない場合）や歩道のない道の歩き方（路側帯がある場合は路側帯の中を、ない場合は右側の端を1列で）などを学んだり、実際に自転車を使って安全点検の仕方や安全な乗り方について体験的に学んだりしています。

　中学校でも同様に、学級活動の内容として「心身ともに健康で安全な生活態度や習慣の形成」があげられており、学校内外を含め自分の生活行動を見直し、自ら安全に配慮した的確な行動がとれるようにするとともに、状況に応じて自他の安全を確保する態度を育てること、また、日頃の備えを含め自然災害等に対しての心構えや適切な行動がとれる力を育てることが大切であることが示されています。

　そして、「防犯を含めた生活安全や自転車運転時の交通安全に関すること、種々の災害時の安全に関すること、生命の尊重に関すること、環境整備に関すること、インターネットの利用に伴う危険性や弊害などに関する題材を（生徒の学年や発達の段階も踏まえて：筆者注）設定し、事故の発生状況や危険箇所の調査結果をもとにした話合い、『ひやり、はっとした』といった体験に基づく感想や発表、安全マップの作成、実技を通した学習、ロールプレイングなど様々な方法」による具体的な指導について言及しています。

　これは、安全指導について、教師が黒板に書いて説明するだけの授業ではなく、生徒が体験したり、考えたり、話し合ったりする実践的な学習からこそ、自分の命を守るための意識や態度、思考力、判断力、行動力等を身に付けることができるということにほかなりません。学校行事の内容にも、健康安全・体

育的行事のねらいと内容として次のような事柄があげられています。

> 　心身の健全な発達や健康の保持増進、事件や事故、災害等から身を守る安全な行動や規律ある集団行動の体得、運動に親しむ態度の育成、責任感や連帯感の涵養、体力の向上などに資するようにすること。
>
> 　　　　　　（『中学校学習指導要領（平成29年告示）解説　特別活動編』から抜粋）

　さらに、「自転車運転時などの交通規則を理解させ、事故防止に対する知識や態度を体得させるとともに、自然災害や犯罪などの非常事態に際し、沈着、冷静、迅速、的確に判断して対処する能力を養い、自他の安全を確保する能力を身に付けること」に留意するよう示されています。自転車を運転するときには、交通事故の被害者だけではなく加害者ともなり得る視点をもち、改めて事故防止について考えなくてはならないこと、また、自然災害や事件・事故に直面したときにどのように対処したらよいか、考えたり判断したりより良い行動ができたりするような力の育成が重要になってきます。

　さらに、高等学校においては、ホームルーム活動の内容に「生命の尊重と心身ともに健康で安全な生活態度や規律ある習慣の確立」が取り上げられており、学校内外における自分の生活行動を見直し、自ら安全に配慮した的確な行動がとれるようにするとともに、状況に応じて自他の安全を確保する態度を育てること、また、日頃の備えを含め自然災害等に対しての心構えや適切な行動がとれる力を育てることの大切さが強調されています。

　具体的には「生命の尊重に関すること」「防犯を含めた生活安全や自転車運転時の交通安全に関すること」「種々の災害時の安全に関すること」「環境整備に関すること」「インターネットの利用に伴う危険性や弊害などに関すること」などがあります。

　特に、交通安全については、自転車や自動二輪車による事故が多いこと、自動車の運転や同乗中の事故が少なくないことを踏まえ、社会の一員としての自覚と社会的責任の意識を高める指導の重要性や種々の事故の原因となる生活環境や生活行動を自ら見直し、安全の確保や環境の整備について考えさせ、危険を除去できる自主的、実践的な態度を養うことの必要性が重視されています。

そこで、事故の発生状況や危険箇所の調査結果、映像資料等をもとにした話し合い、「ひやり、はっとした」といった体験に基づく感想や発表、安全マップの作成、実技を通した学習、ロールプレイングなど実践力の育成につながるさまざまな方法によって生徒自身が考え、判断し、行動する力を身に付けられるよう、指導の工夫と充実が求められています。

生命の尊重と安全な生活態度や規律ある習慣の確立を目指して、小・中学校から高等学校へ発達の段階に応じて、学校教育全体を通じて行われる保健指導や安全指導等と密接に関連しながら、継続的、発展的に指導を積み重ねていくことが子どもたちの確かな力へと結び付くのです。

3　これからの取り組み

子どもたちが自分の体や健康、命を守るための意識や態度、思考力、判断力、行動力等を身に付けることがいかに大切かを理解する必要があります。

1995（平成7）年1月の阪神淡路大震災は、子どもたちがまだ自宅にいる早朝に発生しました。あの大地震が登校途中に起きていたら、子どもたちは自分で自分の身を守ることができたでしょうか。

また、2011（平成23）年3月の東日本大震災では、地震や津波によって多くの尊い命が失われ、震災から10年が経過した今なお、避難生活を余儀なくされている人や家族と離ればなれになったり、健康状態が回復しなかったりするなど、苦しくつらい状況にある人の存在があります。あのような大きな自然災害であっても、自らの命を自ら守ることができるような判断力や行動力を身に付けさせるための教育が日頃からできているかが、学校教育に問われているのです。

ともすれば教師の言うことを素直に聞く子どもを「よい子」と評価しがちです。教師の話をよく聞き、指示どおりに行動できることは大切なことです。しかし、教師の指示や手順に従ってさえいれば正解にたどり着いたり、作品が完成したりするような学習だけで、自らの判断で適切に行動できる子どもの育成はできません。

　具体的な学習内容を踏まえ、授業の在り方や指導の方法・内容を振り返り、これからどんなことに取り組んでいけばよいのかを考えていく必要があります。

（1）授業改善

　子どもたちがより良く考え、判断し、行動する力を身に付けられるよう、毎日の学習の積み重ねはとても大切です。

　子どもたちがより良い学びを積み重ねられるよう、教師はどのような授業づくりを心がければよいのでしょうか。子どもたちが判断力や行動力を身に付けることができるのか疑問のある授業についていくつか取り上げてみます。

1）一問一答型授業

　まず、一問一答型の授業です。全体への主発問のほかに、正解を導き出そうと細切れの発問をしてしまったり、答えが1つしかないクローズな発問が多くなったりすると一問一答の流れになりがちです。

　クローズな発問とは「この言葉を言った登場人物は誰ですか」とか、「太郎さんが持っていたお金はいくらですか」といった、答えが1つしかない発問です。クローズな発問も必要ですが、答えが1つしかない発問ばかりでは子どもが柔軟に思考する場面をつくるのは難しいでしょう。

　また、一問一答の流れでは、子どもに次々発問してしまうような失敗に陥りがちです。子どもは「誰かが正解を言ってくれるから、それまで待っていよう」とか、「正解がわかったらそれをノートに書けばいいから黙っていよう」といった消極的な姿勢になり、そこで思考が停止してしまいます。子どものさまざまな発言を取り上げ、皆で検討することで、子どもの思考力が高まったり深まったりすることにつながるのです。

2）教師説明型授業

　次に、課題やまとめを教師が一方的に全部話してしまう授業です。「今日はこの問題をみんなで考えます」と課題が提示される授業がそれです。授業の細切れ感を感じることもしばしばです。やはり、子どもたちの思考の流れを踏まえ、前時の振り返りや本時に関連する簡単な例題などから導入し、課題を提示

したいものです。

　また、1時間の授業のまとめを教師がすべて話してしまう授業があります。本時の授業の流れに即した内容であればまだしも、「教科書○○ページを見てください。今日のまとめがそこに書いてあるので読みます」と話すことがあります。これでは、子どもたちは「この授業で今までやったことは何だったのだろう」「まとめが教科書に書いてあるなら、授業を聞かなくても（課題をやらなくても）教科書を見ればいいや」と思ってしまいます。子どもたちの学習の流れに即して、できれば子どもの言葉を使ってまとめ、最後に教科書で内容を確認する授業のまとめができるとよいのです。課題をしっかりと自分のものとして受け止め、自分なりに考えたり、判断したり、表現したりする学習を通して、課題を解決し、授業のまとめができるとよいのです。

　同様に、正解への道筋を教師が全部説明してしまう授業も、子どもが思考したり判断したり表現したりする力を育むことは難しいと言えます。

3）パッケージ型授業

　もう一つは、手順どおりに子どもが作業することで答えが導き出されたり、何かができるようになったりするパッケージ型の授業です。教師の手順どおりに作業できることはとても大切なことです。しかし、答えを導き出すために困ったり悩んだりする場面がないと、子どもは考えません。言い換えれば、子どもの思考力や判断力を伸ばすためには、子どもが困ったり悩んだりする場面をあえてつくる必要があるということです。壁にぶつかったときに、何とかしてその壁を乗り越えようとする意欲や態度が子どもの思考力、判断力を育てます。

4）ピアノ発表会型授業

　最後に、自分の考えを発表し拍手して終わる、いわゆるピアノ発表会型の授業です。発表までの準備の間に、さまざまな思考や判断の場面も考えられますが、発表を聞いている子どもには「自分ならこう考える」とか「自分は今の発表とここが同じだけれど、ここはこんな工夫があると思う」とか、思考の輪を広げたり深めたりすることが大切です。そうした学習が子どもの思考力や判断力を伸ばします。

　子どもの思考力、判断力、表現力を伸ばすために、教師は自ら指導方法の工夫改善をする必要があります。子どもが課題を自分の事としてとらえ、友だちと意見交換したり自分なりに考えたりしながら、自らの力で課題を解決していく課題解決型の学習や、子どもが自分の目で見て、耳で聞いて、心で感じて、自分なりの言葉で表現する体験的な学習を重視することで、思考力や判断力、実践的な力を伸ばすことができるのです。

　1年間の授業時数は小学校1年生でも850時間、6年生では1,015時間、中学校でも1,015時間に及びます。この多くの授業の1時間、1時間の積み重ねが子どもの力となることを教師は忘れてはいけません。

（2）防災体制や安全指導の不断の見直し

　自治体や学校には防災マニュアルがありますが、大地震を経験した際に、マニュアルどおりにいかないことが多くありました。人々の命を守るためにはどのようなことが必要か新たな課題が見つかり、東日本大震災後に多くの自治体や学校で、防災マニュアルの見直しが図られました。

　マニュアルは、いざというときの行動指針となる大切なものです。大地震が起きたときにマニュアルが用意されていなければ安全な避難は難しいでしょうし、マニュアルどおりに行動しなかったために被害をこうむれば責任を追及されることもあります。「なぜ、もっと実際の状況に即した行動をとらなかったのか」「よく考えれば被害を防げたのではないか」といった非難を浴びることにもなります。事前にマニュアルを準備しても、実際に困難な場面に直面したときに、命を守るためにどういう行動をとればよいか、よく考え、状況を判断し、行動する力がとても重要になるわけです。

　東日本大震災を教訓に、日本安全教育学会ではさまざまな学校の事例をまとめています。たとえば、次のような事例があげられています。

・欠席児童や遠隔地（実家や親せき）に避難する児童は、学校に安否を連絡するよう、事前に保護者と約束し、連絡方法を確認しておく必要がある。
・靴箱をしっかり固定しておくことは、避難経路の確保のために重要であ

り、確実に転倒防止対策をとる必要がある。
・体育館は避難場所として重要であるので、吊り下げ型の水銀灯やバスケットゴールなどが落下する危険がないか、日頃から業者と連携して安全点検を確実に行うことが必要である。
・近隣の食料品店等と災害時の食料の確保や提供について事前の取り決めをしておくことが望ましい。
・事前に学校、地域、行政で避難所運営会議を開催し、三者で避難所開設と運営のマニュアルを作成し、学校施設の利用方法、学校の役割、地域や行政の役割等を確認、周知して、避難所開設・運営訓練をしておくことがスムーズな避難所の開設と運営に役立つ。
・外国人への対応の際、「災害時多言語表示シート」が役立つ。行政で作成しているところが多いので事前に用意しておくとよい。
・飲酒、喫煙などを行って避難生活を乱す者に対しては、警察と一緒に対処する必要がある。
・学校からの連絡事項については手書きのチラシを作成し、町内会や子ども会の掲示板やスーパーマーケット、コンビニ等に依頼して貼ることも有効である。

（日本安全教育学会 編『災害―その時学校は　事例から学ぶこれからの学校防災』「事例から学ぶ防災対策：仙台市立原町小学校」（2013年）pp.6-9 より筆者要約）

どれもすぐに取り組みたい対策です。教職員全員が子どもの、そして自分の命を守る意識をしっかりともち、協力して防災体制づくりに臨む必要があります。

また、学校だけで対策が難しいものは、地域の方々や行政機関との連携が重要になってきます。特に、地域の方々とは、日頃から地域や公民館の活動に教職員が参加したり、学校の活動に地域の方々をお招きして学校の様子を知っていただいたりすることが必要です。さまざまな場面で関わりをもち、共通の課題や視点をもつことで、いざというときに互いの立場や安全を考えた連携が可能となります。地域の活動に参加し、地域の方々の顔がすぐに思い浮かぶか、反省材料とすることも大切です。

子どもへの日頃の指導の場面でも、教師が防災・安全の意識をしっかりともって取り組むことが大切です。たとえば、特別活動では、学級活動や児童生

徒会活動を通した仲間づくりの工夫が大切になります。ともに学校生活を送る仲間と協力して物事を成し遂げる達成感や満足感、充実感の経験が、困難な場面に直面したときに子どもたちにとっては大きな力となります。

　また、学校行事等の縦割り活動で異年齢の子どもと助け合う体験も大切です。年長の子どもが年下の子どもを助けたり教えたりすることはもちろん、ときには年下の子どもが年長の子どもの助けになったり、年下の子どもとともに活動することを通して年長の子どもの自覚や責任感が高まったりすることが考えられます。子どもたちにとって、大きな力となることは間違いありません。

　さらに、道徳の指導では、集団の規律、ルールやマナーを守ることの大切さを学ばせる必要があります。集団生活では、一人ひとりが勝手な行動を慎み、相手の立場に立ってルールやマナーを守って行動することで、皆はもちろん自分自身も安心・安全な生活が送れることに気付かせたり感じさせたりすることが大切です。そのためには、子どもたち一人ひとりが自分の行動の善悪の判断をできる力が重要になってきます。

　小学校1年生でもやってよいことと悪いことはわかります。しかし、わかっていても、自分の欲求や衝動を抑えられず、失敗する子どもも少なくありません。正しい行動、善い行いは、皆が安心して安全な生活ができることに結びつき、勝手な行動、反社会的な行動は皆を不安な気持ちや嫌な気持ちにさせるだけではなく、自分自身も不安定な気持ちになることなどを、小学校低学年の頃からさまざまな場面で繰り返し体験的に学ばせる必要があります。正しい行動や善い行いをする勇気の種を子どもたちの心に植え付けることが大切なのです。教師自身が思考力、判断力、表現力を駆使して、こうした取り組みを学校のすべての教育活動で行うことが、子どもたちに「自分の命は自分で守る」力を育むことになります。

　今、学校現場では、子どもたちがいざというときに自分の命を自分で守れるようにさまざまな取り組みを進めています。たとえば、火災や地震を想定し、避難の仕方を学んだり、予告なしに突然、避難訓練を行ったりしています。また、大地震に備えて中学校区で一斉に保護者へ子どもを引き渡す訓練も行っています。地域や公民館と連携して、防災デイキャンプを実施し、避難後の生活

について体験したり考えたりする取り組みも盛んです。

　交通事故に対しては、実際に自転車を使って交通ルールや正しい自転車の乗り方について体験的に学んでいます。また、関係機関と連携して、トラックからの死角を子どもが体験的に学ぶ交通安全教室も開かれています。

　子どもたちが「自分の命は自分で守る」力を身に付けるためには、すべての教職員がこの課題を自分のこととしてとらえ、日頃から高い意識をもち、授業はもちろん学校のすべての教育活動を通じて、工夫して取り組むことが大切です。その上で、学校・家庭・地域が同じ意識で連携して取り組むことが、子どもの思考力、判断力、行動力を育む大きな力となります。

【引用・参考文献】

日本安全教育学会編『災害―その時学校は　事例から学ぶこれからの学校防災』ぎょうせい　2013年

文部科学省　小学校学習指導要領（平成29年告示）総則編　2017年

文部科学省　小学校学習指導要領（平成29年告示）体育編　2017年

文部科学省　小学校学習指導要領（平成29年告示）家庭編　2017年

文部科学省　小学校学習指導要領（平成29年告示）特別活動編　2017年

文部科学省　小学校学習指導要領（平成29年告示）特別の教科　道徳編　2017年

文部科学省　中学校学習指導要領（平成29年告示）総則編　2017年

文部科学省　中学校学習指導要領（平成29年告示）保健体育編　2017年

文部科学省　中学校学習指導要領（平成29年告示）技術・家庭編　2017年

文部科学省　中学校学習指導要領（平成29年告示）特別活動編　2017年

文部科学省　高等学校学習指導要領（平成30年告示）家庭編　2018年

文部科学省　高等学校学習指導要領（平成30年告示）特別活動編　2018年

警察庁交通局「年齢層別死者の状況」『令和2年中における交通死亡事故の発生状況及び道路交通法違反取締り状況等について』2021年

第11章
チーム学校

　本章では、教育課題の解決のために学校が組織として機能することの大切さを学ぶとともに、教員一人ひとりが責任をもって意欲的に学校づくりに参画することの重要性について学びます。

1 「集団」から「組織」、そして「チーム」へ

（1）「よい学校」とはどのような学校か

　「よい学校とはどのような学校？」と問われたら、どう答えますか。「問題がない学校」と答えるかもしれません。はたしてその答えは正しいでしょうか。急速に社会が変化し、子どもや家庭、地域社会に大きな影響を与えている世の中、はたして問題がない学校は存在するのでしょうか。

　学校の抱えている問題は、いじめや暴力行為、不登校といった生徒指導上の課題に限りません。学力向上の取り組みや特別支援教育の充実、安心・安全な学校づくり、情報化やグローバル化への対応、感染症やアレルギー対策、帰国・外国籍児童生徒等の増加への対応、子どもの貧困問題など多岐にわたり、あげればきりがありません（図11-1）。そう考えると、問題がない学校など存在しません。

　そこで、改めて考えてみることにします。よい学校とはどのような学校ですか。

　妹尾昌俊氏は、「学校教育の悪循環と好循環」を図で表しています（図11-2）。学校は課題を抱えつつも、学校全体が組織として同じ方向を向き、図の

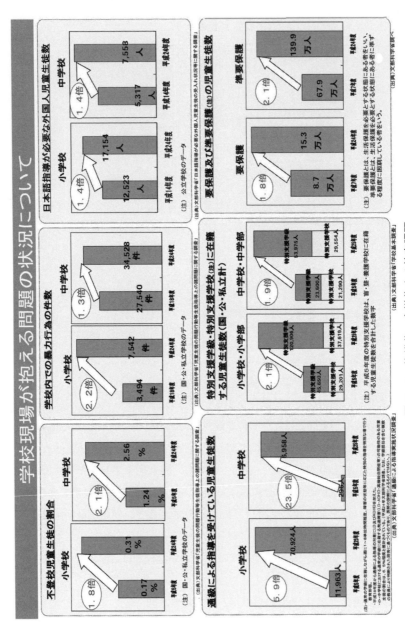

図11-1 複雑化・多様化する教育問題

出典：初等中等教育分科会 チーム学校作業部会「資料6 チーム学校関連資料」（2014年）

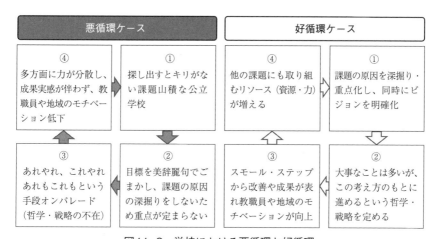

図11-2　学校における悪循環と好循環
出典：妹尾昌俊『変わる学校、変わらない学校』(2015年)

ように、教員それぞれが意欲と責任をもって学校づくりに参画し、学校の教育力をより効果的に高めようとしている学校が「よい学校」なのです。

　この視点から学校の在り方を考えてみたとき、学校を構成する一人ひとりのメンバーの意識が非常に重要になってきます。

　次に、人のまとまりとしての「質」を比べて考えてみます。

（2）集団と組織の違いとは

「集団と組織」の違いは何でしょうか。

人が集まっている状態という面では集団も組織も同じように見えます。

【集団】①あつまって群を成すこと。また、その集まり。
　　　　②相互関係を有し、生活を共にする個体の集合。
【組織】①材料をくみ合せること。
　　　　②幾人かの人や幾つかのものを一つの体系のもとに構成すること。また、でき上がった秩序あるまとまり。

（『新潮現代国語辞典』新潮社）

　集団と組織の違いを考えるときに、「１頭のライオンに率いられた100匹の羊の群れは、１匹の羊に率いられた100頭のライオンの群れに勝る」というナ

ポレオンの格言を思い出します。

　この言葉は、リーダーシップの大切さを教える格言です。少し言葉を変えて「1頭のライオンに率いられた100匹の羊の組織は、1匹の羊に率いられた100頭のライオンの集団に勝る」ことがあり得るか考えてみます。

　100匹の羊と100頭のライオンを単純に比べたとき、羊がライオンに勝つなど考えられませんが、羊がライオンに勝つとするならば「組織」と「集団」の違いがとても重要な意味を持ってきます。

　まず、「集団」というのは「人の集まり」、とりあえず何となく人が集まっている状態です。一方「組織」というのは「体系の下に構成されている形、秩序あるまとまり」です。

　バラバラであるライオンのような集団に一つにまとまった羊のような組織が勝つことは、戦史を紐解いてみると確かにあります。例をあげるならば、日本史の中で誰もが知っている天下分け目の戦いと言われた「関ヶ原の戦い」です。部隊の人数からも、部隊の配置からも明らかに優勢であると見られていた石田三成を中心とした西軍が、わずか1日で徳川家康率いる東軍に敗れてしまいました。西軍の多くは、陣地にいても積極的に働かず、中には味方に向けて攻撃を仕掛けた（寝返り）ことが大きな要因とされています。東軍が一つにまとまった「組織」であったのに対して、「西軍」はそれぞれの思いに任された「集団」に過ぎなかったのです。

　C・バーナード（Barnard. C）の定義によれば、組織とは「2人以上の人々の意識的に調整された活動や諸力の体系」であり、組織には、次の3つが必要であるとされます。

　　①　相互に意思を伝達できる人がいる（コミュニケーション）
　　②　それらの人が行為で貢献しようとする意欲をもっている（貢献意欲）
　　③　共通目的の達成を目指している（共通目的）

　ラグビー日本代表チームが、ワールドカップで優勝経験のあるチームに逆転勝ちをし、しかも1大会で3勝をあげ世界を驚かせたことはまだ記憶に新しいと思います。体格やパワーなどの足らない部分を「組織」の力でカバーしたということが大いに話題になりました。

　同じように、学校が児童の教育に効果を上げるためには、教職員集団がこの
3つの条件を満たす「組織」として機能しなければなりません。教職員一人ひ
とりが組織の一員である、つまりは「チームとしての学校」としてものごとを
考え、行動をしていくことが必要なのです。

　最近はあまり聞くことがなくなりましたが、昔「学級王国」という言葉があ
りました。担任の指導力が強く、がっちり自分の学級を固めてしまい、壁を高
くし、その学級だけのルールで動き、他の教員からの指導が入りにくくなる状
況を指します。学級としてはまとまっているように見えますが、学年が代わり、
他の担任が受け持ったとき、大きな弊害をつくり結果的に大きなデメリットを
もたらします。ここにも組織の一員という考え方が欠けていると言わざるを得
ません。

（3）「組織」から「チーム」へ

　「組織」と「チーム」は、ほぼ同じ意味であり、言葉の違いを明確に答える
ことは難しいことです。しかし、特に最近の学校においては、「チーム○○」
（○○は学校の名前）として使われることが多いように思います。

　学級経営も授業も担任教員の創意と主体性が尊重されて初めて生きて働くも
のになるのですが、高度化し複雑化している知識・技術や急速に変動している
社会に対処しうるには、担任中心の「学級王国」は通用せず、学校が目的を
しっかりと共有し、教育の系統性や指導の一貫性を強化できる姿に在りようを
変えていかなければならないことは前述のとおりです。

　「組織」「チーム」の2つが併用されながらも、学校はどちらかというと
「チーム学校」のように使うことが多いのはなぜでしょうか。

　次の理由があるように考えます。学校という組織は、校長、教頭（副校長）、
主幹教諭、教諭、養護教諭等の職責があり、企業や行政機関の組織等が強くも
つ「目標達成指向性」を目指しています。さらに「同僚性」と呼ばれる考え方
や受け止め方の相違を互いが切磋琢磨し学び合い高め合おうとするスポーツ
チームや研究組織等が強くもつ「組織維持指向性」の側面をも強くあわせもつ
「組織」です。

　つまり、目標共有の上での個々の教職員の組織への影響力が無視できないものとして存在しており、教職員それぞれの意欲や創意工夫についての「協働性」「同僚性」の求めがとりわけ重要な位置を占めていることから「チーム」という言葉が多用されると思われます。

　教職員の存在は学校の保有する資源の中ではきわめて大きい比重を占めます。その個々の教職員の長短得失を最適に組み合わせ、それぞれの強みやよさを最大限に引き出していける「チーム力」を高めていくことはとても重要な課題となっています。

2　組織を意識して、 チーム力を発揮できるようになるために

　教員として指導力を高めていくときに、授業の腕をあげ、子どもたちに力を付けていく「授業づくり」や子どもたち同士の好ましい人間関係を築く「学級づくり」はとても重要な要素です。

　もう一つ必要な資質は、自分一人で抱えこまず、他の教員と協力し合い、気持ちをそろえながら「学校づくり」をしていくという「協働する力」です。

　そのために、身を付けたいことを3つあげます。

（1）自分から進んで、最高の笑顔であいさつをする 　　　―あいさつは、人間関係力の基礎・基本―

　当たり前と思っている人がいるかもしれませんが、きちんと相手の目を見てしっかりできている人は少ないものです。あいさつは、人との関係を気持ちよく維持していくための大切な日々の習慣です。組織で仕事していく以上、職種は問わずあいさつをきちんとする習慣ができていることは、人間関係力の基礎・基本であるだけでなく、一生の財産になります。

1）まず、笑顔

　自分から相手の目を見て最高の笑顔であいさつをする、このことは相手が子どもであっても大人であっても同じことです。人間にとって、笑顔はポジティ

ブな心の動きをもたらします。特に相手の心をひらき、共感を得る場を一瞬の
うちにつくります。子どもたちや職場の同僚、保護者や地域の方々、来校され
るお客さんとの関係性を大切にする教員にとっては、とても重要な技術と言っ
てもよいでしょう。

2）明るい声で

「おはようございます」という明るい言葉が聞こえてくると、周りの雰囲気
が気持ちよく豊かになります（今日も一日いいことがありそうだな……とか）。
万一、前の日に気まずい関係が生じたとしても、あいさつの一言が修復のきっ
かけになることもあります。機械的に言葉を発するのではなく、言葉を相手に
届けるつもりで明るい声であいさつをするように努めることが大切です。

3）雑談における心遣い

職員室は、校長等をはじめ年齢の異なるさまざまな職員が集まる場所です。
円滑に仕事を進めていくためには、人とのコミュニケーションが欠かせません。
職員室での少しの時間を利用した雑談が、さまざまな情報を収集することに
なったり、相談に乗ってもらえるきっかけになったりして、仕事の効率を上げ
る結果になることもあります。

雑談にもマナーがあります。お互いに敬意をもって接することが大切です。
雑談で人を傷つけたり、恨みを買ったりしては何にもなりません。年齢や立場、
役割、親しさの度合いに応じた言葉遣いを心がけ、協力し合える教員になりた
いものです。

（2）「ホウレンソウ（報告・連絡・相談）」を心がける
　　　—組織力のポイントは情報共有、情報共有の胆は「ホウレンソウ」—

管理職や先輩の先生方に、情報や仕事の進捗状況などを「報告」「連絡」「相
談」することを「報・連・相」（以下「ホウレンソウ」）と縮めて表し、チーム
で仕事をするときの情報共有のキーワードとして用います。

1）「ホウレンソウ」はなぜ大切か

学校には数多くの業務があり、学校教育目標の具現化に向けて、組織的に教
育活動が進められています。円滑に仕事を行っていくためには、情報を共有し

ていくことが欠かせません。そのためには、「ホウレンソウ」が不可欠です。また、学級経営のこと、授業のこと、仕事の進み具合だけでなく悩んでいることを含めて、管理職や先輩の先生方に自分の進めていることが、間違いではないか、的確かどうか、ヒントをもらう、自分の考えを聞いてもらう、相談に乗ってもらうなど、「ホウレンソウ」をすることが大切です。「ホウレンソウ」が欠けていたせいで、大きなミスや思わぬトラブルを招いてしまうことが少なくありません。

　2）「ホウレンソウ」の３つのレベル

　「ホウレンソウ」が大切だからといって、何から何まで管理職や先輩に言えばよいというものではありません。忙しい先生たちが、日々学級で起こる些細なことまで報告されても困ってしまうでしょう。どんな場合に、どのように「ホウレンソウ」するかということを心得ていることが大切です。

　そのためには、まず、「ホウレンソウ」を３つのレベルに分けて考えてみます。

(a) レベル１：学年主任や担当の先生への「ホウレンソウ」

　学級内で起きた問題や仕事を進める上で困ったことなどは、学年主任や担当の先生に「ホウレンソウ」し、指示を受けます。毎日の学校生活で起こる問題は、ほとんどこのレベルに収まっています。

(b) レベル２：教務主任や生徒指導担当への「ホウレンソウ」

　学年をまたがる行事運営上の問題や生徒指導上の問題が考えられます。この場合も、まずは学年主任や先輩の先生に相談してから、そのアドバイスを受けて「ホウレンソウ」するのがよいでしょう。

(c) レベル３：管理職への「ホウレンソウ」

　子どもがけがをしてしまった、保護者から苦情を受けたといった場合が考えられます。この場合も、緊急の場合を除けば直接管理職に話すのではなく、まずは学年主任に話をする手順を踏むとよいのです。「管理職に報告しておきなさい」といったアドバイスが得られるでしょう。

　帰宅時に交通事故を起こしてしまったなど服務のことや結婚・退職などの私的なことは管理職に直接「ホウレンソウ」します。

3)「ホウレンソウ」の仕方

　誰かに相談する場合には、内容を整理して、自分はどのように取り組みたいのか考えをもった上で相談することが大切です。「どうしましょうか」ではなくて、起こった事実を最も知っているのは、「ホウレンソウ」する教員本人のはずです。一番身近にいる教員が判断して、解決の方向性を考えてみることが、判断能力を高めます。もし、自分の判断が違っていても、判断の適否を確認する根拠をもつことになります。

　「ホウレンソウ」をした後の解決の状況まで、事後報告としてきちんとできるようにしておくことを付け加えておきます（具体的な「ホウレンソウ」の対応事例は、「第5章 生徒指導とは何か」を参照してください）。

（3）自分の目標を学校全体の目標と結び付け、ふり返り記録を蓄積する

　組織というのは、共通の目的達成のために役割分担して仕事を進めています。共通の目的とは、どの学校にも必ずある学校教育目標です。どんな子どもに育ってほしいのか、育てたいのかという目指す子ども像です。すべての教育活動は、この学校教育目標を具現化するために営まれています。

　ある小学校の学校教育目標は、次のとおりです。

「豊かな心をもち、たくましく生きる児童の育成」
　・助け合い、思いやりの心をもつ子
　・進んで学び、創造的に考える子
　・心身ともにたくましい子

　抽象的な表現ですが、この学校はこの目標を目指して、組織的、継続的に教育活動を展開しようとしています。さらに、年度ごとの重点目標を決め、具体的にイメージできるようにしている学校も増えてきています。

　組織を意識して力を発揮するためには、その学校でみんなが目指そうとしている目標をしっかりと共有し、その目標に向かって仕事を進めていくことが、とても重要なことです。

　さらに、一人ひとりが学校組織の中で役割（仕事分担）が与えられているは

ずです。たとえば、「体育的行事」の係であったり、「校内の環境整備」の係であったりします。その担当した役割の中で、こういうことに力を入れたいという目標を明確に具体化していくことによって、仕事ぶりに大きく違いが表れてきます。

また、学級担任であれば、学校教育目標をもとに、学年目標や学級目標を設定します。その目標を、目に見えるところに書き記し、意識化を図ることが大切です。

もう一つ重要なことは、その目標の達成状況や取り組みの進捗状況を記録することです。たとえば、年度始めに学級経営案を作成します。学級経営案とは「担任が学級の子どもを期待する目標に向かって計画的に教育していくための計画書」です。そして、組織の一員であるという自覚をもち、学校教育目標や学校経営案をしっかりと踏まえて、その具体化や関連付けをしながら作成するものです。年度の節目に読み直し、目標達成に向けて進捗状況は順調であるか、追加や修正はないかをふり返り、軌道修正を図ることも必要になってきます。

同じ意味で、日々の教育実践に即した記録である週指導計画（週案）を活用し、効果のあった指導の仕方や失敗の原因をふり返り、指導の改善に役立てることを習慣化することは大いに効果があります。日々の実践をふり返り、成果や課題を明確にしながら整理し、記録を蓄積する時間はとても貴重です。この営みは個々の教員の実践的指導力を向上させるだけでなく、学校の「チーム力」を高めるための大切な手がかりとなります。

3 「チームとしての学校」で学校組織はこう変わる

これからの国の教育施策として、中教審は、2016（平成28）年12月に「チームとしての学校の在り方と今後の改善方策について」の答申を行いました。

すでに、「チーム日本」「チーム学校」などよく使われている言葉ですが、この答申を読み解きながら「チームとしての学校」について考えてみましょう。

（1）「チームとしての学校」が求められる背景

　答申は「チームとしての学校」が求められる背景として「新しい時代に求められる資質・能力を育む教育課程を実現するための体制整備」「複雑化・多様化した課題を解決するための体制整備」「子どもと向き合う時間の確保等のための体制整備」の3点をあげています。

1）新しい時代に求められる資質・能力を育む教育課程を実現するための体制整備

　1つ目の背景は、現行の学習指導要領改訂に伴う体制整備の必要性でした。この学習指導要領の方向性について検討を進めてきた中教審教育課程企画特別部会は、2016年8月に「論点整理」を公にしています。

　「論点整理」は、これからの予測が難しい時代には、「社会の変化に受け身に対処するのではなく、主体的に向き合って関わり合い、その過程を通して、一人ひとりが自らの可能性を最大限に発揮し、よりよい社会と幸福な人生を自ら創り出していくことが重要」であり、「学校の場においては、子どもたち一人ひとりの可能性を伸ばし、新しい時代に求められる資質・能力を確実に育成していくこと」がいっそう重要となるという方向性を示しています。この新しい資質・能力を育むためには、子どもが社会や世界と接点をもちつつ、多様な人々とつながりを保ちながら学ぶことができる開かれた環境や「社会に開かれた教育課程」、そして、課題の発見・解決に向けた主体的・協働的な学び（いわゆる「アクティブ・ラーニング」）の視点に立った授業改善、さらには各教科等の教育内容の関連性を重視する「カリキュラム・マネジメント」の推進が必要であると提言しました。

　これらを実現する上では、社会の連携に関する業務や教材研究、学習評価を行う時間、カリキュラム・マネジメントのための時間等が必要になります。そのためには体制整備が求められているというのが1つ目の背景です。

2）複雑化・多様化した課題を解決するための体制整備

　今日、いじめ・不登校などの生徒指導上の課題や特別支援教育への対応など子どもを取り巻く環境が複雑化・多様化しており、また、貧困問題への対応や土曜日の教育活動の取り組み、通学路の安全確保対策といった地域活動、感染

症やアレルギー対策といった新しい健康問題への対策など、学校に求められる役割も拡大しています。問題解決を図る上では、教員以外の専門性が必要な問題への対応のため、教員が授業準備や教材研究等に十分に時間を割くことができない状況にあります。こうした現状を改善するための体制整備が求められているというのが2つ目の背景です。

3）子どもと向き合う時間の確保等のための体制整備

2014（平成26）年6月に公表されたOECD国際教員指導環境調査（TALIS 2013）では、日本の教員の1週間当たりの勤務時間は参加国中で最長になっており、我が国の教員は、授業に関する業務が大半を占めている欧米の教員と比較すると、授業以外にも生徒指導や部活動などさまざまな業務を行っていることが明らかにされました（図11-3、4）。このような実態を改善するための体制整備が求められているのが3つ目の背景です。

　これらの背景のうち1）と2）は学校の機能強化の方向性であるのに対して、3）は教員の機能縮小の方向性であり、両者は対立する可能性があります。そこで、多様な専門性をもつ職員の配置と家庭・地域・関係機関との関係の整理、さらには学校の役割の見直しによって、教育水準の向上を図りつつ、教員の業務負担を軽減させようとするのが答申の趣旨になっています。

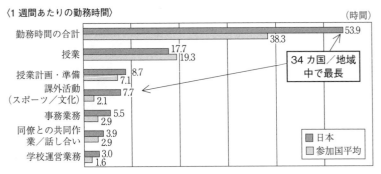

図11-3　多忙化している日本の教員—教員の勤務時間の国際比較
出典：初等中等教育分科会チーム学校作業部会「資料6　チーム学校関連資料」（2014年）

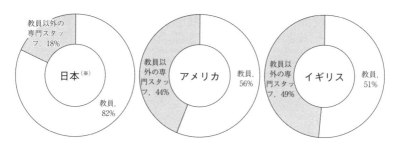

専門スタッフの割合の国際比較

○初等中等教育学校の教職員総数に占める教員以外の専門スタッフの割合

図11-4　多忙化している日本の教員─教職員と専門スタッフの割合
※　日本は小・中学校に関するデータ
出典：初等中等教育分科会チーム学校作業部会「資料6　チーム学校関連資料」（2014年）

（2）「チームとしての学校」を実現するための具体的な改善方策

　答申は「これからの学校が教育課程の改善等を実現し、複雑化・多様化した課題を解決していくためには、学校の組織の在り方や、学校の組織文化に基づく業務の在り方などを見直し、「チームとしての学校」をつくり上げていくことが大切である」と述べ（図11-5）、「チームとしての学校」像を次のように定義しています。

> 　校長のリーダーシップのもと、カリキュラム、日々の教育活動、学校の資源が一体的にマネジメントされ、教職員や学校内外の多様な人材が、それぞれの専門性を生かして能力を発揮し、子どもたちに必要な資質・能力を確実に身に付けさせることができる学校

　さらに「チームとしての学校」が成果を上げるための3つの視点とその方策が示されました。

1）「専門性に基づくチーム体制の構築」

　教員の指導体制の充実を図るための方策として、教員の業務の見直し、事務職員や専門スタッフの活用の推進、必要な教職員定数の拡充などが示されました。

244

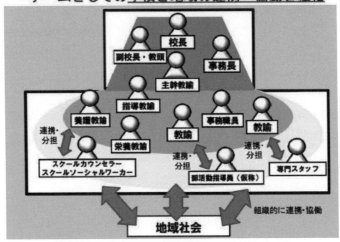

図11-5 「チームとしての学校」像（イメージ図）
※図中の「部活動指導員」は「（仮称）」となっているが、2017（平成29）年より正式に制度化された。
出典：中央教育審議会「チームとしての学校の在り方と今後の改善方策について（答申）」（2015年）

　現在、教員以外の専門スタッフの参画に関しては、スクールカウンセラーやスクールソーシャルワーカーは非常勤で十分な人数が配置されていないことから、答申はそれらを必要な職員として職務内容を法令化・明確化し、配置の拡充を図ることが必要であると指摘しています。部活動に関しても、指導・助言や単独での引率等を職務とする職員として部活動指導員の新設が提言され、2017（平成29）年に学校教育法施行規則に新たに規定されました。このほか、授業においてはICT支援員や学校司書とともに外国語指導助手を、さらに特別支援教育に関するスタッフとして特別支援教育介助員や看護師の配置の充実を求めています（図11-6）。また、学校内で地域との連携の推進を担当する教職員を地域連携担当教職員として、法令上明確化することの検討を盛り込んで

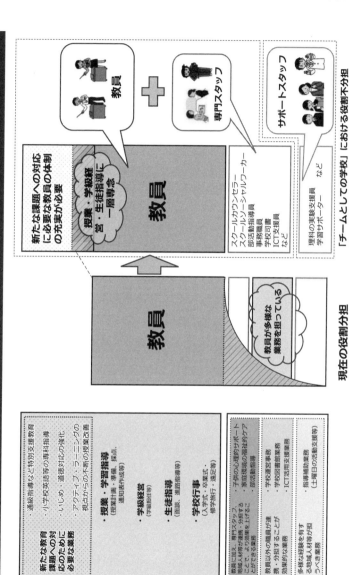

図11-6　「チーム学校」による教職員等の役割分担の転換について（イメージ図）

出典：中央教育審議会「チームとしての学校の在り方と今後の改善方策について（答申）」（2015年）

います。

　ただし、「専門スタッフの参画は、学校において単なる業務の切り分けや代替を進めるものではなく、教員が専門スタッフの力を借りて、子どもたちへの指導を充実するために行うものである」と述べ、今後も教員が子どもの教育の中心的存在であることを示唆しています。

　なお、具体的な専門スタッフの役割については、この後で改めてふれます。

　2）「学校のマネジメント機能の強化」

　学校のマネジメント機能を今まで以上に強化するため、副校長の配置や教頭の複数配置、教頭と事務職員の分担の見直し、主幹教諭の配置等の推進があげられています。事務体制を強化するために事務職員の職務規定を見直し、学校運営に関わる職員であることを明確化することや、事務の共同実施組織について法令上、明確化することの検討を提言しています。

　3）「教員一人一人が力を発揮できる環境の整備」

　教職員が意欲をもって、それぞれの専門性を生かし、自らの職責を果たすことができるようにするため、人材育成の充実や業務改善等の取り組みを進めるよう求めています。さらに、「チームとしての学校」を実現するためには、学校と家庭、地域との関係を整理し、学校が何をどこまで担うのかを検討課題とするとともに、学校が抱える課題が複雑化・多様化している状況の中、課題を解決するためには、学校がよりいっそう地域に開かれ、地域住民や保護者が学校運営への理解を深め、積極的に参画することで子どもの教育に対する責任を学校、家庭、地域と分担していくことが重要であると提言しています。

（3）地域の教育力を生かした「チームとしての学校」

　1）学校を支える専門性を有するスタッフの参画

　学校が複雑化・多様化した課題を解決し、新しい時代に求められる資質・能力を子どもに育んでいくためには、校長のリーダーシップの下、教員がチームとして取り組むことができるような体制を整えることが第一に求められています。それに加えて多様な職種の専門性を有するスタッフが学校にいて、教職員や専門スタッフが自らの専門性を十分に発揮し、「チームとしての学校」の総

合力・教育力を最大化できるような体制を構築していくことが大切です。こうした観点から、専門スタッフ（心理、福祉、部活動、特別支援教育、地域連携等）の職務について見ていきます。

(a)　心理や福祉に関する専門スタッフ

①　スクールカウンセラー

　　スクールカウンセラーは、心理の専門家として児童生徒等へのカウンセリングや困難・ストレスへの対処方法に資する教育プログラムの実施を行います。また、児童生徒等への対応について教職員、保護者への専門的な助言や援助とともに、教育のカウンセリング能力等の向上を図る研修を行っている専門職です。教育委員会に採用された非常勤の職として、各学校に定期的に派遣されていることが多いです。

②　スクールソーシャルワーカー

　　スクールソーシャルワーカーは、福祉の専門家として、問題を抱える児童生徒等が置かれた環境への働きかけや関係機関等とのネットワークの構築、連携・調整、学校内におけるチーム体制の構築・支援などの役割を果たしています。教育委員会に配置され、学校に派遣を行う派遣型や学校等へ配置する配置型があります。

(b)　授業等において教員を支援する専門スタッフ

①　ICT支援員

　　ICT支援員は、学校での教員のICT活用（たとえば、授業、校務、教員研修等の場面）をサポートすることにより、ICTを活用した授業等を教員がスムーズに行えるように支援する役割を果たしており、多くの自治体で配置されています。

②　学校司書

　　学校図書館は、学校教育において欠くことのできない基礎的な設備であり（学校図書館法第1条）、その運営は、司書教諭と学校司書が連携・分担して行っています。

　　司書教諭は、学校図書館の専門的職務を担当する者（学校図書館法第5条第1項）として、学校図書館を活用した教育活動の企画等を行ってい

す。司書教諭は、学校図書館法上、12学級以上の学校において必置とされており、教諭等をもって充てることとされています。

　一方、学校司書は、学校図書館の日常の運営・管理、教育活動の支援等を行っている職員（学校図書館法第6条第1項）です。学校図書館法の一部を改正する法律（2014年（平成26）法律第93号）により、学校には、学校司書を置くよう努めなければならないとされています。

③　英語指導を行う外部人材と外国語指導助手（ALT）

　小学校等における外国語指導助手や外国語が堪能な地域の人材は、教員とのチームティーチングによるコミュニケーション活動や教材作成支援など、授業等において教員を支援する重要な役割を担っています。

④　補習など学校における教育活動を充実させるサポートスタッフ

　多様な子どもの実態に応じて効果的な指導を行うためには、多様な経験をもった地域人材等の教育活動への参画を得ることが重要です。そのため、多くの自治体では、地域や学校の実態に応じ、補充学習や発展的な学習の実施などのためのサポートスタッフ（退職教職員や学生等）を学校に配置しています。

(c)　部活動に関する専門スタッフ ―部活動指導員―

　今後、部活動をさらに充実していくという観点から、教員に加え、部活動の指導や単独での引率等を行うことができる新たな職として、学校教育法施行規則第78条の2に位置付けられています。

(d)　特別支援教育に関するスタッフ

①　特別支援教育支援員

　特別支援教育支援員は、障がいのある児童生徒等の日常生活上の介助、発達障害の児童生徒等に対する学習支援など、日常の授業等において教員を支援する役割を担っています。特別支援教育支援員が有すべき資格はなく、対象となる児童生徒等の支援に必要な技能等を有する人材が採用されています。

②　医療的ケアを行う看護師等

　学校における看護師等の配置や職務内容について、法令上の位置付けは

なく、地方公共団体が医療的ケアを必要とする児童生徒等の状態等に応じ、雇用・配置しています。

２）学校を支える地域との連携体制の整備

(a) 学校評議員制度

　学校が、保護者や地域住民等の信頼に応え、家庭や地域と連携協力して一体となって子どもたちの健やかな成長を図っていく観点から、2000（平成12）年1月の学校教育法施行規則の改正により、地域住民の学校運営への参画の仕組みを制度的に位置付けるものとして学校評議員制度が導入され、同年4月から実施されています。

　これにより、校長が学校を運営するに当たり、学校の教育目標・計画や地域との連携の進め方などに関して保護者や地域住民の意見を聞くとともに、その理解や協力を得て、特色ある教育活動を主体的かつ積極的に展開していくことが期待されています。

(b) コミュニティ・スクール（学校運営協議会制度）

　コミュニティ・スクールには保護者や地域住民などから構成される学校運営協議会が設けられ、学校運営の基本方針を承認したり、教育活動などについて意見を述べたりするといった取り組みが行われています（図11-7）。

　学校運営協議会の主な役割として、次の3つがあります。

> ・校長が作成する学校運営の基本方針を承認する
> ・学校運営に関する意見を教育委員会又は校長に述べることができる
> ・教職員の任用に関して、教育委員会規則に定める事項について、教育委員会に意見を述べることができる

　これらを通じて、保護者や地域住民の意見を学校運営に反映させることができ、自分たちの力で学校をより良いものにしていこうとする意識も高まり、継続的・持続的に「地域とともにある、特色ある学校づくり」を進めることができます。

(c) 地域学校協働本部

　2015（平成27）年12月21日に出された中教審答申「新しい時代の教育や地域

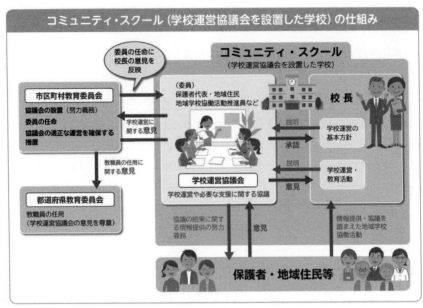

図11-7　コミュニティ・スクール（イメージ図）
出典：文部科学省「これからの学校と地域　コミュニティ・スクールと地域学校協働活動」
　　（2020年）

創生の実現に向けた学校と地域の連携・協働の在り方と今後の推進方策につい
て（答申）」において、地域全体で未来を担う子どもたちの成長を支えていく
活動を「地域学校協働本部」（図11-8）として積極的に推進することにより、
地域の人々と目標やビジョンを共有し、地域と一体となって　子どもたちを育
む「地域とともにある学校」へと転換することが提言されました。
　「地域学校協働本部」への転換は、学校と地域との関係が、従来の支援を超
えて、目的を共有した長期的な双方向性のある展望をもった「連携・協働」を
目指すことを意図しているものと考えることができます。

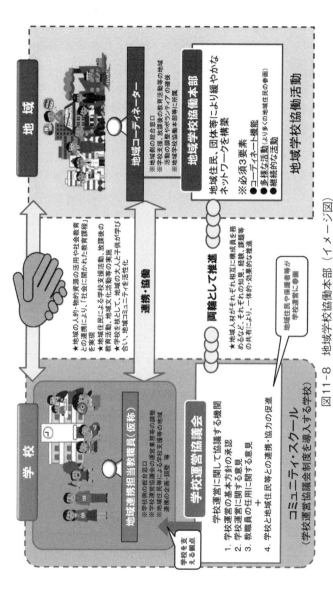

図11-8　地域学校協働本部（イメージ図）

出典：中央教育審議会「新しい時代の教育や地方創生の実現に向けた学校と地域の連携・協働の在り方と今後の推進方策について（答申）」（2015年）

【引用・参考文献】

山田俊雄 他編『新潮現代国語辞典 第2版』新潮社　2000年

初等中等教育分科会チーム学校作業部会「資料6　チーム学校関連資料」文部科学省　2014年

妹尾昌俊『変わる学校、変わらない学校』学事出版　2015年

中央教育審議会「新しい時代の教育や地方創生の実現に向けた学校と地域の連携・協働の在り方と今後の推進方策について（答申）」文部科学省　2015年

中央教育審議会「チームとしての学校の在り方と今後の改善方策について（答申）」文部科学省　2015年

文部科学省「新しい時代の教育や地方創生の実現に向けた学校と地域の連携・協働の在り方と今後の推進方策について　平成27年12月21日　中央教育審議会答申」2019年

文部科学省「これからの学校と地域　コミュニティ・スクールと地域学校協働活動」2020年

お わ り に

　いじめや暴力行為などの問題行動や不登校等の解決を図ることは、学校教育の喫緊の課題となっています。文部科学省では、毎年度、暴力行為、いじめ、不登校、自殺等の状況について調査を行い、2020（令和２）年10月、令和元年度の調査結果を公表しました。これによれば、いじめを認知した学校数は3,000校を超え、全学校数の82.6％でした。2013（平成25）年「いじめ防止対策推進法」が施行されたときと比べて30ポイント以上の増加で、過去最多となりました。児童生徒の自殺数に至っては、前年度よりも減少はしたものの、300人を超え、依然として深刻な状況が続いています。

　いじめの現在の状況として「解消しているもの」の割合は83.2％で、いじめの発見のきっかけは、「アンケート調査など学校の取組により発見」が最も多く、次に「本人からの訴え」「学級担任が発見」と続き、いじめられた児童生徒の相談の状況としては、「学級担任に相談」が80.8％と最も多くなっています。

　これらの結果は、いじめをはじめ学校教育が抱えるさまざまな問題の解消について、学校が組織として取り組むことや学級担任自身の力量を高めることが、いかに重要であるかを示しています。

　本書は、教員としての自身の力量をいかに高めることができるか、そのヒントを学校現場での実例・事例を通して解説したものです。本書が、教育課題の解決に向けて日々懸命に取り組んでいる教職員の方々や、教員を目指す学生諸君に少しでも役立つことができれば、この上ない喜びです。

　本書は、企画されてから数年たってようやく刊行することができました。これもひとえに、的確なご指導、ご助言をくださった玉川大学教師教育リサーチセンターフェロー森山賢一教授と同高橋正彦センター長、そして原稿執筆に不慣れな私たちを支え励ましてくださった大学教育出版の中島美代子氏のおかげです。心から感謝申し上げます。

　2021年４月

平井　広

執筆者一覧
（執筆順）

森山　賢一（もりやま　けんいち）　**監修者**
　玉川大学教育学部・大学院教育学研究科　教授
　担当：はじめに、第3章

小林　正徳（こばやし　まさのり）
　厚木市立厚木小学校　校長
　担当：第1章

平井　広（ひらい　ひろし）　**監修者**
　玉川大学教師教育リサーチセンター　客員教授
　担当：第2章、おわりに

八木　義之（やぎ　よしゆき）
　厚木市立相川小学校　校長
　担当：第4章1・3、第5章4・5

川上　範子（かわかみ　のりこ）
　厚木市立厚木中学校　校長
　担当：第4章2・4・5

木村　克己（きむら　かつみ）
　厚木市教育委員会青少年教育相談センター
　担当：第5章1・2・3

髙澤　崇（たかざわ　たかし）
　厚木市こども未来部こども育成課
　担当：第6章

佐後　佳親（さのち　よしちか）
　厚木市立睦合東中学校　校長
　担当：第7章

山田　淳司（やまだ　あつし）
　厚木市立北小学校　校長
　担当：第8章

佐藤　弘幸（さとう　ひろゆき）
　厚木市教育委員会　学校教育部長
　担当：第9章

川口　千秋（かわぐち　ちあき）
　厚木市立愛甲小学校　校長
　担当：第10章

西川　克行（にしかわ　かつゆき）
　玉川大学教師教育リサーチセンター　客員教授
　担当：第11章

■監修者紹介

平井　広（ひらい　ひろし）
　玉川大学教師教育リサーチセンター客員教授
　専攻：教育行政学
　厚木市教育委員会教育長を経て、現職。2017年より、公益財
　団法人厚木市文化振興財団理事長を務める。

主な著書
『新任指導主事のために』2006年
「学びのフォーラム」神奈川新聞　2011〜2016年
『上枝』国文社　1981年

森山　賢一（もりやま　けんいち）
　玉川大学教育学部・大学院教育学研究科教授
　玉川大学教師教育リサーチセンターリサーチフェロー
　独立行政法人教職員支援機構特任フェロー
　博士（人間科学）
　専攻：教育内容・方法学、教師教育学
　現在、東京都町田市教育委員会教育委員、中央教育審議会初
　等中等教育分科会教員養成部会委員、教育実践学会会長、一
　般財団法人教育実践学研究所理事長などを務める。

主な著書
『教員の在り方と資質向上』大学教育出版　2018年（編著）
『教育実践学　実践を支える理論』大学教育出版　2017年
（共著）
『教育課程編成論　改訂版』学文社　2021年（編著）ほか

実践例から学ぶ教職の基礎

2021年6月30日　初版第1刷発行

■監　修　者── 平井　広・森山賢一
■編　　　者── 玉川大学教師教育リサーチセンター
■発　行　者── 佐藤　守
■発　行　所── 株式会社 大学教育出版
　　　　　　　〒700-0953　岡山市南区西市855−4
　　　　　　　電話(086)244-1268(代)　FAX(086)246-0294
■Ｄ　Ｔ　Ｐ── 難波田見子
■印刷製本── モリモト印刷(株)

ISBN978-4-86692-118-1